시민연극 Applied Theatre

연극을 통한 공동체, 참여 그리고 변화

청동거울 문화점검 **50**

시민연극 Applied Theatre

2009년 9월 15일 1판 1쇄 발행 / 2015년 3월 5일 1판 2쇄 발행

지은이 필립 테일러 / 옮긴이 김병주 / 펴낸이 임은주 /
펴낸곳 도서출판 청동거울 / 출판등록 1998년 5월 14일 제406-2011-000051호
주소 (413-120) 경기도 파주시 회동길 77-4 (문발동, 파주출판도시) 301호
전화 031) 955-1816 / 팩스 02)584-9882 / 전자우편 cheong1998@hanmail.net
네이버블로그 청동거울출판사

주간 조태봉 / 편집책임 김상훈

책값은 뒤표지에 있습니다.
잘못된 책은 바꾸어 드립니다.

ISBN 978-89-5749-121-8

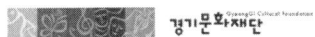 경기문화재단

본 도서는 경기문화재단의 〈2008 문화예술교육 교재개발 지원사업〉의 지원을 받아 제작되었음.

이 도서의 국립중앙도서관 출판시도서목록(CIP)은 e-CIP 홈페이지(http://www.nl.go.kr/cip.php)
에서 이용하실 수 있습니다. (CIP제어번호:2009002727)

청동거울 문화점검 50

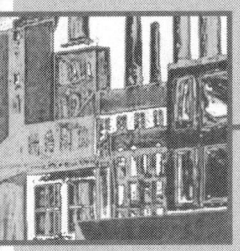

시민연극

연극을 통한 공동체, 참여 그리고 변화

필립 테일러 지음 | 김병주 옮김

청동거울

로웰 & 낸시 스와첼,
그리고 워싱턴 플레이스 76번지에 이 책을 바친다.

어떤 후기 철학자들은, 서구 철학의 중심 과제는 진(眞, truth), 선(善, goodness), 그리고 미(美, beauty)의 객관적이고 항구적인 이상을 찾는 여정이었다고 주장한다. 이 여정에는 우리를 그 영구적인 이상을 향해 안내할 자격을 지녔다고 자부하는 특출한 사상가들과 전문가들도 함께해 왔다. 그들 중에는 참으로 아름다운 것과 그렇지 않은 것을 구분해내는 일에 전념해 온 미학자들도 포함되어 있다. 그들은 진정한 예술 작품들은—미학적 관점에서 형식면으로 경이롭고 오묘한 대상들—본래의 고유한 아름다움을 지니고 있으며, 이는 우리의 세속적 일상으로부터 훼손되지 않고 독립되어 있다고 주장한다. 천박한 정치꾼과 장사꾼들로 혼탁한 경험세계를 멀리하는 권위 있는 전문가들만이 그러한 예술 작품 속에 내재하는 매혹적인 미적 상호작용에 온전히 접근할 수 있다는 것이다.

       반면 이러한 전통과는 다른 관점을 지닌 사상가들도 있었다. 이러한 이상주의적 세계관과 예술의 본질에 대해 다른 시각을 주창했

던 인물 중 하나가 미국의 프래그머티즘 철학자 존 듀이(John Dewey)
이다. 고전적 미학이론에 반대하는 자신의 주장을 강력한 논리로 담
아낸 책이 그의 『경험으로서의 예술(Art as Experience)』이다. 이 책에
서 듀이는 일상으로부터 분리된 전통적인 미학적 거리두기에 대해 반
박한다:

> 예술의 고귀한 성취는 우리의 평범한 일상생활, 즉 모든 살아 있
> 는 생명체와 공유하는 삶과의 연계 속에서 나오는 것인데, 왜 그러
> 한 일상과의 연계에 대한 혐오가 있는 것인가? 어째서 삶은 저급한
> 욕구의 문제 혹은 기껏해야 천박한 감각의 것으로 여겨지는 것이며,
> 최상의 영역으로부터 욕망과 거친 만행의 수준으로 격하되는 것인
> 가?[1]

듀이는 '일상으로부터 분리된 미(美)'라는 이분법을 강하게 비
판하며, 독자들에게 예술은 세상에 함께 존재하는 것이며 '바로 그
삶의 과정 속에서 형성되는 것'[2]이라고 강조하였다.
　　물론 듀이가 『경험으로서의 예술』이나 다른 책에서 연극예술
에 대하여 자신의 철학적 고찰을 구체적으로 주장하였던 경우는 매우
드물다. 그럼에도 불구하고 내가 듀이를 여기서 인용하는 이유는, 필
립 테일러가 이 책에서 주장하는 매력적이고 지극히 비(非)전통적인
접근의 연극예술에 대해 읽는 동안 듀이의 그러한 철학과 전신이 나

---

1 Dewey, J., Art as Experience, New York: Capricorn Books, [1934]1958, p.20.
2 위의 책, p.24.

의 뇌리를 떠나지 않았기 때문이다.

　　사실상 비교적 최근까지도 연극은 많은 측면에서 고대 그리스 연극의 형식을 취해 왔다. 서구 세계의 연극은 극작가 계급의 구성원들이 주축이 된 문학 형식에 한정되어진 채 유지되어 왔다. 그 전통에서 관객과 배우의 분리, 무대 위에서의 연기 행위, 극을 지켜보는 관객의 현실과 무대에서의 상상의 세계의 차이에 집중하는 연극적 관습 등이 요구되었다. 관객은 본질적으로 수동적인 수용자이므로 극의 서막에서 퇴장까지, 도입에서 대단원에 이르는 완벽한 형식을 갖춘 연극이라는 미적 대상을 감상하는 존재인 것이다.

　　연극학자들은 20세기 초의 다다이스트(dadaist)를 비롯한 유럽의 아방가르드 운동을 기존의 전통적인 수동적 관객의 개념에 도전하는 초기의 시도라고 주목한다. 뒤를 이어, 특히 1950년대와 1960년대를 거치며 '이벤트' 혹은 '해프닝' 등으로 알려진 실험적 공연 작업이 봇물처럼 쏟아지기 시작했다. 물리적 공간의 개념에도 실험적 시도가 있었는데, 이러한 공연들은 '관객들 앞에서'뿐 아니라, '관객들을 둘러싸고', 혹은 '관객들 가운데에서' 행해지기도 하였다. 1970년대와 1980년대에는 또 다른 형태의 연극미학이 대두되면서 종종 줄거리보다는 시각적·청각적 요소의 결합을 강조하는 공연예술이 풍미하였다.

　　그리고 1990년대 초, 몇몇 사회학자와 문화인류학자들이 자신들의 연구 내용을 예술적 표현으로 발표하는 실험들이 시작되었다. 현장에서 수집된 문화기술학 연구들이 연극 대본으로 각색되어 연구자들에 의해 공연되었으며, 연구가 행해진 지역 공동체와 구성원들이 그 연극의 제작에 함께 참여하고 협력함으로써 공동체 내의 다른 구성원들에게 지역의 이슈를 알리는 계기가 되기도 하였다. 마침내, 필립 테일러의 『시민연극(Applied Theatre)』이 강조하듯, '연극을 통해 배우는' 교육연극 운동이 공연예술로만 알고 있던 연극을 우리의 실제 세상의 교육과 치유의 현장 속으로 끌어 온 것이다. 이는 듀이가 소리 높여 호소하였던 '일상의 삶'과 예술의 연계를 강조하고 확장하는 것이다.

마찬가지로, 시민연극 역시 미적 형식과 내용 간의 고전적인 이분법의 벽을 무너뜨리려는 시도이다. 감탄을 금할 수 없으나 본질적으로는 무용(無用)한 예술작품과 치열한 삶의 현실적 문제들 간의 뿌리 깊은 간극에 맞서고자 함이다. 필립 테일러가 '미적 무대(aesthetic platform)'라고 적절하게 명명한 그 삶의 현장들은 교도소나 지역예술센터, 공공주택단지 혹은 산업현장 등에서 어렵지 않게 찾을 수 있다. 그곳에는 진실한 삶의 문제들이 존재하고 있고, 예술가들의 손길이 가까이 닿을 수 있으므로, 참된 교육이 발생하게 되는 것이다.

실제로 존 듀이의 사상과 이 책에서 테일러가 역설하는 시민연극 작업이 가장 명백하게 합치하는 것은, 바로 테일러가 주장하듯 '연극은 교육과 예술의 교차점에 존재한다'는 점이다. 예술(arts)은 매우 깊은 교육적 경험을 제공하는 매체로서의 힘을 지닌다. 예술은 지극히 가까우면서도 동시에 매우 먼 우리 일상의 관심사들을 새롭게 이해하고 깊숙이 느끼게 함으로써, 그것들이 (아마도 난생 처음으로) 우리가 함께 고민해야 할 문제임을 인식하도록 문을 열어 준다. 듀이는 이러한 형태의 '새롭게 보기'를 '재구축 행위(reconstructive doing)'라고 했다. 그리고 이 재구축 행위는 모든 미적 경험과 참된 교육적 경험의 중심에 존재한다. 그러한 경험의 장에서 '좋은 교사는 예술가이며 좋은 예술가는 교사'이다.

필립 테일러의 이 명석하고 유용한 책 속에는, 연극이라는 보다 구체적인 영역 속에서 예술에 관한 듀이의 사상들이 녹아들어 있다. 그러나 테일러가 꿈꾸는 시민연극, 즉, 비판적이고 참여적이며 공동체에 기반하여 궁극적으로는 사회적·개인적인 변화를 꿈꾸는 형태의 연극은 상대적으로 덜 정치적인 듀이의 미적 개념에서 한 발 더 나아간다. 그 이유는 모든 인간 행위 속에 존재하는 힘의 역학 관계에 대한 명백하고 뚜렷한 인식을 지니고 있기 때문이다. 테일러는 자신이 갈망하는 연극 예술의 지향점을 구상하면서 베르톨트 브레히트와 아우구스또 보알에 매우 깊은 영향을 받았음을 인지한다. 이 사회적 연극의 거장들이 테일러와 같은 다음 세대 이론가 및 실천가들의 든든한 버팀목이 되어 평범한 시민들에 의한, 시민들을 위한, 시민들의 연극이 지닌 힘과 가능성을 더욱 탐구하고 확장시키는 토대가 된 것이다.

테일러가 주장하는 시민연극의 개념이 불행하게 양분된 예술과 일상의 간극을 메워보려 했던 듀이의 노력을 연상케 하였다면, 시민 공동체의 개입과 참여의 매개체로서 예술을 강조하는 테일러의 관점은 또 한 명의 위대한 철학자 장 폴 사르트르(Jean-Paul Sartre)를 떠올리게 한다. 사회적 참여를 강조하는 문학(litterature engagee)를 꿈꾸며 소설에 집중했던 사르트르는 후에 연극과 영화 시나리오까지 자신의 집필 영역을 확장하였다. 모든 예술은 '순수하고 관조적인 쾌락'만을 추구하기보다는 '실질적 행동을 독려하는 기제'를 추구해야 한다는 것이 사르트르의 주장이었다. 그가 말하길, "세상과 인간은 자신들의 행위를 통해 스스로를 드러내며, 우리가 논하는 그 모든 행위들은 한 가지로 귀결된다. 역사를 만들어내는 것."[3] 사르트르의 말대로라면, 역사를 만들어내는 연극은 바로 사회 정의의 향상을 도모하고, 모든 인류의 보다 큰 자유를 강조하는 연극이어야 할 것이다.

『시민연극』을 읽는 독자들은 이러한 사르트르의 의견에 깊이 공감하게 될 것이다. 테일러가 말하는 시민연극은 문제적인 사회적 여건들의 본질과 원인이 무엇인가를 성찰하고 행동함으로써 그러한 여건들을 변화시키는 것에 집중하기 때문이다. 뿐만 아니라, 테일러는 또 다른 의미에서 사르트르적인 연극을 꿈꾸고 있기도 하다. 사르트르의 참여 문학과 마찬가지로 테일러의 시민연극은 고압적인 논증을 거부하며, 선전(propaganda) 행위의 상징이라고 할 수 있는 정답을 공포하는 식의 접근도 멀리한다.

사르트르는 "사회적 참여문학에서 사회적 참여는 어떤 의미로든 문학을 잊는 행위로 나아가서는 안 된다"라고 주장했다. 사르트르에게 있어서 문학적 텍스트는 근본적으로 웅변적인 장치이기는 했으나, 그 목표는 독자들로 하여금 특정 상황의 정치적·역사적 실제를 재고(再考)하도록 완만하게 유도하는 것이었다. 이와 유사하게 테일러는 다각적 해석의 여지를 차단하기보다는 성찰과 탐구의 촉매제가 되며 문제를 제기하는 연극을 주장한다. 그의 연극은 "불완전함을 추

---

3 Sartre, J. P., What Is Literature? And Other Essays, Cambridge : Harvard University Press, 1988, p.55.

구하며 (…중략…) 개연성을 지닌 이야기들을 제시하는" 연극이다. 그가 주장하는 시민연극의 관념은 자신의 극본이 어떤 의미로 해석되어야 하는가에 대한 전권을 쥐고 있는 극작가의 힘(그가 얼마나 올바른 시각을 지녔는가에 관계없이)에 도전한다는 점에서 긍정적인 포스트모던적 특성을 보이기도 한다. 지극히 민주적인 접근을 강조하는 시민연극에서 작가주의적이고, 권위적인 독백은 상호주관적인 대화로 대체되며, 그 내용을 해석하는 권력은 모두에게 공유된다. 테일러는 강조한다 :

> 참여자들이 마음껏 대화하고, 논쟁하고, 자기 주장을 펼치고, 어떤 행동에 대한 타당성을 탐구할 수 있도록 열려 있는 시민연극 프로젝트를 만날 때마다 나는 이 작업에 대한 확신이 더욱 굳건해진다. 시민연극에서 의견의 다양성은 환영받아야 한다. 그 이유는 **teaching artist**가 제시하는 해결책이 참여자들의 의견보다 더 적절하거나 정확하지 않을 수 있기 때문이다.(이 책 162~163면)

본문에서 인용한 이 구절이야말로 진실로 민주적인 연극을 향한 테일러의 진정성을 엿볼 수 있다. 사르트르와 마찬가지로 테일러는 이 책에서 끊임없이 '개입'에 관한 깊은 관심을 표명하지만, 이는 언제나 개입의 핵심 목표인 민주적 가치를 구체화하는 '예술 창조의 과정'을 통한 것이어야 한다.

사르트르의 참여문학과 이 책에 묘사된 시민연극이 지닌 마지막 공통점은 바로 이론의 추상화를 위한 매우 중요한 동반자로서 구체적 사례들(particulars)에 대한 존중이다. 사르트르가 말하기를, 문학의 힘은 단순한 객관적 실제에 대한 명명이나 이론을 넘어서 우리가 직접적으로 지각하고 재경험할 수 있는 구체적인 이미지들을 불러일으키는 데에 있다고 역설하였다. 특히 서술적(narrative)이고 공연적인 예술작품들은 정확하게 형상화된 가상의 세계 속으로 대상들을 끌어들임으로써, 자칫 단순한 방관자(onlooker)로 머물 수도 있을 그들이 비록 짧은 순간일지언정 대리적 체험을 제공하며 그로 인해 깊은 이해를 체득하는 결과를 얻게 된다. 이러한 가상의 세계는 대상들에게 안전거리(safe distance)를 제공함으로써 그들의 일상 속에서 접하는 유사한 (때로는 억압적인) 상황 속으로 다시 방문하여 그 비유적인 맥락 속에서 실제 세상의 문제들을 변화시킬 수 있는 가능한 방법들을 고민하도록 독려한다.

　　이러한 장점에도 불구하고, 이 책『시민연극』에서 테일러는 단순히 연극의 이론을 제시하는 데에 그치지 않는다. 이 책의 이론적 체계성 못지않게 중요한 특성은 바로 테일러가 주창하는 형태의 연극 작업에 대한 다양하고 매우 생생한 사례들을 묘사하고 소개하고 있다는 점이다. 이러한 사례들이 수록되어 있음으로 인해 공동체를 근거로 한 실제적인 연극 작업을 강조하는 저자의 이론적 논거에 더욱 힘을 실어 주기 때문이다. 독자의 한 사람으로서, 이 책에 수록된 거시적 이론과 구체적 사례들의 조화는 내게 매우 강력한 변증법적 상승효과로 다가왔으며, 연극이 무엇이며 어떤 기능을 할 수 있는가에 대한 이해의 지평을 넓혀 주었다.

　　매우 적절한 시기에 등장한 이 비범한 책을 통해 테일러는 오늘날 쇠퇴하고 있는 연극이라는 중요한 예술형식을 진정한 민주적 형태의 연극 작업으로 구원하고자 한다. 그렇다고 해서 테일러의 시민연극이 현존하는 다른 연극 방식을 부정하거나 배제하고자 하는 것은 아니다. 하지만 이 책은 너무도 오랜 세월 동안 서구 문화 속에 자리해 온 전통적 관습에서 헤쳐 나와 새로운 가능성과 시도를 제시하는 연극에 대한 기대를 품게 한다. 시민연극 작업 그 자체와 마찬가지로, 이 책『시민연극』이 다른 독자들과 연극 애호가들에게도 내가 경험한 바와 같은 자극과 기대를 제공하게 될 것이라고 확신한다. 그것은 바로 넓은 의미에서 예술은 무엇이며 연극은 무엇인가에 대한 우리의 경직된 시각을 넓혀 주는 것이며, 특히 연극이 어떤 역할을 할 수 있고 어떻게 우리를 변화시킬 수 있는가에 대한 새로운 가능성을 제시한다는 것이다.

아리조나 주립대 교육학 교수
톰 바론(Tom Barone)

이 책을 집필하는데 많은 도움을 주고, 지원을 해준 뉴욕대학교의 여러 동료들에게 감사를 표하고 싶다. 특히 뉴욕대학교 스타인하트(Steinhardt) 대학원의 음악·공연예술 전공 학장인 로렌스 페라라 박사의 아낌없는 지원에 큰 감사를 보낸다. 그동안 나는 수많은 뛰어난 teaching artist들과의 작업을 통해 언제나 커다란 영감을 얻는 기회를 가졌다. 나의 분석과 연구가 보다 명확해지도록 많은 도움을 주었던 나의 학생들에게도 깊은 감사를 보낸다. 시민연극 분야 자체는 계속적으로 진화해 나가는 분야이며, 마찬가지로 이 책에 담긴 많은 부분 역시도 아직은 이제 막 발전해 나가고 있는 단계일 것이나, 나보다 앞서 간 이들의 노력과 헌신이 없었더라면 나 역시 여기까지 오지 못하였을 것이다. 그렇기에 주류 연극 공연장에서만 행해지는 것으로 알던 연극을 다양한 현장 속으로 끌고 나가는 데 앞장서 온 모든 예술교육가들과 그들의 지칠 줄 모르는 열정에 특별히 큰 감사를 보내고자 한다. 현장에서 땀 흘리는 그들의 열정과 노력으로 인해 우

16

리 모두의 삶이 보다 나은 방향으로 변화할 수 있기 때문이다. 그 '보다 나은 방향'이 어떤 것이든 말이다.

필립 테일러(Philip Taylor)

차례

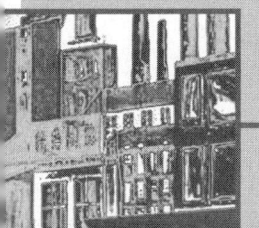

시민연극의
이해를 위하여

서론

시민연극의 이해를 위하여

엄청난 인구가 밀집되어 있는 대도시 한복판에서 전례 없는 대규모의 테러 공격이 벌어졌다. 납치된 여객기가 쌍둥이 빌딩에 충돌하면서 2천 명이 넘는 평범한 시민들이 생명을 잃게 되었고, 불길이 치솟는 빌딩들의 참혹한 모습을 도시 전역은 물론 전세계가 목격하게 되었다. 온 도시가 충격과 공포에 휩싸인 가운데 사건의 전말이 서서히 밝혀졌다. 학교와 관공서들이 문을 닫았고, 병원들은 비상대기체제로 돌입했으며, 대중 운송 수단이 멈춰 섰고, 전화통신 서비스는 마비되었다. 이것이 정말 현실인가?

테러 공격을 받은 건물 주변에 살거나 근무하는 친척 또는 친구의 안부를 애타게 확인하려는 사람들의 아우성이 들려왔다. 언론 미디어는 그 고통과 충격을 전세계로 바쁘게 타전하며, 빌딩에 갇혀 있던 사람들의 이야기가 전해졌다. 절박한 상황에 몰린 피해자들의 끔찍한 이야기들도 전해졌다. 화염이 치솟는 100층짜리 건물에서 뛰어내릴 것인가, 아니면 유독가스로 질식해 죽을 것인가? 빌딩에서 추락하는 희생자들의 모습, 그들의 몸이 까마득한 빌딩 밑 길바닥에 굉음과 함께 떨어지던 기억으로 수많은 사람들은 악몽에 시달리기도 했다.

시간이 흐르면서 그 도시의 생존자들은 그 충격적인 날의 기억들을 서서히 이야기하기 시작했다. 머리 위로 위험천만하게 낮게 날아가던 비행기, 사고 직후 버스에 갇힌 채 꼼짝도 못 하던 기억, 부상자와 자원봉사자들을 위해 수혈과 음식을 제공하던 일, 사고현장으로 달려가 자원봉사를 자청하던 일, 사고현장 주변을 뒤덮은 유독먼지, 그리고 세상의 종말을 연상케 하던 그날의 이야기들. 사건 관련 정보가 공개되면서 그 테러리스트들은 자신들이 공격한 나라인 미국 땅에서 훈련을 받아왔음이 알려졌다. 지역 사회 속에 동화된 그들은, 이웃의 시민들 사이에서 공동체의 침략자가 아니라 좋은 공동체의 일원으로 행세해 왔던 것이다. 이제 많은 사람들의 삶은 뒤바뀌었으며, 그 무엇도 확신할 수 없게 되었다. 일부 인종집단이 지역 자치 방범단원들에 의해 고립되거나 보복당하거나 징벌당하는 일들이 발생하기 시작했다.

이러한 상황 속에서 8백만 지역 시민들은 조각난 자신들의 삶을 다시 수습해야 했다. 부모들은 아이들의 질문에 대답할 말을 찾아야 했고, '그라운드 제로(Ground Zero)'로 통칭되는 사고 현장에서 사랑하는 이들의 흔적이라도 찾아내야 했다. 사랑하는 남편과 아내, 아들과 딸을 잃은 가족들 중 어떤 이들은 다행히도 손가락 하나, 뼛조각 하나라도 겨우 찾아 소중히 묻어 줄 수 있었지만, 어떤 이들은 가족의 흔적조차 찾지 못하였다. 유전자(DNA) 감식을 통해 겨우 몇

몇 사람의 신원이 확인되었을 뿐이다.

학교가 다시 문을 연 후, 이 끔찍한 사건을 직접 목격해야 했던 어린이들이 받은 충격을 완화시켜야 하는 고통스런 과정이 이어졌다. 많은 어린이들은 물론이고 교사들조차도 테러리즘에 의해 큰 충격을 받은 상태였다. 다른 도시의 경우에도 직원들의 결근율이 매우 높게 나타났고, 일터로 복귀한 사람들조차 집중력은 현저하게 낮아졌고 의욕은 저하되었다. 그 사건을 속히 사람들의 머릿속에서 지워야 할 필요성이 절실했다. 시(市) 정부는 시민들이 '그날'에 대해 자유롭게 이야기함으로써 그들의 공포와 슬픔을 배출하도록 돕는 프로그램을 지원해 주었다. 그들이 자신들의 상실을 이야기하고 나누는 과정에서 예술은 그 지역 공동체에게 한결 더 소중한 경험으로 자리하게 된다.

지역 공동체 구성원들이 자신들의 고통에 응답하는 기회를 제공받을 수 있도록 예술가들은 자신들이 구성한 시민연극(Applied Theatre) 프로그램을 지원했다. 한 지역 초등학교의 어린이들이 교실 창문을 통해 자신들이 직접 목격했던 그 사건에 대해 이야기를 나누었다. 어린이들은 그 이야기들을 연극적 형식으로 표현했다. 연극 장면의 대본화 작업을 통해 보다 심도 있는 토론과 연극 공연의 토대를 만들었다. 이 연극을 지켜본 관객들은 공연 후 워크샵을 통해 자신들의 이야기를 공유했다.

연극은 지역 공동체 구성원들에게 그 충격적인 테러 공격과 자신들의 관계를 점검하고 생각하는 기회를 제공했다. 이 새로운 형식의 공동체연극 속에서, 평범한 시민들이 연극이라는 예술 형식을 직접 활용하여 자신들의 정체성을 다시 재건하게 된 것이다. 시민들이 자신들의 고통과 희망의 이야기를 공유함에 있어서, 공동체연극은 그들의 치유 과정에 핵심적인 역할을 했다.

공동체연극(Community Theatre)은 시민연극 형식의 하나로서 참여하는 개인들이 서로 연계하고 지원하도록 하여, 그들이 누구이며 무엇을 소망하는가에 대한 공동의 논의와 표현의 기회를 제공한다. 시민연극은 스토리텔러(storyteller)로 하여금 내가 아닌 다른 사람들의 관점을 체험하고 다양한 세계관을 접할 수 있는 기회를 제공하게 하는 매체이다. 이 연극 작업은 다른 연극운동과 유사하게 예술 형식을 중심으로 스토리텔링, 치유, 교육, 그리고 배움이 적극적으로 연계되는 형태이다. 참여(participatory)연극, 상호(interactive)연극, TIE(Theatre in Education), 억압받는 이들의 연극(Theatre of the Oppressed), 공동체연극, 복지연극, 계몽연극(theatre for development) 등이 모두 다 '우리는 누구이며 무엇을 소망하는가'에 대한 대화를 이끌어내는 성찰적인 연극의 활용에 근거한 작업들이다. 마이클 로드(Michael Rodd)의 말을 빌리자면 :

연극은 우리로 하여금 자신의 영혼과 대화하는 것을 가능하게 한다. 자신은 물론 다른 이들과 함께 살아가는 방법들을 열정적으로 추구하고 발견하도록 하는 것이다. 우리는 모두 예술가이며, 연극은 우리의 언어이다. 우리가 할 수 있는 최상의 방법은 함께 노력하고, 서로를 배우고, 치유받고 성장하는 것이다.[1]

시민연극을 통한 배움의 체험

세상의 또 다른 한 구석에서는 앞의 상황과는 매우 다른 형태의 '그라운드 제로'가 존재하고 있다. 대도시로부터 200마일이나 떨어진 지방의 한 작은 마을에서는 지역 공동체가 위기에 봉착해 있다. 감당할 수 없이 높은 실업률과 일자리 부족으로 인해 많은 지역 주민들이 끝없는 구직 생활에 환멸을 느끼고 있는 상황이다. 젊은 남성들을 중심으로 항우울증약 복용이 급격히 증가하고 있으며, 가정 폭력은 엄청나게 늘어나 신체 및 언어 폭행은 사상 최고치에 육박한 상태이다. 편부·편모 가정은 다반사이며 고정적인 가계 소득이란 개념 자체도 희박하다. 대부분의 가정들은 사회보조금이나 다른 복지 서비스의 지원에 따라 하루하루 혹은 주 단위로 생활하는 형편이다. 청소년들 사이에서는 마약과 알코올 남용이 성행하고 있다.

이 지역 사회에서 자살 문제, 특히 십대들에게 자살은 암울한 삶의 문제들 속에서 긍정적 해결책으로 간주되고 있다. 정부기관은 보건, 주택, 교육 프로그램들을 통해 이러한 자살에 대한 인식 문제와 싸울 수 있는 지역 사회 주도의 프로젝트를 개발하도록 지시해 왔다. 고질적인 지역 사회 내 다양한 문화 집단 간의 갈등은 물론, 혐오 범죄가 일상화되고, 사회적 고립감이 커지고 있다. 범죄율은 상승하고, 청소년들을 위한 공공 여가시설은 부족하며, 학업을 중단하는 학생들의 비율은 심각한 수준으로 높다. 이 지역 사회의 삶은 매우 암울하

---

1 Rodd, M., Theatre for Community, Conflict & Dialogue, Portsmouth, NH:Heinemann, 1998, p.xix.

며, 많은 이들이 당연히 기대하는 안정되고 안전한 미래에 대한 전망이 딱히 보이지 않는다.

이러한 배경 속에서, 한 연극 팀이 이 지역 사회가 무엇이 가능하고 무엇이 가능하지 않은가에 대해 진지한 대화를 이끌어낼 임무를 의뢰받았다. 예산 지원의 목적은 지역 사회의 구성원들 간의 토론을 이끌어내고 그들이 지역 사회 내의 문제들에 적극 개입하여, 특히 청소년들의 문제들을 해결할 방안을 논의하도록 유도하는 것이었다. 이 연극 팀에게 부여된 임무는 매우 어려운 과제이다. 지역의 청소년들과 성인들이 자신들이 생활하는 지역 사회에 대한 솔직한 생각들을 공유할 수 있는 참여적 연극 형식을 창작해야 했다. 그 연극의 목적은 대상들이 자신들의 삶 속에서 바꿀 수 있는 것과 불가능한 것은 무엇이며, 어떻게 해야 그들 스스로 파괴와 폭력, 억압이 지배하지 않는 지역 공동체를 함께 만들어낼 수 있는가를 고민하게 하는 것이었다.

시민연극을 통한 지역 공동체의 이슈

이 책의 주 목적은 사람들의 행동 변화를 이끌어내는 필요 매개체로 연극을 받아들인 지역 공동체의 작업들을 소개하고 이해하는 것이다. 나는 이러한 연극 작업을 '시민연극(Applied Theatre)'이라고 지칭하고자 한다. 이 연극은 단순히 일반적인 연극 극장에서 행해지는 공연물을 의미하지 않는다. 이 연극이 행해지는 공간들은 대체로 비연극적 환경에 해당한다. 지역 주민 센터, 공원, 거리, 교도소와 같은 교정시설, 치료 및 보건시설, 주택 단지, 복지시설 등의 다양한 장소에서 관객 혹은 참여자들이 자신이 당면한 공적/사적 문제들에 관한 이슈, 사건, 의문 등을 이해하고 고민하는 작업이다.

　　이 연극이 '응용된(applied)' 연극인 이유는 예술 형식이 변화의 촉매제로 작용하여 시민 관객 혹은 참여자들이 직접적이고 즉각적인 상황을 체험하게 함으로써, 그들이 자신은 물론 다른 사람들의 생각이나 행동들을 목격하고, 직면하고, 해체해 보는 기회를 제공하기 때문이다. 시민연극은 연극이라는 미적 형식의 힘을 통하여, 이 세상 속에서 우리가 어떻게 살고 있으며 개체로서 또 공동체로서 우리가 어떻게 해야 더 나은 세상을 만들어낼 수 있는지에 대한 인식을 고취하는 데 중점을 두는 연극이다.

시민연극을 통한 인식의 제고

시민연극의 원동력이 되는 것은 변화하고자 하는 요구이다: 고통으로 신음하고 있는 공동체에게 있어 연극은 그 공동체의 시민들이 자신들의 상처를 논의하고 정리하도록 도움을 줄 수 있을 것이며; 만약 그 지역 사회가 질병 문제나, 증오 문제, 약물·알코올 중독 문제 등 여러 가지 문제들로 시름을 앓고 있다면, 연극은 그 지역 사회가 대안들을 찾아내는 방법들 중의 하나가 될 수 있을 것이다. 시민연극은 새로운 관점들을 열어 주고, 여러 선택들을 제시하며, 변화를 인도하는 연극이다.

'Applied Theatre'라는 용어는 최근 들어 전세계적으로 급속히 부상하고 있는 용어이다. 세계 각국에서, 특히 영국, 호주, 미국 등을 중심으로 하는 많은 대학들에서는 이미 'Applied Theatre'라는 이름으로 새로이 전공 학과를 개설하거나 기존 학과의 명칭을 변경하고 있다. 많은 교육자들과 연구자들은 이러한 연극 작업을 통하여 '보다 건강한 지역 사회 형성을 위해 연극이 다양한 공간에서 어떻게 활용될 수 있는가?'라는 화두를 던지고 연구에 매진하고 있다.

'Applied Theatre'라는 용어는 특히나 이 연극 작업의 포괄성과 다양성을 아우르기에 매우 유용한 표현이기도 하다. 교육시설에만 국한되지 않고 보다 넓은 사회적 스펙트럼의 다양한 비연극적 공간들에서 다양한 목적으로 진행되는 연극을 총칭하기 때문이다. 이 연극 작업의 다양한 목적들로는, 평범한 일반 시민들의 인식을 제고하기, 대안들을 제기하기, 심리적 상처나 장벽을 치유하기, 시사적 담론들을 비판하고 문제 제시하기, 그리고 침묵하고 소외된 이들의 목소리를 대변하기 등이 있다. 이러한 목적의 다양성을 간략히 정리해 보면 다음과 같다.

인식의 제고

21세기에 들어선 지금도 HIV(인체면역결핍 바이러스) 문제로 전세계가 시름을 앓고 있으며, 특히 소위 제3세계 국가들로 불리는 곳에서는 더욱 심각하게 확산되고 있다. 이러한 지역 사회들의 경우, 시민들에게 안전한 성관계 방법이나 AIDS의 인식 제고 및 예방을 교육시키는 효과적인 방법들을 찾는 것은 쉽지 않은 과제이다. 이제는 TfD(Theatre for Development)운동으로 통칭되는, 계몽적 연극 작업에 관심을 지닌 많은 연극 팀들이 정부나 관계 기관의 지원으로 그 지역 사회를 찾아가 그들의 생사에 관계된 이슈들을 효과적으로 전달할 수 있는 참여연극을 창작하기도 하였다. 스토리텔링과 연극적 이야기 만들기의 전통에 근거하여, 연극 팀들은 AIDS와 HIV, 안전한 성 지식 등에 대한 이해를 고취시키는 주된 방법으로 연극을 활용하였다.

다른 곳의 예를 들어 보자. 비공식적으로 행해진 거리극 공연이 특정 문화집단들을 배척할 것을 홍보하는 부당한 정치적 방침을 고발하거나 예술단체 및 사회복지단체들의 예산을 삭감하려는 정책들에 대한 경각심을 부각시키는 중요한 매개체로 활용되기도 한다. 아우구스또 보알(A. Boal)의 '보이지 않는 연극' 혹은 '입법연극' 같은 경우가 이러한 운동의 한 예가 될 수 있다 —관람자들이 그것이 연극임을 인지하지 않은 상태에서 연극 행위를 진행하는 것이다. 소외 계층이나 취약 계층에 대한 정부의 예산 삭감 방침을 고발하는 연극이 쇼핑몰이나 열차 내부, 도서관 혹은 교회 등의 공공장소에서 공연될 수도 있다.

이러한 연극 속에서 배우들은 그 예산 삭감에 직접적인 영향을 받는 인물과 정부 공무원 간의 뜨거운 논쟁의 장면을 만들어낼 수 있다. 그러면서 관찰자로 바라보기만 하는 관객들을 그 연극 속의 논쟁으로 끌어들인다. 배우들은 그 이슈를 부각시켜 그와 관련된 다양한 입장들을 탐구하고, 그 예산 삭감으로 인해 특정 대상들이 얼마나 심각한 피해를 받게 되는가를 집중 조명한다. 그 공연 행위가 끝날 때까지 관람객들은 자신들이 가상의 연극을 보고 있다는 사실을 인지하지 못한다. 이러한 연극 프로그램들은 사회운동에 근거하며, 차별이나 불평등, 소외 같은 이슈들을 전달하고자 하는 요구에서 출발하여 만들어진다.

대안의 제시

뜨거운 태양과 해변을 주된 관광자원으로 삼는 어느 해변 도시에서 대부분의 이 지역 남자 청소년들이 학교와 가정, 지역 사회는 물론 자기 자신에 대해 지극히 부정적인 인식과 높은 불만을 가지고 있다는 문제가 제기되었다. 지역의 보건당국은 이들을 어떻게 계도해야 할 것인가에 부심했다. 보건 관계자는 한 연극 극단에게 의뢰하여 이들 청소년들에게 긍정적인 역할 모델을 제시하고 논의할 수 있는 시민연극 프로젝트를 요청했다. 이 시민연극의 의도는 사회복지사들이 특정한 상황에 처해 있는 대상들과 효과적으로 소통할 수 있는 방법들을 점검하고 모색하는 것이다. 의뢰받은 극단은 다음과 같은 시나리오를 만들어냈다 :

> 멜(Mel)은 15세의 소년으로, 아버지가 집을 나가버린 가정의 장남이다. 하나 있는 여동생은 멜을 잘 따르지만 때로는 멜을 귀찮게 하는 존재이기도 하다. 멜의 어머니는 가장의 역할을 맡아야 하는

것에 버거워한다. 그녀는 겨우겨우 생활을 유지해 가고 있으며 자신의 불만과 불안감을 아들인 멜에게 쏟아낸다. 멜은 점차 학교나 친구들에 흥미를 잃게 되고, 엄마 몰래 집에 있는 술을 입에 대기 시작한다. 이러한 상황이 계속될 경우, 멜에게 큰 위험이 닥칠 것임이 분명하다.

이 시나리오는 사회복지사들을 대상으로 공연되었다. 그 관객들은—이하 참여자들로 칭하고자 한다—멜이 자신의 환경 변화에 어떻게 적응하고 있으며, 그가 빠져들고 있는 위험하고 자기파괴적인 행위 대신 다른 대안들이 있는지 고민하게 된다. 참여자들은 멜이 자신의 주변 세상과 어떻게 소통하고 있는지를 표현하는 장면들을 관람한 다음, 주인공 멜이라는 인물과의 극중 대화를 시도하고, 멜과 사회복지사 간에 일어날 수 있는 상황들을 재연해 보며, 그 재연된 상황들을 논의한다. 사회복지사들이 멜에게 던진 질문들은 적절한 것이었는가? 멜과의 만남에서 그 소년은 어떻게 반응하였는가? 어떻게 해야그 만남에서 사회복지사가 보다 도움이 될 수 있을 것인가? 사회복지사들 간의 원활한 논의를 위해 역할극이 활용된다. 참여자들은 역할극을 통해 발견한 언어 사용, 말투, 몸짓 등의 요소들을 함께 토의하고, 멜과 같은 상황에 처한 청소년들을 만났을 때 그러한 요소들이 얼마나 중요하게 작용할 수 있는가를 인식하게 된다.

이 프로그램은 사회복지사들이 멜과 소통하는 과정에서 얼마나 다양한 대안들과 선택들을 찾아내고 제시할 수 있는가를 탐구하도록 하는 시민연극 프로젝트가 된다. 멜이라는 허구의 인물은 여러 형태의 위기나 소외에 빠져 있는 청소년의 한 상징이 되며, 그가 처해 있는 상황은 빈틈없는 요령과 세심함이 요구되는 매우 위험한 상황인 것이다. 이 프로그램의 참여자들은 멜과 같은 청소년들을 도울 수 있는 방법들을 모색한다. 역할극을 통하여 멜이라는 인물은 정체성과 수용, 사회적 고립과 같은 이슈들을 탐구하는 주인공이자 촉매제가 되는 것이다.

이러한 형태의 프로젝트들에 대한 요구는 갈수록 급증하고 있으며, 그 요구의 주체들은 주로 보건, 복지, 재활과 관련한 정부기관들이다. 그 기관들은 연극이 지닌 힘을 원천으로 활용하여 사회복지사들이나 청소년 계도 공무원들, 상담전문가들을 비롯해, 상처받거나 방황하는 시민들의 삶에 지역 사회가 긍정적인 변화를 제공하는 것에 관심을 지닌 모든 이들에게 확산하고자 하는 것이다.

심리적 상처 혹은 장벽의 치유

뉴욕 시의 국제무역센터 빌딩들이 테러공격을 받아 무너져 내리는 참혹한 광경을 목격한 5학년 학생들(10세~11세)이 있다. 한 연극치료사가 이들을 만나 그들이 이 엄청난 사건을 직접 목격하면서 받은 공포와 자신들의 사연들을 나누는 세션을 몇 주에 걸쳐 진행하였다. 치료사와 학생들 간의 대화와 역할극을 통해, 참여한 어린이들은 자신들의 이야기와 생각들을 토대로 한 연극, 즉 그들의 불안감을 탐구하고 극복해내는 연극을 만들어냈다.

비록 이 작업이 부모와 학교 관계자들이 관람하는 연극 공연으로 이어지긴 했으나, 연극치료사에게 있어서 중요한 의미를 갖는 부분은 공연이 아니라 어린이들이 그날 목격한 충격적인 기억들을 표현하고 정리해내는 과정이었다. 연극을 이용해 어떻게 어린이들이 그 충격을 견뎌내고 있는가를 공유하고, 자신들의 학교생활을 다시 재개하는 데 있어서 겪고 있는 어려움을 표현하는 그 비공연적인 측면이 연극치료사의 우선 관심사였던 것이다.

그럼에도 불구하고, 연극 상연 후에 이어진 토론에서 학부모, 학교 관계자 및 관객들은 대화와 역할극의 과정이 학생들에게 위안을 제공하고 그들의 불안을 해소하는 데 도움을 주었다고 평가하였다. 그 관객들에게 이러한 작업을 관찰하고 자신들의 이야기를 나누는 경험은 의미 있는 치유의 과정이었던 것이다.

이 프로젝트는 시민연극의 특성을 공유하고 있다. 이러한 연극 작업들은 다치고 깨어진 상처들의 복구를 목적으로 하는 치유적인 특성을 지니고 있다. 시민연극은 이제 정신적 충격·슬픔·상실과 같은 어려움을 다루는 전문 영역들까지 아우르고 있다. 한 예로, 연극 기법들을 활용하여 정상적인 사회생활에 어려움을 겪고 있는 개인이나 집단을 위한 작업을 강조하는 연극치료운동이 전개되고 있기도 하다. 끔찍한 아동 성범죄가 발생하고, 아동 매춘이나 윤간, 힘과 특권을 악용한 충격적인 사건들이 난무하고 있는 이 사회에서, 연극은 도움을 필요로 하는 이들이 '다시 일어서고' 치유받을 수 있도록 활용되는 것이다. 뿐만 아니라, 시민연극은 부부치료나 부모-자식 간의 갈등, 그리고 정서적·심리적 스트레스를 가중하는 여러 복잡한 이슈들을 다루는 데에도 활용되고 있다. 이미 시민연극은 교정시설, 치료집단, 알코올과 마약치료센터, 그리고 다양한 사회 혹은 기업의 연수 및 휴양시설 등에서 활용되고 있다.

시사적 담론의 비판과 문제 제기

조용하고 외딴 지방의 한 곳에서 끔찍한 혐오범죄가 발생하였다. 매튜 셰퍼드(Matthew Shepard)라는 21세의 게이(gay) 청년이 두 명의 마을 청년들에게 가혹하게 구타당해 사망한 것이다. 이 사건에 충격을 받은 한 연출자와 배우들은 이런 일이 어떤 사회적 경향을 함축하고 있는지에 대한 궁금증을 갖게 되었다. 이 사건을 둘러싼 정황은 매우 잔혹했다. 그 두 명의 청년들은 술집에서 매튜에게 다정하게 접근하였고 자신들의 트럭에 함께 타고 술집을 나섰다. 그들은 외딴 곳까지 매튜를 태우고 가서는 그를 끌어내 울타리에 묶은 다음, 몽둥이와 발길질을 퍼부어 죽음에까지 이르게 했다. 처음 만난 순간부터 두 청년들은 매튜를 죽이기 위해 접근했음이 분명하다. 그들이 죽이려고 한 이유는 매튜가 공개적으로 자신이 게이임을 밝혔기 때문이다. 술집에서 매튜에게 친절하게 대한 것은 그를 유인하여 트럭에 태우기 위한 미끼였던 것이다. 그 살해범들은 자신들이 매튜에게 호감을 가지고 있는 것처럼 연기해 무고한 피해자를 유인하고 처형했다.

　　　맥베드 부인이 말했듯 "순수한 꽃처럼 보이는 모습 뒤에 숨은 냉혹한 뱀"이 되었던 것이다. 맥베드 부인이 자신의 남편으로 하여금 던컨 왕에게 충성하도록 하고는 비밀리에 왕의 살해를 음모한 것처럼, 인류의 역사는 어쩌면 그러한 인간의 이중적 행위들로 가득한 것일지도 모른다. 독일 나치(Nazi)는 수용된 유태인들을 가스실에 집어넣을 때 음악을 틀어 주었고, 아동 성도착자들은 선물 세례와 선량한 미소로 어린 아이들을 유혹했으며, 여흥을 즐기려는 손님으로 가장한 광신도들이 몸속에 폭발물을 지닌 채 사람 많은 술집이나 식당을 찾는 것 역시 그러하다. 가장(假裝, make-believe)의 세계가 치명적인 목적으로 이용되기도 하는 것이다.

무엇이 증오를 유발하는가? 사람들은 어떻게 그런 끔찍한 범죄를 저지르게 되는가? 매튜와 같은 죄없는 사람들에 대한 잔혹한 폭력이 어떻게 가능한가? 시민연극은 이러한 이슈들을 제기하고 고민하는 하나의 토론의 장이 된다. 매튜 셰퍼드의 경우, 극작가는 동성애 혐오증으로 촉발된 그 사건처럼 무엇이 사람들의 증오를 불러일으키는가를 연극을 통해 탐구해 보고자 하였다. 그는 다른 동료 예술가들과 함께 불공평과 억압이 발생하는 이유를 점검해 보고자 하였다. 사회의 특정 집단이 특권의식과 우월감을 갖게 되는 이유에 대해 어떻게 연극이 대화를 이끌어낼 수 있을까? 무엇이 인간으로 하여금 다른 사람들의 차별과 몰살을 원하게 하는 것일까? 반목과 구분짓기를 통해 구축된 미래에서 인간 정신은 과연 어떤 의미를 갖는가?

매튜의 사례에서 극작가는 시사적인 주류 담론, 종종 주류에서 소외된 소수집단에 대한 억압이라는 비판적 화두를 위해 연극 형식을 활용하고자 하였다. 그는 그 혐오범죄 사건이 발생한 지역의 주민들을 방문하여 인터뷰를 하였고, 이 인터뷰 내용이 연극 대본의 토대가 되었다. 인터뷰에는 매튜라는 인물과 그의 평소 생활에 대한 복합적이고 다각적인 관점들이 총망라되어 있었다. 이렇게 인터뷰를 통해 수집된 이야기들은 극본 작업을 거쳐 실제 그 범죄가 발생한 지역을 포함한 여러 도시에서 상연되었다. 연극이 상연될 때마다 우리가 사는 세상과 우리가 만들고자 하는 세상에 대한 관객들의 진지한 토론이 양산되었다. 이처럼 시민연극은 지역 공동체로 하여금 자신들의 이야기는 물론, 다른 사람들에 대한 이야기, 다양한 관점들과 가치관들에 대해 자유롭게 이야기를 나눌 수 있도록 만드는 의미 있는 공적 서비스를 제공한다.[2]

침묵하고 소외된 이들의 목소리

어느 작은 지방 소도시의 가정 폭력 추방 주간 행사의 한 부분으로 시민연극 프로젝트가 실행된 적이 있다. 그 프로젝트는 가정 폭력 신고 건수가 급증하고 있는 어느 빈민 주택단지에 살고 있는 여성들을 대상으로 하였으며, 그 여성들 중에는 실제 피해자인 경우도 많았다. 주택 단지의 행정을 담당한 정부 기관은 가정 폭력을 주제로 한 연극 프로젝트를 자신들의 정책홍보 활동 중에 매우 중요한 특별 프로그램으로 활용하기로 결정했다. 의뢰를 받은 연극 팀은 대상 여성들이 이 문제에 대해 어떻게 지역 사회 차원에서 대응할 수 있는가를

---

2 여기서 언급된 극작가는 모지스 카우프만(Moises Kaufmann)이며, 여기서 말하는 연극은 〈라라미 프로젝트(The Laramie Project)〉이다.

고민하는 참여형 프로그램을 만들도록 요청받았다. 가정 폭력을 당하는 여성들은 자신의 주어진 환경 속에서 어떤 선택을 할 수 있는가?

해당 지역의 주택단지를 답사 방문한 연극 팀은 두 명의 등장인물('남자'와 '여자')이 나오는 짧은 장면을 구성했다. 점점 악화되어 가는 남성 배우자의 폭력 행위와 이에 굴복하는 '여자'를 침묵의 피해자로 묘사했다. 이 장면은 연극 팀이 사전 방문과 연구 과정에서 실제 가정 폭력 피해자 및 생존자들이 제기하였던 의문들을 담고 있다. 자신의 배우자에게 크게 의존하고 있는 여성들이 어떻게 해야 폭력적인 상황에서 벗어날 수 있을까? 가정에서의 언어·신체 폭력을 예방하기 위해서는 어떤 단계가 필요한가? 가정 폭력의 가해자들은 어떤 이유로 피해자들을 통제하고자 하는가? '남자'와 '여자'가 등장하는 장면을 기폭제로 다양한 참여 활동이 진행되며 관객은 그 가정 폭력의 피해자·생존자가 어떤 선택과 해결책을 모색할 수 있는가를 함께 고민하게 된다.

참여자들은 그 주인공의 친구 혹은 친지의 역할을 하면서 주인공과 대화를 나누기도 한다. 그들은 나름의 조언을 제공하기도 하고, 그 주인공 여성이 겪고 있는 모순되고 모호한 삶을 보다 진지하게 이해하는 경험을 갖게 된다. 그 '여자'가 직면하고 있는 딜레마는 무엇인가? 이 상황에서 그녀가 정말로 택할 수 있는 선택은 무엇이 있는가? 다양하고 자발적인 개입과 참여를 통해 관객들은 위기 상황에 처한 여성들에게 어떤 삶의 선택들이 존재하는가에 대한 토론을 시작하게 된다. 이 과정에서 가정 폭력의 피해자·생존자들이 택할 수 있는 구체적 방법이나 접근의 장단점에 대한 논박이 오가기도 한다. 관객들 스스로가 그 방법들의 의미를 검증하는 것이다.

　　이 시민연극 프로젝트는 가정에서 폭력이 자행될 때 과연 어떤 문제들이 발생하는가에 대한 유익한 탐구를 얻어내게 된다. 이 연극의 목적은 참여자들이 자신의 생각을 표현하고 그것이 받아들여지게 되는 극적 상황을 직접 체험하게 하는 것이다. 이 프로그램은 이 문제와 관련해 더 많은 도움과 정보를 필요로 하는 이들을 위한 교육 정보 및 안내 자료들을 제공하는 것으로 마무리된다. 시민연극 프로젝트는 연극이야말로 피해자·생존자들이 자신들의 목소리를 낼 수 있도록 하는 매우 중요한 매개체가 된다는 믿음에 근거한다. 소외된 이들의 목소리에 귀를 기울이는 동시에 그들 자신이 하는 삶의 선택들을 진지하게 고민할 수 있도록 도움을 제공하여야 한다.

　　여기 소개된 각각의 사례는 지역 공동체가 자신들은 누구이며 무엇을 소망하는가에 대한 여러 측면을 결정하는 데 도움이 될 수 있도록 연극 예술 형식을 적용한 작업들이다. 그 적용의 목적이 대화를 이끌어내는 것이든, 상처를 치유하는 것이든, 혹은 지역 사회에 매우 중요한 어떤 이슈를 논의하는 것이든 간에, 연극은 변화를 가능케 하는 도약대가 된다. 이 책은 이러한 변화가 어떻게 발생하며, 특히 예술 형식—보다 구체적으로는 시간과 공간과 행위의 연극적 활용—이 참여자들을 허구의 세상 속으로 이끌어 그들 각자에게 삶의 테두리 내에서 가능한 것과 그렇지 않은 것들을 깊게 체험하고 탐구하는 경험을 어떻게 제공하는가를 점검해 보고자 기획되었다. 이 책의 각 장에 대한 소개는 다음과 같다.

제1장 변화의 촉매제로서의 시민연극에서는 연극이 어떻게 변화의 촉매제로 사용되어 왔으며 활용될 수 있는가를 독자들에게 소개한다. '변화의 촉매제(change agent)'라는 표현은 연극 형식이 어떻게 일반 시민들 및 사회가 그들이 속한 세상과 그들이 바라는 세상의 문제와 가능성을 고민하고 탐구하는 원동력이 되는가를 조명하기 위해 다분히 의도적으로 사용한 표현이다. 세상에는 반드시 문제가 존재한다는 전제로 무장한 교육연구에서의 행동연구자와 마찬가지로, 시민연극활동가는 이슈를 제기하고 반드시 필요한 질문을 던지는 연극을 창조해낸다. 지역 사회가 안전한 성관계라는 이슈를 다루고자 함에 있어 연극은 어떤 도움이 될 수 있는가? 어린이들의 언어 능력 혹은 교과목 이해력을 향상하는 데 연극은 어떤 역할을 할 수 있는가? 연극은 강력한 변화의 촉매제가 될 수 있으며, 우리가 세상을 새롭게 보고 이해하도록 우리의 눈을 열어 주는 기폭제가 될 수 있다는 깨달음이 제1장의 핵심 주제이다.

제2장 시민연극의 실행은 시민연극이 만나게 되는 다양한 지역 공동체의 조건과 환경을 소개한다. 참여적 연극 형식에 근거하여, 시민연극의 핵심 요소는 사람(people), 열정(passion), 그리고 무대(platform)의 3P라는 점을 강조하며, 이 세 가지 요소가 어떻게 제공되는지에 대한 설명도 부연한다. 또 시민연극이 어떻게 공동체에 변화를 제공되는지를 논의한다. 이 장에서는 '프락시스(praxis)'의 개념을 고찰함으로써, 예술가들이 공동체와 협력하여 함께 변화와 변혁의 대화를 만들어내는 시민연극의 특성을 점검한다. 시민연극 작업의 실행에 수반되는 난제들과 함께, 그 난제 극복을 위한 필연적 절충의 문제

도 함께 논의한다.

　　제3장 시민연극의 teaching artist[3]는 시민연극 작업을 이끄는 활동가와 조율자의 다양한 역할과 입장에 대해 점검하게 된다. 'teaching artist'라는 용어는 예술가와 교육가의 이중적 역할을 아우르게 되는 시민연극 전문가의 특성을 적절하게 표현한 용어로서 널리 활용되고 있다. teaching artist들은 열린 자세로 현장의 맥락들을 읽어내야 하며 상황에 따라 자신들의 계획을 적절히 변경할 수 있는 유연성을 갖추어야 한다. teaching artist가 참여자들을 이끌고 일련의 연극 상연과 참여 활동을 실행한 경우가 있었다. 그런데 그 상연 및 참여 활동은 서로 연관성을 찾기 어려운 것이었다. 사전에 결과물을 예정해 놓았으며, 다양성이 배제된 사전 설정 프로그램들을 진행하였고, 참여자들은 그 프로그램 과정에서 매우 제한된 참여 기회만을 제공받게 되었다. 이 장에서는 teaching artist가 연마해야 할 특별한 기능들을 분석한다. 또한 프로그램의 구성과 실행 과정에서 참여자들의 목소리가 반영되지 못하는 실천 작업의 몇몇 위험성들을 지적한다.

　　제4장 시민연극의 윤리에서는 teaching artist들이 프로그램을 연구하고 고안하는 과정에서 직면하게 되는 여러 난제들을 조명한다. 그 프로젝트를 의뢰하는 이들, 그 프로젝트를 구성하는 이들, 그리고 그 프로젝트를 체험하는 이들에게 있어 시민연극은 어떤 윤리적 요구

---

3 예술교육가, 혹은 교육하는 예술가로 번역될 수 있는 teaching artist라는 용어는 말 그대로 교육적 목표의식을 지니고 예술적 체험과 교육활동을 수행하는 예술활동가를 지칭하는 용어이다. 1970년대에 처음 사용되어 현재는 미국 등지에서 예술교육을 실행하는 전문적 기술과 사명감을 지닌 예술교육활동가를 지칭하는 대표적 용어이다. 이 책에서는 그 용어가 지닌 고유의 이중적 특성을 살리고자 굳이 우리말로 번역하지 않고 teaching artist라는 표현을 사용하였음을 독자들이 양해해 주기 바란다. (역자 註)

를 감당해야 하는가? 시민연극은 종종 평범한 시민들의 이야기와 경험에 근거한다는 점을 감안할 때, 자신들의 경험과 이야기를 공유하는 참여자들을 보호하는 어떤 특별한 절차와 조치가 필요한가? 시민연극은 실제 사례를 그대로 탐구과제로 활용해도 되는 것인가, 아니면 적절히 각색하여야 하는가? 시민연극의 내용은 반드시 세심하게 다루어져야 하며, 조율자는 집단의 역동성을 잘 파악하여 참여자들의 반응들이 지나치게 과열되거나 개인화되지 않도록 프로그램의 방향을 적절히 조절해야 한다.

또한 이 장은 다양한 주제에 관한 토론을 열어낼 수 있는 가장 적절한 방법들을 조심스럽게 찾아내야 하는 시민연극 teaching artist들의 책임성 문제를 다루고 있다. teaching artist들은 삶의 복잡하고 난해한 의문들에 해결책을 제시하는 전문가로 행세하여서는 안 된다. 그러한 권위적인 태도가 때로 대상들의 참여를 방해하는 요소가 되기 때문이다. 시민연극은 참여자들이 공동체 내에서 직접 경험하고 있는 이슈들에 관해 진지한 대화를 이끌어내야 한다. 이러한 이슈들을 teaching artist들이 어떻게 다루어야 하며, 어떤 윤리적 부담을 감수해야 하는가에 대한 논의가 이 장에서 펼쳐진다.

제5장 시민연극의 평가에서는 시민연극의 성공적인 실행과 관련된 제반 이슈들을 점검한다. 공동체에서 프로그램이 성공적으로 실행되기 위해서는 시민연극 활동가들이 그 프로그램의 목적과 지향점이 공동체와 잘 부합되는가를 측정할 수 있어야 한다. 참여자가 그 작품에 어떻게 연계되는가에 관한 정보가 취합되어야 한다 : 시민연극 프로그램이 어떻게 대화를 열어내는가? 그 대화를 원활하게 이끌어

내는 기법들은 어떤 기법들인가? 참여자들은 자신들이 경험한 시민 연극에 대해 어떻게 생각하는가? 그 시민연극의 구성에 대하여 참여 자들은 어떤 제안을 하는가? 그리고 그 구성을 보다 강화하는 방법은 무엇인가? 이러한 질문들은 시민연극 프로그램의 질적 특성을 성찰 하고 반영하여야 할 필요성을 제기한다.

　　　평가는 누구의 관점을 취하는가에 따라 매우 다른 형식으로 나타나게 된다. 예를 들어, 프로젝트를 의뢰하는 기관의 입장에서는 그 프로그램의 성공 사례와 같은 특정한 증빙자료나 근거들을 원할 것이며, 이러한 증빙자료는 읽기 쉽고 체계적인 형태로 제시되어야 할 것이다. 반면, 이러한 프로그램을 만들고 실행하는 전문가들이 필 요로 하는 근거들은 다른 형태가 될 수 있다. 그들은 해당 프로그램의 효과성과 관련된 근거들에 관심을 보일 것이며, 그 프로그램을 통해 자신들이 제기하고자 하는 질문들과 진행 방식이 참여자들과 어떻게 연계되어 변화의 체험을 제공하게 되는지에 집중할 것이다. 이 장에 서는 시민연극의 활동가들이 자료 수집과 분석에 있어 진정한 성찰적 실천가(reflective practitioner)로 성장하기 위해 필요한 정보 수집의 방 법 및 책무에 대하여 논할 것이다.

　　　이 책 『시민연극(Applied Theatre)』은 힘들고 불확실하며 스트 레스로 가득한 우리의 삶 속에서 다양한 공동체 구성원들이나 개인들 이 맞닥뜨리는 정체성의 문제, 사회 변화, 인력 개발, 치유, 더불어 살 아가기 등의 주제들을 연극을 통해 풀어나가는 다채로운 가능성들을 독자들에게 제시하고자 한다. 여기에서의 연극은 '응용된(applied)' 형태의 예술 형식이다. 그러한 연극적 체험 속에서, 혹은 그 체험을 통하여, 이처럼 다양한 삶의 이슈와 고민들이 긴밀하고 즉각적으로 제기되어진다. 단순히 그 이슈들에 대하여 설명하는 대신, 관객·참여자들은 실제 자신들과 마찬가지로 이 쉽지 않은 21세기의 하루하루를 살아나가는 가상의 (때로는 실제의) 인물들 및 상황들을 연극 속에서 직접 만나고 체험하게 된다.

시민연극은 물리적 공간의 관점에서도 기존의 연극 개념에서 '응용된' 연극 작업이다. 전통적인 공연장이나 극장이 아닌 우리 주변의 다양한 공간들로 자리를 옮겼기 때문이다. 이런 공간의 연극 대상이나 참여자들은 연극 형식에 대한 경험이 없는 경우가 허다하다. 이러한 연극 작업은 행동(action)과 성찰(reflection), 그리고 무엇보다도 변혁(transformation)를 이끌어내는 매체가 된다. 연극을 통하여 우리는 새로운 삶의 존재와 양식들을 만나게 되고, 우리의 새로운 가능성들을 상상하고 재편하는 기회를 갖게 된다.

언제나 새롭고, 대안적이며, 끊임없이 변화하고 성장하도록 만드는 연극의 힘에 대해 경험이 부족하거나 전무한 독자일지라도, 이 책에 소개된 여러 사례들을 통하여 깊은 이해와 도움을 받게 되길 진심으로 바라는 바이다. 그리하여 독자들 스스로가 자신들은 물론 다른 이들의 삶 속에서 시민연극이 제공할 수 있는 많은 역할을 보다 깊이 이해하고 고민하는 출발점이 될 것을 기대한다.

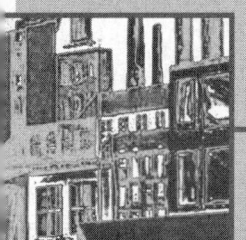

변화의 촉매제로서의
시민연극

제1장

시민연극은 연극이 시대를 초월하여 언제나 뛰어난 교육적 매체로서 응용되고 활용되어 왔다는 인식에 기반을 두고 있다. 연극 행위가 제공하는 '지금 여기(here and now)'의 마력은 단숨에 관객을 그 체험 속으로 끌어들이며, 잘 만들어진 연극 공연은 관객으로 하여금 자신 앞에서 행해지는 체험에 적극적으로 몰입하고 비판적으로 해석해내는 존재로 만든다. 많은 이들은 이처럼 관객들을 매료시키는 것이 좋은 연극의 목적이라고 주장할 것이다. 관객들의 고정관념을 깨고 새로운 가능성을 열어 보이는 연극적 체험을 통해 우리가 사는 이 세상을 새롭게 인식하도록 하는 것 말이다. 수많은 연극 작품의 사례에서 보듯, 이러한 연극적 효과를 옹호하는 것이 매우 보편적인 입장일 것이다. 그러나 시민연극은 이 연극이라는 예술 형식을 전혀 연극과 상관 없는 공간으로 옮겨 놓고 연극에 대한 경험이나 관심조차 없는 관객 혹은 참여자들을 만나는 작업이다.

　　시민연극은 '변화'라는 핵심 원칙에 근거하여 다음과 같은 주제들을 탐구한다.

- 특정한 이슈에 대한 경각심을 불러일으키기 위해
  (예: 안전한 성교육)
- 특정한 개념·목표를 교육하기 위해
  (예: 문자 교육, 수리 개념 교육)
- 인간 행위에 대한 탐구를 위해
  (예: 혐오범죄, 인종문제 등)
- 삶을 위협하는 행동을 예방하기 위해
  (예: 가정 폭력, 청소년 자살 등)
- 상처받은 정체성의 치유를 위해
  (예: 성폭력, 신체나 외모 콤플렉스 등)
- 억압적인 상황을 변화시키기 위해
  (예: 집단 따돌림, 정치적 탄압 등)

사실 이러한 시민연극이 지니고 있는 '변화'의 원칙은 기존의 참여적인 연극 작업 혹은 공동체연극 운동과 유사한 맥락을 공유하고 있다. 모두 공통적으로 연극의 다양한 활용을 통해 사람들로 하여금 자신이 속한 사회에 대해 비판적인 성찰과 행동을 해낼 수 있도록 돕는 작업인 것이다.

영국의 유명한 TIE(Theatre in Education)운동[1]은 연극이 교육현장에 성공적으로 접목된 한 예이다. TIE에 참여하는 학생들은 현실적이고 도전적인 연극 체험을 통해 연극이 제시하는 딜레마를 함께 고

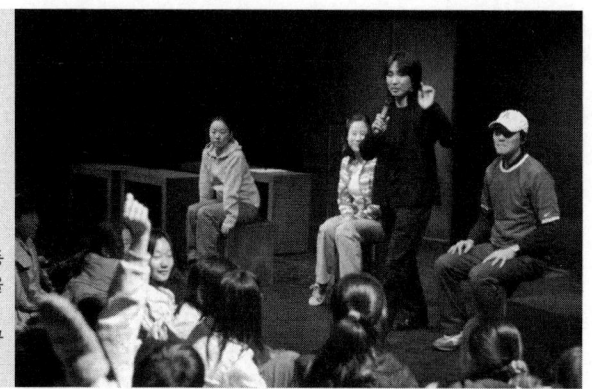

TIE연극을 보고 난 후 등
장인물과 관객이 토론을
나누는 핫시팅 장면.
사진제공 : 교육연극연구
소 〈PRAXIS〉

민하고 해결책을 모색한다. TIE는 간혹 '참여연극(participatory theatre)'으로 묘사되기도 한다. 그 이유는 바로 TIE의 관객들은 연극을 관람하기만 하는 것이 아니라, 연극이라는 가상의 세계로 직접 들어가서 역할극 혹은 '핫시팅(hotseating)'[2]을 포함한 다양한 연극 기법을 통해 주어진 주제를 더 깊이 성찰하고 체험하게 되는 적극적인 형태로 참여하기 때문이다.

---

1 TIE(Theatre in Education)운동은 1960년대 중반 영국에서 시작된 것으로, 연극과 교육이 적극적으로 접목된 교육연극의 대표적 양식의 하나이다. '배우이면서 동시에 교사'를 뜻하는 actor-teacher 팀이 진지하고 사회적인 주제를 다루는 참여적인 형태의 연극 활동이나 공연형태의 프로그램을 영국의 학교들을 순회하면서 교육적·예술적 체험을 학생들에게 제공하였다. 프로그램은 일반적으로 actor-teacher들이 주도하여 제시하는 극적 상황 혹은 장면을 중심으로 관객이 참여하여 문제 해결을 시도하는 형태로 진행된다. 대개는 관객이 직접 극적 역할을 수행하거나 상황을 연기해내는 경우가 대부분이다. TIE는 영국 내에서 매우 커다란 반향과 성공을 이루었으나, 재정 지원이 대폭 삭감된 80년대와 90년대를 거치며 침체기를 맞기도 하였다. 그러나 아시아나 남미 등으로도 확산되어 여전히 TIE 정신과 가능성은 지속되고 있다. TIE에 대한 보다 많은 연구를 위해서는 토니 잭슨(Tony Jackson)의 책 Learning Through Theatre: New Perspectives on theatre in education, London: Routledge(1993)를 참고할 것. (역자 註)

2 핫시팅(hotseating)은 연극 활동에서 제시된 의문점들에 관해 참여자들의 대화를 이끌어내는 방법론으로 널리 활용되고 있다. 주로 특정 인물이나 역할자가 참여자들과 함께 이야기를 나누거나 참여자들이 그 인물에게 질문을 주고받으면서 그 인물과 상황을 보다 다각적으로 이해하게끔 하는 즉흥 역할극 기법이다. (역자 註)

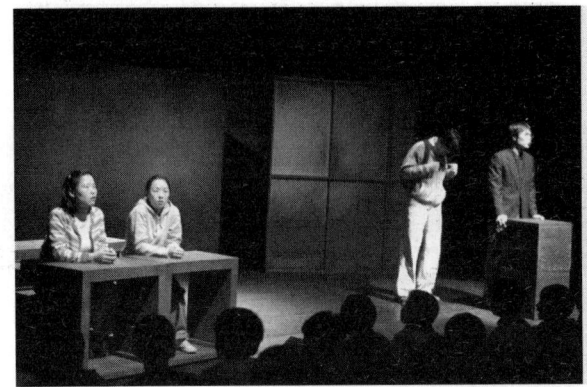

장애학생에 대한 이해를 제고하는 TIE 〈푸른 고래의 꿈〉의 한 장면. 사진제공 : 교육연극연구소 〈PRAXIS〉

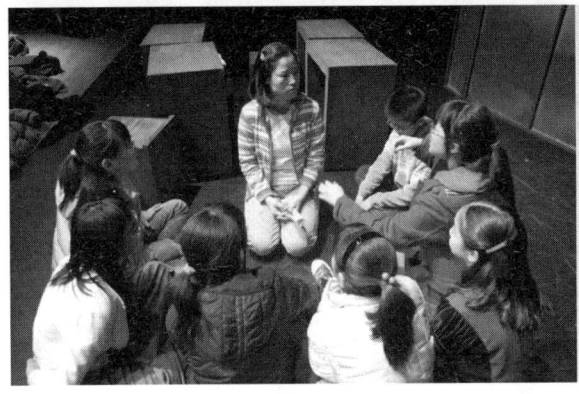

어려움을 겪는 등장인물인 장애친구에게 참여관객인 초등학생들이 직접 자신들의 경험과 조언을 제공하는 TIE 토론 장면. 사진제공 : 교육연극연구소 〈PRAXIS〉

　　공동체연극(community theatre)이나 민중극(popular theatre)의 경우는 개인들 혹은 집단들이 스스로의 정체성과 그들이 갈망하는 것이 무엇인지에 대한 정리와 선언을 돕는 연극 작업의 또 다른 사례이다. 이러한 연극 작업에는 종종 정치적 입장이나 요구가 수반되기도 한다. 급진적인 거리극, 보알의 억압받는 이들의 연극, 변혁을 요구하는 연극 등에서 간혹 볼 수 있는 특성이다. 인간의 의식을 변화시키고, 영향력을 상실한 집단을 결속시키며, 직장을 비롯한 다양한 환경에서의 변화에 활용되는 연극의 힘에 대한 관심이 바로 이러한 연극이 지닌 특징이다.

　뿐만 아니라, 연극은 개발도상국가들이나 제3세계 사회 구성원
들의 삶의 질적 향상을 위한 프로그램에도 제법 성공적으로 활용되기도
하였다. 한때 영국을 중심으로 성행하였던 TfD(Theatre for Development)
운동이 그것으로, 이 역시도 시민연극과 많은 유사성이 있다. 둘 다 대
상들에게 필요한 지식의 축적을 고민하며, 참여적인 기법과 활동을
활용하여 관객이 직접 체험하는 형식을 선호하는 공통점이 있다. 아
메드(Ahmed)는 TfD를 다음과 같이 설명한다:

　　이런 연극들에 공통적으로 다루어지는 이슈들은 사회부조리, 신
　부 지참금, 일부다처제, 이슬람의 율법 문제(fatwa), 일방적 이혼,
　성차별, 문맹, 권력층의 부당한 공공자원 소유, 미신적인 의료 행위,
　환경 파괴, 그 밖에도 삶에 긍정적인 영향을 제공하는 다양한 개발
　행위들에 대한 이해 등이 해당된다.[3]

　그러나 시민연극은 보건, 문맹, 정치 등 민감하고 절박한 이
슈들과 맞선 제3세계 커뮤니티들만을 대상으로 하는 작업이 아니다.
TfD운동은 생활 수준의 향상이나 정치적 독재정권 전복과 같이 나름
의 역사와 주안점을 두고 발전해 왔다. 때로는 영토를 차지하고 적들
과 대치하느라 치열한 전쟁 지역에서 연극 작업이 행해지기도 한다.
　이 책의 서문에서 우리는 2001년 뉴욕의 무역센터 테러사건

---

3 Ahmed, S. J., "Wishing for a World Without 'Theatre for Development' : Demystifying the Case
　for Bangladesh", Research in Drama education(RIDE) 7(2), 2002, p.211.

이후로 소위 전쟁 지역이라는 개념을 얼마나 극단적으로 새로이 인식하게 되었는지를 확인했다. 보스니아나 이스라엘 같은 전쟁 지역과 멀리 떨어진 뉴욕 한복판에서 우리는 인류를 말살시키려는 계획된 욕망, 즉 테러리즘의 증오를 몸소 체험하였다. 시민연극의 예술가들의 사명은 TfD운동의 목적과 부합하는가의 여부나 제3세계에 대한 관심에만 국한되어 있지 않다. 시민연극 예술가들을 움직이는 것은 대상들에게 깊은 통찰을 제공하고, 지역 사회의 이해를 심화하며, 보다 낫고 공정한 삶을 고민하고자 하는 욕구이다. 따라서 그것이 팔레스타인과 이스라엘 간의 문화적 교류와 평화적 대화가 목적인지, 뉴질랜드의 마오리족과 파케하족 간의 교류가 목적인지는 아무 문제가 되지 않는다. 혹은 브루클린의 한 유치원 교사가 남의 물건을 훔치는 행위는 옳지 않다는 교훈을 가르치기 위해 5살짜리 어린이들에게 연극 프로그램을 만들어내는 것일 수도 있다. 각각의 사례에서 우리는 연극이라는 미학적 행위가 고유한 방법들을 통해 인간적인 자각과 각성을 이끌어내는 공통분모가 있음을 발견할 수 있다.[4]

시민연극은 우리 삶의 단면들을 심도 있게 탐구하는 사명을 견지하고 실행되다 보니 때로는 정치적인 성향을 지니기도 한다. 브라질의 연극연출가인 아우구스또 보알(Augusto Boal)이 시민연극의 성장에 막대한 영향을 남긴 인물인 이유도 거기에 있다. 보알은 연극이 가장 강력한 힘을 발휘할 때, 관객들을 가상 세계의 내부와 외부에 동

4 Greenwood, J., "Within a Third Space", RIDE, 6(1), 2001, p.193.
  Taylor, P., The Drama Classroom: Action, Reflection, Transformation, London: Routledge Falmer, 2000.

시에 존재하게 만든다고 주장한다.[5] 이 이중적 동시성이 우리를 깊은 성찰의 경험으로 이끌어 준다는 것이다. 관객은 하나의 연극 행위를 체험하면서 동시에 그들이 체험하고 있는 그 경험의 본질을 통제하고 있다. 자신이 그 경험에 참여하면서 동시에 그 경험을 비판적으로 사고하는 내면의 대화가 이루어지게 된다.

앞선 유치원의 예를 보자. 유치원 어린이들은 연극 속에서 생일 파티를 위한 쇼핑을 나간다. 사탕도 사고, 리본도 사고, 선물도 산다. 쇼핑 도중에 어린이들은 예쁜 인형을 하나 발견하게 되고 그 인형을 몰래 훔친다. 돌아오는 길에 그들은 그 인형을 잃어버린 소녀(교사가 소녀 역할을 함)와 마주치게 된다. 교사가 아닌 극중의 어린 소녀 역할로서, 교사는 어린이들에게 엄마가 생일선물로 주신 그 인형을 보지 못했는지 묻는다. 상상의 사건에 몰입한 어린이들은 인형을 훔치기로 한 자신들의 결정이 옳은 것이었는가에 대한 고민에 빠진다. 그들은 연극 속에서 자신들의 행동을 인지함과 동시에 만약 자신의 인형을 다른 사람이 훔쳐갔다면 어떤 기분인가를 분명히 인식하고 표현하려 할 것이다. 연극의 내면과 외면에서의 그들의 행동은 보다 깊은 사고와 토론을 이끌어내는 기폭제가 된다.

또 다른 예를 보자. 연극치료를 받는 27세의 동성애자인 마이클이라는 청년은 자신의 남다른 성적 정체성을 수용하지 못하고 고통스러워한다. 상담과정에서 그는 아버지에게서 받았던 폭행과 모욕을

---

5 Boal, A., Theatre of the Oppressed, New York: Theatre Communications Group, 1985.
이 책은 1985년 국내에 『민중연극론』(창작과비평사)이라는 제목으로 번역 출간된 바 있으나 현재는 안타깝게도 절판된 상태이다. (역자 註)

이야기한다. 연극치료사는 미리 준비한 연극치료 세션을 통해 마이클에게 다양한 상상의 역할과 실제 역할을 연기해 보도록 주문한다. 그 역할들을 재연하면서 마이클은 수많은 고통스런 경험들에 대한 통찰은 물론, 모욕과 폭행의 피해자인 자신이 그 경험을 극복해내는 만족스런 성취의 체험을 이루어낸다. 마이클이라는 청년이 처한 고통의 상황을 만족의 상황으로 변화시키도록 인도하는 치료사의 임무는, 참여자들이 고통과 난관을 극복하고 긍정적이고 만족스러운 방향으로 변화할 수 있도록 안내하는 시민연극 예술가들의 의지와 여러모로 유사성을 지닌다.[6]

1. 참여 – 관찰자(Participant – Observer)

시민연극은 연극 양식 자체가 대상들이 처한 상황 속의 이슈들을 인식하고, 그 문제와 맞닥뜨리며, 그 속에서 세상과 나와의 관계를 고민해내는 힘을 발휘한다는 확신에서 출발한다. 좀더 구체적으로 말하자면 관객이 극적 시나리오나 연극을 관람하는 것뿐 아니라, 관객이 직접 연극 속에 참여하는 형식에 주목하는 것이다. 이러한 작업은 지극히 어려운 작업일 뿐더러 수없이 복잡한 윤리적 관점이 얽혀 있기도 하다. 제임스 톰슨(James Thompson)은 전쟁으로 폐허가 된 스리랑카의 한 지역에서 실행된 프로젝트를 토대로 이와 같은 윤리 문제를 제기한

---

6 Landy, R., "Persona and Peformance: The Meaning of Role in Drama", Therapy and Everyday Life, Bristol, PA: Jessica Kingsley, 1993, p.110.

바 있다. 그는 "의존증, 알코올 중독, 교육 문제 및 장티푸스 창궐" 같은 이슈들이 그 지역 사회를 망가뜨리는 현실에서 과연 시민연극 예술가들이 어느 수준까지의 책임을 감당해야 하는 것인가에 대한 의문을 던진다.[7]

시민연극 예술가들이 위와 같은 지역에서 작업을 수행할 때 어떠한 윤리적 책임을 지게 되는가? 짓밟히고 착취당한 사람들의 이슈들을 연극에 담아낼 때 시민연극 작업은 반드시 참여와 관람 두 가지를 모두 갖추어야 하는가? 비록 시민연극이 위기 상황에 놓인 지역 사회 구성원들의 자립과 극복에 유용한 도움이 될 수 있다 하더라도, 과연 외부에서 방문한 예술가들이 그 대상들의 고통과 좌절을 진심으로 공감할 수 있는가? 갈등과 반목이 만연한 이 시대에 연극은 어떤 역할을 할 수 있는가? 이러한 의문들은 시민연극의 목적과 의도를 정리하는데 매우 중요하고 절실한 물음들이다. 우리는 변화를 이끌어내는 연극을 논하고 있다. 과연 우리가 주목하는 것은 누구의 변화를 의미하는가?

변화를 이끌어내는 연극의 가장 큰 난관 중 하나는 바로 참여 대상들의 엄청난 감정적 투입을 요구해야 하는 점이다. 앞서 치료의 예에서 보듯, 대상이 직접 참여하여 자신의 삶 속에서의 최고의 순간뿐 아니라 심각한 고통의 순간까지도 다시 재생해내는 경우가 많다. 이때, 강력한 감정적 집착에 주목한 치료사는 대상·환자가 경험한 과거 사건의 내면을 제대로 이해하기 위해서는 이야기 형식으로 기억을

---

7 Thompson, J., "Ugly, Unglamorous and Dirty: theatre of Relief/Reconciliation/Liberation in Places of War", RIDE 7(1), 2002, p.110.

찾아내고 재현해내는 방법이 가장 적절할 수도 있다고 확신하게 된다. 그 과정에서 대상·환자 스스로 여러 명의 가상 인물 및 실제 인물들을 연기하는 체험을 제공되는 것이다.

재소자들의 재활을 목적으로 하는 프로젝트에서는 상담의 한 과정으로 재소자들이 자신이 저지른 범죄의 순간을 재현해내는 방법이 활용되기도 한다. 이러한 방법에 대해 톰슨은 도덕성의 문제를 제기한다. 범죄자가 자신의 범죄 행위를 재현하는 수많은 세션들에 대해 톰슨은 재현 행위가 그들의 재활에 어떤 메리트가 있는가 하는 의문을 던진다. "(범죄 재현을 한) 핵심 참여자들은 하나같이 감정적 혼란에 빠졌으며 세션이 끝날 무렵에는 대부분 통제 불능 상태가 되었다"[8]라고 톰슨은 지적한다. 참여-관찰 과정에서의 윤리적 관점은 뒤의 4장에서 보다 자세히 논의될 것이다.

시민연극은 주어진 연극 체험 속에서 대상들이 스스로 사고하고 성찰할 능력을 포기하는 것을 선호하지 않는다. 참여 대상이 연극을 통해 적극적으로 자신과 남의 행위를 이해하고 그 의미를 반추할 때 비로소 시민연극은 가장 빛을 발하기 때문이다. 시민연극에서 대상의 참여를 규정짓는 두 가지의 입장—연극에 참여하고자 하는 욕구와 한편으로는 그 참여 행위의 본질을 이해하고자 하는 욕구—을 우리는 '참여-관찰(participant-observation)'이라고 하나로 묶어서 묘사할 수 있다. 다양한 질적 연구방법론에서 익숙하게 만나게 되는 '참여 관찰자'라는 입장은 한 마디로 '존재하면서 동시에 존재하지 않는

---

8 Thompson, J., Prison Theatre: Practices and Perspectives, London: Jessica Kingsley, 1998, p.19.

것(being and not being)'의 이중성을 의미한다. 일반적으로 시민연극은 참여 대상들이 순응하면서 동시에 제어할 수 있는 극적 상황을 제공한다. 이러한 현상을 보알은 '메탁시스(metaxis)'라 부른다. '메탁시스'는 실제의 세상과 허구의 세상 사이에 대화가 이루어지는 상태를 의미한다. 보알은 "연극을 보러온 관객은 극장에 들어가 자신의 모자를 벗음과 함께 자신의 머리까지 벗어 놓는 부르조아 관객의 우를 범해서는 안 된다"[9]라고 주장하였다. 보알의 연극에서 강조하듯, 수동적인 관객(spectator)이 아닌 능동적인 '관객이자 배우(spect-actor)'로서 존재하는 것이 시민연극의 핵심이다. 이는 관객-배우가 자신과 남의 행위가 지닌 의미에 대해 깊이 성찰하고 자각적으로 행동할 때에만 가능해진다. 관객들은 단순히 체험을 하는 것이 아니라, 동시에 자신들의 체험을 적극적으로 성찰하고 비판하는 것이다.

여러 측면에서, 이러한 동시적 이중성의 입장은 영국의 교육연극 학자인 개빈 볼튼(Gavin Bolton)이 언급했던 '행동 속의 사고(thought in acton)'[10]와도 매우 유사하게 닮아 있다. 비록 볼튼의 표현은 주로 교실연극 수업에서의 구조화와 즉흥성에 대한 언급이긴 했으나, 그의 교육연극이론은 시민연극과 상당 부분 맥을 같이 한다. 볼튼은 대부분의 교실연극 활동이 참여 학생들의 순종성에 기인하여, 상황을 재연하거나 모방하는 데에만 관심을 두는 단선적 형태로 진행되고 있다는 것을 발견하였다. 제시된 상황을 축약해 들어가서 문제의 순간들을 집중적으로 탐구하는 접근법에 대해 많은 연극교육가들은 그러

---

9 Boal, A., 앞의 책, 1985, p.104.
10 Bolton, G., Towards a Theory of Drama Education, Essex: Longman, 1979, p.21.

한 탐구가 대상들의 경험에 방해된다며 반대하였다. 보알과 마찬가지로, 볼튼은 연극 행위에서 '변화'야말로 참여 대상이 체험하는 경험의 핵심 요소라고 강조하였다. 시민연극에서의 참여 대상들이 체험하는 이러한 동시적 이중성의 본질은 "내가 만들어내는 상황이 내게 벌어지고 있다(I'm making it happen, it is happening to me)."라는 말로 요약할 수 있을 것이다. 참여자들은 하나의 체험을 하면서 동시에 그 체험의 본질을 이해하는 것이다.

시민연극이 성공적으로 실행될 경우, 참여한 관객들은 다음과 같은 질문을 던지게 될 것이다: 나라면 저런 상황에서 어떻게 행동할까? 지금 저 장면·인물이 내 삶과 어떻게 닮아 있는가? 지금의 이 체험을 통해 내가 무엇을 배울 수 있는가? 어떻게 내 삶이 바뀌거나 변화될 수 있을까? 등등. 물론 모든 연극 체험이 이러한 수준의 인식이나 변화를 이루어내지는 못할 것이다. 진부한 이슈를 새롭게 사유하거나 전혀 생각도 못해 본 주제를 고민하게 하는 연극이 아닌, 단순히 즐겁게 관람했던 연극에 대한 기억들을 우리 모두는 가지고 있다.

많은 연극비평가들은 그처럼 관객을 마치 최면에 걸려 사고 능력이 마비된 것처럼 만들어 버리는 연극 형식들에 대해 비판해 왔다. 보알과 볼튼 모두 독일의 위대한 극작가이자 연출가인 베르톨트 브레히트(Bertolt Brecht)의 영향을 크게 받았다. 브레히트는 특히 그와 같이 관객들을 마치 몽유병자 같은 상태로 만들어 놓는 연극 형식을 강하게 비판하였다.

그들은 눈을 크게 뜨고 있지만 보지 못하고 그저 멍하니 있을 뿐이다.

> 마치 그들이 듣지는 못하면서 귀만 열어 놓고 있는 것처럼.
> 그들은 넋을 놓고 마녀와 승려들의 시대였던
> 중세의 유물인 무대를 응시한다.
> 보고 듣는 것은 때로는 즐거운 행위이긴 하나,
> 이들은 이 모든 행위에서 제외되어 있으며
> 마치 어떤 행위의 대상과도 같다.
> 이처럼 모호하면서도 깊은 감정에 빠지는 몰아지경의 상황은
> 배우의 연기가 뛰어날수록 더욱 심각해진다.[11]

　1948년에 쓴 이 글에서 브레히트는 관객의 무조건적 몰입과 동일시가 지배적인 특성으로 자리하던 당시 독일 연극의 전통을 비판하고 있다. 과도한 감정적 몰입은 관객의 비판적 사고력을 상실시키며 그로 인해 관객들은 비평과 대응의 초인지적 체험의 기회를 갖지 못한다는 것이다. 따라서 브레히트의 새로운 연극 양식은 관객들의 감정보다는 그들의 이성을 자극하는 형태로 제시되었다. 이성적 사고만이 세상을 지배하는 힘이 무엇인지 올바르게 이해할 수 있다고 믿었기 때문이다.

　관찰은 참여에 절대적인 요소이다. 마찬가지로 참여는 하나의 작업에 대한 개인의 관점이나 관찰에 의해 추진력을 얻는다. 참여자들이 시민연극을 통해 변화의 불씨를 지피기 위해서는 자신들의 행

---

11 Willet, J. The Theatre of Bertolt Brecht: A Study from Eight Aspects, London: Methuen, 1977, p.166.

동에 대해 성찰할 기회가 프로그램에 반영되어 있어야 한다. 다음 단락에서 제시되는 사례를 통해 이러한 변화의 힘에 대해 좀더 명확히 알아볼 수 있을 것이다.

2. 널리 깨어 있음
지역 공동체에서 변화의 순간들을 창조하기

시민연극에서 지향하는 변화의 힘을 이해하기 위해, 다음에 소개할 시민연극 프로젝트의 모든 과정들에 변화의 개념을 적용하여 하나하나 분석해 보도록 하겠다. 변화는 진공 상태에서 갑자기 생겨나는 것이 아니다. 변화를 위해서는 참여 대상들의 '널리 깨어 있음'을 적절히 이끌어내고 조율할 수 있는 여러 기법들을 신중하게 구성하는 준비와 노력이 필요하다.

철학자이자 비평가, 그리고 사회평론가로 명망 높은 맥신 그린(Maxine Greene)은 미학적 체험이 가장 강한 울림으로 전달되는 순간은 바로 참여자들이 서로 다른 가능성들의 문을 열고 그 속에서 자신들의 삶을 깨닫게 되는 순간이라고 강조한다: "나는 어린 학생들과 그들의 교사들을 깨우는 일에 전력을 기울이고 있다. 그래서 그들이 질문하기를 즐기고, 끝없이 의문을 품게 하고, 낡은 관습의 껍데기를 버리고, 아직 완결되지 않은 자신을 인식하게 되길 바란다."

그린이 주장하는 '널리 깨어 있음(wide-awakeness)'의 상태, 즉 심화된 인식의 상태는 그녀의 미적 교육(aesthetic education)의 핵심이다. 그녀는 "우리의 인식 속에서 새로운 공간을 열어젖혀 사각의 방이라는 틀을 깨어버리는 일은 언제나 커다란 도전이다"[12]라고 강조한다. 이러한 '널리 깨어 있음'의 상태는 쳇바퀴 같은 일상에서 벗어나 청소년들에게 자신과 사회에 대해 보다 긍정적이고 희망적인 이미지를 안내한다.

　　오래 전부터 수많은 예술교육가 혹은 teaching artist들은 끊임없이 연극이 얼마나 뛰어난 변혁의 촉매제인가를 증명해내는 작업들을 해왔다. 이미 언급한 브레히트, 보알, 볼튼과 같이 거대한 영향력을 지닌 실천가들이 그 예이다. 뿐만 아니라 잰 코언-크루즈(Jan Cohen-Cruz)나 마이클 로드(Michael Rodd)와 같이 최근 들어 활발하게 활동하는 예술가들이 늘어나고 있다. 이들은 모두 '문화' 혹은 '정체성'과 같은 화두 속에서 권력, 권위, 지역 사회의 변화 등을 다루는 매우 중요한 이슈들의 제기와 대화를 연극을 통해 이끌어내는 작업을 하고 있다. 이들 외에도 많은 예술가들이 현장에서 실행해 온 작업들이 이 책을 탄생시킨 배경이기도 하다. 이들 예술가들의 공통점은 연극양식을 통해 참여 대상들의 적극적인 대화와 토론을 끌어내고자 하는 강한 열정이다. 그리고 그러한 대화와 토론은 참여 대상들이 연극을 '관람하는 것'보다 연극을 '만들도록' 자극 받을 때 가장 활발히 생겨나는 것이다.

　　다음에 나오는 사례는 독자들의 이해를 돕기 위해 실제 프로그램 구성 사례를 소개한 것이다. 가칭 〈위기의 소년 멜의 이야기

---

12 Greene, M., "Releasing the Imagination", NJ(National Journal of Drama, Australia), 23, 1999, p.15.

(Mel: Society at Risk)〉라고 명명된 이 프로젝트는 주(州) 보건국의 지원을 받아 위기의 청소년들 문제에 개입하고 변화를 도모하기 위해 준비되었다. 나는 이 프로그램의 구조를 단계별로 나누어 소개하고, 이 프로그램을 구성하는 과정에서 시민연극 팀이 고민해야 했던 핵심 이슈들에 대해 설명할까 한다. 이 프로젝트에서 우리는 시민연극을 구성하는 가장 핵심적인 요소들의 사례를 볼 수 있으며, 이를 통해 이 책이 제시하는 실천 작업의 원칙(principles of praxis)을 상기할 수 있기 때문이다. 브라질의 철학자이자 교육자인 파울로 프레이리(Paolo Freire)는 교육적 변혁의 핵심에는 깨어 있는 개인들이 끊임없이 자신들의 행동(action)을 성찰(reflect)하며, 그 과정에서 발견하는 깨달음에 따라 자신들의 행동의 변화를 주도하는 인간 중심의 변혁을 주창하였다.[13] 이러한 변혁이 바로 그가 강조한 '프락시스(praxis)'이다. 그리고 '프락시스'의 과정은 바로 행동(action) - 성찰(reflection) - 변혁(transformation)으로 요약할 수 있다.

---

13 Freire, P., Pedagogy of the Oppressed, New York: Continuum, 1970.

〈위기의 소년 멜의 이야기〉를 통해 보는 시민연극 구성의 8원칙

프로젝트의 배경

어느 도시의 공공 보건을 담당하는 보건국은 최근 급속도로 증가하는 십대 청소년들의 자살 문제가 심각하게 대두되자 이에 대한 연구와 대책 마련에 부심하게 된다. 통계 자료에 의하면 최근 30년 동안 그 지역의 청소년 자살률이 무려 3배나 증가하였다. 30세 미만 남성의 사망 원인 중 자살이 가장 높은 비중을 차지하였으며, 관할 지역의 청소년 중 10%가 한 번 이상 자살을 시도했다는 연구 결과가 나왔다. 이러한 통계에 따라 지역 내에서 급증하는 청소년 자살 문제를 억제하고 예방하는 방안을 강구하기 위한 예산도 증편되었다. 그 방안의 하나로 지역 사회의 청소년들을 위한 연극 프로젝트들이 기획된다. 특히 시민연극 프로젝트는 관객이나 참여자들이 teaching artist들의 주도로 제시된 극적 줄거리 및 상황 재연에 직접적으로 참여하면서 문제적 상황을 이해하고 다른 해결책을 모색하도록 구성하기로 한다.

이 프로젝트를 실행할 팀은 위기의 청소년들을 직접 대상으로 하는 프로그램 대신, 그들을 늘 만나고 상담하여야 하는 카운슬러, 치료사, 사회복지사 등 성인들을 주 대상으로 하는 시민연극 프로젝트를 기획하였다. 비록 해당 지역 내에 기존의 TIE전문단체들이 학교들을 순회하며 청소년들과의 연극 작업을 해왔으나, 실제로 그 청소년들을 위한 지원과 프로그램들을 책임져야 하는 성인들을 대상으로 한 프로그램은 태부족이었기 때문이다.

따라서 여기에 소개되는 프로그램의 목적은 위기에 처한 (at-risk) 청소년들에게 상담과 조언을 제공하는 위치에 있는 성인 참여 대상들로 하여금 상담의 질적 내용은 물론 그러한 청소년들을 대하는 방법의 효용성에 대하여 진지한 대화와 토론을 이끌어내는 것이었다. 참여 대상들은 제시되는 프로그램을 통해 위기에 처한 청소년들을 자해로 몰아 넣는 상황을 짚어보고, 청소년 자살 억제를 위한 대책 방안들을 함께 모색하게 된다.

원칙 1. 시민연극은 철저한 연구가 바탕이 되어야 한다

시민연극 프로그램을 준비하는 과정에서 teaching artist들은 다음과 같은 고민들을 마주하게 된다:

- 이 시민연극 프로그램의 관객은 누구인가?
- 이 프로젝트가 추구하는 목표는 무엇인가?
- 이 시민연극 프로그램을 어떻게 관객들의 필요에 맞게 구성할 것인가?

이러한 질문들의 답은 매우 복잡하고 다각적일 수밖에 없다. 〈위기의 소년 멜의 이야기〉 프로그램의 경우, 매우 많은 대상들이 잠재적 관객에 해당되었다. 기본적으로 청소년들의 복지와 안위에 관심을 지닌 성인들이 모두 해당될 수 있었다. 그 중에는 직접적으로 이 프로그램을 참여하고 체험하고자 하는 이들이 있는가 하면 그냥 참관만을 원하는 지역의 구성원들도 있었다. 또한 이 시민연극 프로젝트를 발주한 담당자와 관계자들도 있었다. 그들은 모두 이 프로그램의 내용과 목표에 대해 서로 다른 기대치를 갖고 있었다.

프로그램의 구성 과정에서 가장 중요한 요소는 바로 참여자들의 공감을 얻어낼 수 있는 연극적 틀거리를 구축하는 것이다. 이를 위해서는 해당 지역 사회 내의 청소년들의 실상과 경험들에 대한 정보자료를 조사하고 수집하는 것, 그리고 왜 그렇게 많은 청소년들이 자살이라는 선택을 하게 되었는가에 대한 이해가 필수적이었다. 연구 결과에 따르면, 청소년들이 자신이 사는 지역 사회와 매우 큰 괴리감을 느끼고 있는 것으로 밝혀졌다. 그 이유 중 하나는 학교가 그들의 목소리에 적극적으로 귀를 기울이지 않는다는 것이다. 이를 입증이라도 하듯이 학교로부터 소외된 청소년들에 관한 연구보고들이 늘어나고 있다. 수많은 교육학 연구들이 학교 공동체 구성원들 간의 대화와 상호작용, 진심 어린 관계의 중요성에 대해 역설하고 있으나, 현실은 대부분 교육자 중심의 일방적인 관계로 진행되고 있으며, 그 과정에서 학생들의 목소리는 교사들에 의해 차단되거나 통제되고 있다.[14]

이러한 현상은 대부분의 직장에서도 마찬가지이다. 상사의 위압적인 존재감이 직장 내에서의 소통을 좌지우지하는 절망적인 경험을 누구나 갖고 있을 것이다. 특히나 그 상사가 자신의 승진이나 봉급에 영향력을 갖고 있을 경우에 말이다. 직원의 입장에서 상사의 보복적 징벌을 무릅쓰고 그 상사의 업무 방식이나 입장에 대해 문제 제기하고 비판하기란 거의 불가능하다.[15] 따라서 시민연극을 구성하는 teaching artist에게 가장 큰 도전은 바로 참여자들로부터 의미 있는 대화가 터져

---

14 구체적인 증거 사례는 필립 테일러의 다른 저서 Redcoats and Patriots: Reflective Practice in Drama and Social Studies(1998)를 참조할 것.
15 Smigiel, H., "Coming to Know: Naturalistic Inquiry in the Workplace", RIDE 1(1), 1996, pp.95~103.

나올 수 있도록 연극적 틀거리를 만드는 일이다. 이를 통해 그들의 의견과 관점이 문제 상황의 결과를 직접적으로 바꾸거나 개선하는 데 영향을 미칠 수 있다는 것을 느낄 수 있게 해주어야 하기 때문이다.

원칙 2. 시민연극은 불완전성을 추구한다

여기서 소개하는 사례의 경우를 보자. 주인공인 '멜'이라는 소년의 삶은 매우 혼돈스러워 보인다. 그의 아버지는 얼마 전 집을 나가 동성의 남자 애인과 살고 있다. 멜은 열 살 된 여동생 트레이시와 함께 엄마랑 생활하고 있다. 남편에게 버림받은 엄마는 두 아이들, 특히 멜에게 집안일을 비롯한 여러 가지를 기대한다. 멜의 아버지는 집을 나가면서 가족과의 관계에 대한 아무런 언급도 하지 않았기에 아버지로부터 어떤 경제적 도움을 받을 수 있을지도 확실치 않다. 〈위기의 소년 멜의 이야기〉[16] 프로그램에는 네 명의 teaching artist가 등장한다.

● 배우 1 : 프로그램을 소개하고 참여자들을 다양한 기법으로 인도하는 조율자의 임무
● 배우 2 : 주인공 멜 역할, 열다섯 살

---

[16] 이 프로그램은 저자가 호주 그리피스대학 시민연극센터의 소장으로 1998년에서 2001년까지 재직하는 동안 실행했던 프로젝트들에서 인용한 것이다. 저자는 이 작업을 헌신적으로 수행했던 teaching artist들인 스티브 볼, 마크 스탠리, 에린 멀베이, 메릴 심슨, 아담 터커, 가브리엘 틸리, 캐롤 맥그리핀에게 감사를 표하는 바이다.

- 배우 3 : 1인 2역, 멜의 열 살 된 여동생 트레이시 & 멜의 가장 친한 친구인 동갑내기 소년 크리스
- 배우 4 : 1인 2역, 멜의 어머니 & 멜의 오랜 친구인 동갑내기 소녀 사만다

이 프로그램을 진행하는 조율자(facilitator)가 등장하여 이 청소년들의 보호와 권익을 위한 애정이 이 자리에 모인 우리 모두의 공통적인 관심사임을 설명하면서 프로그램은 시작된다: 우리 어른들도 때로 매우 어려운 상황이나 입장에서 청소년들을 만나게 될 때가 있으며, 그러한 상황에서 우리가 제공하는 조언이 반드시 그 청소년들에게 도움이 되거나 옳은 방법일지 알 수 없을 때도 있다. 그것이 이 프로그램을 통해 나누고자 하는 목적인 것이다.

참여자들은 어느 날 15세 소년 멜이 학교에서 실종된 사건에 대한 연극적 틀거리 속으로 들어간다. 조율자는 그들에게 이 사건에 대해 각자가 가장 논리에 맞다고 생각하는 방식으로 반응하도록 당부한다. 모든 참여자들은 멜이 다니는 학교의 교사로서 프로그램에 참여하며, 그 학교에 대한 구체적인 의문들(예를 들어 남녀공학인지, 도시 학교인지 혹은 농촌지역 학교인지, 스포츠팀을 운영하는지 등)에 너무 구애받지 않도록 안내받는다. 그러한 부분들은 프로그램이 진행되면서 보다 구체화될 수 있기 때문이다. 연극의 기본 줄거리 혹은 텍스트는 어느 정도 불완전하게 구성되어 있다. 그렇기에 참여자들은 사건

에 관련한 자신들만의 '해석'을 구축할 여지를 갖게 되는 것이다.

조율자는 참여자들에게 교무회의실의 형태로 무대를 만들자고 제안하고 반원의 형태로 두 줄의 의자를 배치한다. 참여자들은 의자 뒤에 서 있다. 그들이 일제히 의자에 앉음과 동시에 그들은 멜이 다니는 학교의 교사들로 연극에 들어서는 것이다. 맨 앞줄에 앉은 조율자는 그 학교의 상담교사의 역할로 연극 프로그램을 주도한다.

상담교사 여러분도 아시다시피 교장선생님께서 오늘 이 긴급회의를 저더러 대신 주재해 달라고 요청하셨습니다. 학교 업무시간이 끝났음에도 이렇게 늦게까지 남아 회의에 참석해 주셔서 감사합니다. 경찰관은 지금 교장선생님과 면담 중이구요. 면담이 끝나는 대로 이리로 와서 여러분들과 이야기하겠답니다. 멜의 실종과 관련해 현재까지 확인된 사항은 다음과 같습니다.

—멜은 오늘 아침 출석 확인을 했고 오전에 있었던 세 가지의 수업(사회, 컴퓨터, 체육)에는 정상적으로 출석했습니다.

—멜의 친구인 크리스와 사만다의 진술에 따르면 3교시인 체육 수업이 끝나자마자 뛰어나가는 걸 보았다고 합니다. 3교시 후의 휴식 시간이 20분이라는 점을 감안하여 그 아이들은 멜이 학교 매점에 간다고 생각

했답니다. 두 아이들은 10시 40분경 매점에 갔는데 멜이 거기에 없었더랍니다. 멜이 수학 시간에도 보이지 않자 크리스는 다소 염려하긴 했지만 그리 걱정하지는 않았구요. 그런데, 학교 청소부가 체육관 라커룸에서 가방을 하나 발견했다고 교실로 들고 왔는데 그 가방은 멜의 가방이었습니다.

—점심시간에 멜, 크리스, 사만다 모두 연극 연습에 참여하기로 되어 있는데, 멜이 결국 나타나지 않자 아이들은 상담교사인 저에게 이 사실을 알려 왔습니다. 이에 제가 경찰에도 통보했습니다. 멜의 어머니도 멜의 행방을 모른다고 합니다. 다만 멜의 아버지가 집을 나간 이후로 멜이 다소 이상한 행동을 보였다고 합니다.

—경찰은 지금 학교에 출동해 있습니다. 여기까지가 현재 확인된 내용입니다.

상담교사의 역할을 유지한 채로 조율자는 교사들의 질문을 받는다. 그러나 중요한 것은 그 질문들에 답을 제공하기보다는 오히려 더 많은 질문을 되던짐으로써 참여자들의 궁금증과 흥미를 더 고취시키는 것이다. 교사들의 역할인 그들에게 나름의 해결책 혹은 의견을 제시하게 하며 극적 흥미와 참여를 유도하는 것이다. '대체 무슨 일이 있었을 거라고 믿느냐', '어디로 갔을 것이라고 생각하느냐'와 같은 질문과 의견을 주고받으면서 틀거리가 지닌 불완전성을 향해 대화를 이끌어가는 것이다. 이 역할극은 조율자가 '지금 경찰이 밖에 도착해서 교사들과 대화를 원한다'라고 통보하면서 마무리된다. 경찰은 분명 교사들에게 수사의 진척 상황을 알려 주고자 할 것이다. 경찰은 멜의 책가방을 들고 있다.

원칙 3. 시민연극은 개연성을 지닌 이야기를 제시한다

조율자는 다음의 내용을 낭독한다:

"경찰은 사라진 멜의 어머니와 여동생, 친구들과의 면담을 통해 15세 소년 멜의 생활을 담은 사진 한 장이 만들어지고 있다고 공지합니다. 이 사진 속에는 멜의 가족, 친구, 그리고 자기 자신의 관계에 대한 해석이 함께 들어가 있습니다."

조율자는 이어서 참여자들에게 이 사진을 직접 재연해 보여 주겠다고 설명한다. 다시 말해, 멜이라는 소년의 삶의 이야기를 말로 '들려'주는 것이 아니라 세 개의 짧은 삽화 장면을 통해 '보여' 주겠다는 것이다. 다음에 소개되는 그 세 개의 짧은 삽화 장면은 멜의 학교생활, 집에서의 생활, 그리고 친구들과의 생활이다.

학교를 마치고 집에 온 멜, 거실 바닥에 누워 통지표를 응시하고 있다. 교우관계도 원만한 15세 소년. 이 또래 십대들이 좋아할 만한 음악이 흘러나오고 있다.

크리스   (신이 나서 등장) 야, 너 들었어? 나 육상부 크로스컨츄리 팀 합격됐다. 정말 믿을 수가 없다구. 그러게 너 왜 이번에 지원 안 했어? 우리 학교에서 운동하면 너잖아?

멜   관심 없어.

크리스   너 해마다 했었잖아?

멜   그래, 하지만 올해는 안 해. 됐어?

사만다   (최신 컴퓨터게임을 들고 뛰어 들어온다) 얘들아, 얘들아, 이거 봐! 10단계 레벨! 너네 여기까지 가 본 적 없지?

크리스   야, 사만다. 나 크로스컨츄리 팀에 들어갔어.

사만다   우와! 너랑 멜 둘이 한 팀에 들어가다니.

멜   난 올해는 안 해.

사만다   너 매년 했잖아.

멜   올해는 못 한다니까. 이것저것 할 게 많아.

사만다   너 알바는 일주일에 이틀뿐이잖아. 충분히 뺄 수 있을걸.

멜   아니, 이젠 그렇게 빼기가 쉽지가 않아. 그리고 올해는 뛰고 싶지 않아.

사만다   (멜의 손에 있는 통지표를 보며) 그거 뭐야?

크리스   그거 통지표 같은데.

사만다   (멜의 통지표를 낚아챈다) 품행 평가라…… 뭐, 처벌 한
        번 안 받아 본 만년 모범생이신데 뭐. (통지표를 읽는
        다) 영어…… '계속된 결석으로 성적에 적지 않은 영
        향을 미침'…….

크리스   (사만다에게서 통지표를 뺏으며) 생물…… '매우 재능이
        있는 학생임에 비해 실망스런 성적임.'

사만다   (다시 크리스에게서 뺏어오며) 수학. 이건 네 주종목이
        니까…… '집중력 결여로 인한 실수가 너무 많음.' 멜,
        이게 다 어떻게 된 거야?

멜   (마침내 화를 내며 통지표를 다시 뺏어온다) 아, 몰라. 학
        교에서 하라니까 해야지. 엄마 싸인 받아가야 돼.

사만다   (위로하듯) 그래, 알았어. 너희 아버지가 보시면 어떻게
        하냐? (순간 멜의 경멸스런 표정을 눈치챈다) 아, 그건
        됐고. 우리 맥도날드나 가자.

크리스   좋지, 쇼핑몰로 놀러 가자.

멜   안 돼. 나 오후 내내 일해야 해.

사만다   그래. 그럼 이따가 보자.

멜   알았어.

크리스   내일 학교에서 보자 그럼.

멜   (혼잣말처럼) 그러자. 만약 내가 가게 되면. 근데 엄마
        는 어디 갔지? (통지표를 들여다본다) 안녕, 크리스. 안

녕, 사만다. (아버지를 떠올린다. 몇 초간 그렇게 있다가 통지표를 찢어버린다) 아버지는 무슨 빌어먹을!

장면 끝. 멜은 찢어진 통지표를 든 채 멈춰 서 있다. 배경에 흐르던 랩 음악이 서서히 작아진다.

■ 삽화 장면 둘 〈파티〉

다시 멜의 집이다. 토요일 밤의 늦은 시간. 세 명의 친구들은 거실에 누워 TV를 보고 있다.

크리스　야, 네 통지표 보고 너네 엄마가 뭐라 그러시던?

멜　　안 보여드렸어.

크리스　어쩌려고. 바보야.

멜　　그래 너 잘났어, 이 멍충아. (두 사람은 장난스레 몸싸움을 한다)

사만다　(보드카 병과 잔을 들고 들어온다) 너네 엄마랑 여동생 몇 시에 온대?

멜　　아예 안 왔으면 좋겠어! (보드카를 잔에 따른다) 잘 몰라. 엄마가 빙고 모임 끝나야 트레이시를 데리고 온다고 했으니까. 아마 11시쯤?

사만다　빙고하러 갔단 말이지. 잘됐다. 트레이시는 어디 있어?

멜　　친구네 집에서 영화 본대. 자, 한 잔씩 들고! (보드카를 사만다와 크리스에게 건네 준다. 모두 동시에 쭉 들이킨다. 독한 술기운 때문에 콜록거린다. 멜은 다시 잔을 채운

다)

사만다   우와, 이거 정말 독하고 메스꺼워.

멜   응, 알아. 자 다시 한 잔. (모두 다시 한 잔 들이킨다) 좋아. 이번엔 크리스 입에다가 직접 부어 줄게. (크리스의 잔을 들고 다시 채운다)

사만다   아냐, 내가 부어 줄래. 넌 걔 붙잡고 있어. (멜은 끄덕이며 사만다에게 잔을 건네 준다)

크리스   왜 내가 첫 번째야?

멜   다 이유가 있어! 자, 움직이면 안 돼. (멜이 크리스의 머리를 붙잡고 사만다는 술잔을 크리스의 입 속에 붓는다) 아이 씨! 너 땜에 사방에 흘렸잖아!

크리스   (멜을 밀치며) 내가 안 그랬어!

멜   (크리스를 다시 밀치며) 네가 그랬지 뭘 안 그래! 좋아, 이번엔 내 차례. 크리스, 네가 나를 해봐.

사만다   (멜의 잔에 술을 부으며 묘한 웃음) 무슨 뜻이야, '크리스, 네가 나를 해봐'라니?

크리스   (동성애에 빠져 가족을 버리고 나간 멜의 아버지를 의식하듯) 그 아버지에 그 아들인걸.

멜   닥쳐 임마. (사만다는 크리스에게 술잔을 건네고 멜의 머리를 붙잡는다. 크리스는 술잔 가득한 보드카를 멜의 입에 붓다가 흘린다)

크리스   뭐야 너, 절반은 뱉었어.

멜   (크리스를 밀치며) 안 뱉었어. 네가 흘렸잖아!

사만다   (크리스의 편을 들며 멜을 흉본다) 멜이 벌써 취했나 보다.

멜   안 취했어. 쟤가 흘린 거라니까! 좋아. 사만다 이제 네 차례야. 내가 할게.

사만다   오, 이번엔 네가 나를 '한다'고? (키득키득) (크리스는 사만다의 머리를 잡고 멜이 사만다의 입에 술을 붓는다) 야, 천천히.

멜   알았어. 천천히. (멜은 처음엔 조심스레 천천히 붓다가 이내 사만다의 얼굴에 들이붓는다) 하하하. 너 코에서 막 나온다, 야. (사만다는 멜을 가볍게 밀친다. 다들 웃고 뒹군다) 좋아, 가서 맥주 더 가져올게.

멜은 무대 한편으로 향한다. 등을 돌린 채 맥주 세 병을 꺼낸다.

사만다와 크리스는 바닥에 누워 계속해서 웃고 있다. 바닥에서 뒹굴며 가벼운 장난을 주고받던 둘은 얼떨결에 키스를 하게 된다. 순간 적막. 이때, 멜이 들어오고 두 사람의 포옹을 목격한다.

멜   야, 어떻게 된 거야?

크리스   아무것도 아냐.

멜   너희 둘이 사귀는 거야?

사만다   사귀긴 무슨.

크리스   (멜을 똑바로 응시하며) 왜, 사귀면 안 되냐?

장면 멈춘다. 음악이 서서히 커지면서 다음 장면으로 전환된다. 크리스와 사만다를 연기한 배우들은 각각 멜의 여동생 트레이시와 멜의 엄마로 역할을 전환한다.

멜의 집이다. 의자 두 개가 나란히 객석을 향해 놓여 있다. 엄마는 한 의자에 앉아 있고 트레이시는 의자 앞의 바닥에 앉아 있다. 멜은 빈 의자 뒤에 서 있다.

트레이시 엄마랑 아빠랑 어젯밤에 무지하게 싸우더라. 다 듣지는 못했는데, 아빠랑 그 아저씨랑 같이 산다며. 그래서 아빠가 집 나간다고…….

엄마 (멍하게 앞을 바라보며) 니들 아빠가 어떻게 이럴 수 있니. 나보고 뭐랬는 줄 알아? '난 앞으로 젠슨이랑 같이 살겠소.' 하! 남아프리카인지 어딘지에서 왔다는 남자랑! 대체 날 보고 어쩌라는 거야? 동네 사람들에게 망신거리로 만들어 놓고! (멜을 쳐다보며) 넌 네 아빠처럼 되면 안 돼. 이 집을 지켜 줄 남자가 필요하단다.

멜 아빠가 나간 게 내 잘못은 아니잖아요.

트레이시 그래, 오빠가 더 잘해야지.

멜 왜 나한테만 그래? 왜 내가 그걸 다 떠맡아야 하는데?

엄마 트레이시는 아직 너무 어리잖니?

멜 그래서?

트레이시 아, 그리고 엄마. 난 엘리자네 가서 농구연습 해야 되는데. (엄마를 조른다)

멜 (자신을 바라보는 엄마의 시선을 눈치 채고는) 난 지금 못 가.

엄마 (화를 낸다) 동생 좀 데려다 줘. 연습하러 가야 한다잖니? 엄만 지금 해야 할 일이 산더미 같아. 이제 아빠도 없는데 우리 식구 모두 조금씩 양보해야 할 거 아니니?

트레이시 오빠. 나 꼭 가야 돼. 15분이면 되잖아.

멜 (빈정대듯) 그래, 15분이면 거기까지 가지. 그리고는 너 연습하는 내내 지켜봐야 하고. 그리고 다시 15분 걸려서 집으로 데리고 와야 하고.

엄마 (더 이상 참을 수 없다는 듯이) 됐어, 그만들 해. 너희 둘 다 시끄러워! 엄마가 데려다 줄 거야. (멜에게) 너 가서 네 멋대로 해! (멜은 의자를 바닥에 집어던지고 나간다)

배우들 정지. 장면이 끝난다. 음악소리가 다시 들려오고 조율자가 등장한다.

조율자 지금 여러분이 보신 세 개의 장면은 오늘 사라진 멜이라는 소년의 최근 삶의 단면들이었습니다. 이 내용은 경찰이 교사들에게 공개한 내용입니다. 이제 우리는 이 세 개의 장면을 통해 멜의 학교생활, 가정생활, 그리고 교우관계가 어떻게 유지되고 있었는지를 함께 고민하고 유추해 볼까 합니다.

참여자들에게 상연된 세 편의 삽화 장면들은 이후의 활동을 위한 촉매제의 역할을 하게 된다. 멜이라는 소년이 학교와 가족, 그리고 친구들과 나누는 모습을 통해 참여자들은 그 소년이 갈등과 어려움을 겪고 있음을 확인할 수 있다. 그 짧은 장면들에서 살짝 엿볼 수 있는 것처럼 학교 성적의 추락은, 멜의 생활을 둘러싼 여러 요인들이 복합적으로 작용한 결과일 수 있다. 표면적으로 친구들과의 관계는 무난해 보이지만, 크리스와 사만다 간의 접촉을 발견한 순간에서 보듯 멜이 미묘한 거부감을 느끼고 있음을 알 수 있다. 아버지의 충격적인 외도와 가출은 멜은 물론 가족까지 혼란에 빠뜨리게 하고, 멜에게 새로운 책임감과 부담을 가중시킨다. 아직 어린 소년인 멜은 그러한 책임과 부담이 익숙하지도 않을 뿐더러 무시하고 싶은 일일 뿐이다. 멜의 엄마 역시도 그러한 상황에 많은 스트레스를 받고 있으며 적절하게 대처하지 못하고 있는 것이 명백하다.

이 시민연극 프로그램은 이 상황이 어떠한 예측 가능성을 지니고 있는가에 대한 문제를 제기한다.

- 이 가족은 아버지의 가출과 외도로 인해 직면해야 하는 부담과 압박을 잘 대처해 나갈 수 있을까?
- 아버지의 빈자리를 메우기 위해 더 많은 책임을 부담해야 하는 멜은 어떻게 이 상황을 극복해낼 수 있을까?
- 두 명의 절친한 친구 사만다와 크리스가 이성관계로 발전된다면 그들의 관계는 멜에게 어떤 영향을 주게 될 것인가?

이러한 질문들은 보다 깊은 고민과 논의를 제공할 수 있을 것이다.

앞서 재연된 세 장면들은 이 프로그램에서 teaching artist가 제시하는 창조적인 내용물에 해당한다. 이러한 내용물의 제시가 매우 중요한 이유는 그것이 멜이 처한 상황과 생활의 맥락을 제공하고, 보다 깊은 탐구를 위한 여러 이슈들을 제기하기 때문이다. 시민연극의 힘은 개연성을 지니고 변화하는 미래를 만들어 보고자 하는 데에서 출발하며, 그 포커스는 처해진 상황의 현재에 집중하는 것이다. 지금 이 프로그램의 주인공인 멜을 둘러싼 삶의 현재 상황은 모두 다 문제투성이이다. 그 불균형의 주된 원인은 과거의 사건이다. ―아버지가 떠난 것, 그리고 그로 인해 가정이 송두리째 혼란에 빠진 것. 여기에서 시민연극은 저 앞에서 손짓하고 있는 미지의 미래를 향해 움직여 나간다. 우리는 멜에게 어떤 일이 벌어질지 알 수 없다. 그러나 우리는 그를 도울 수 있는 방법이나 개입을 함께 고민해 갈 것이다.

시민연극에서는 배우들에 의해 과거 혹은 배경 상황을 드러내는 장면을 제시하는 경우가 많다. 그 배경 상황은 지극히 깊은 울림을 지니고 있기 때문이다. 이렇게 제시하는 장면은 마치 퍼즐 맞추기와 같은 하나의 불완전한 텍스트이다. 이러한 불완전한 텍스트는 마치 퍼즐의 빠진 조각들을 찾아내듯이 참여자들로 하여금 적극적으로 참여하고 의견을 개진하도록 유도하는 힘이다.

다음 단락에서는 이 시민연극 프로그램의 참여자들(카운슬러, 사회복지사, 청소년 지도자, 청소년 복지 담당 공무원 등)이 멜의 사례를 통해 어떻게 자신들이 만나는 청소년들을 돕는 방법과 의미들을 고민하고 논의하는가에 초점을 두고자 한다.

원칙 4. 시민연극은 관객의 참여가 중심이 된다

세 개의 장면에서 표출된 멜의 이야기를 좀더 심도 있게 논의하기 위하여, 참여자들을 네 개의 모둠으로 나누었다. 조율자는 멜이 남기고 간 가방 안에 총 네 개의 소지품들이 들어 있다고 설명한다:

- 얼마 전 멜의 열다섯 번째 생일에 아버지가 준 생일카드
- 멜의 일기장. 그 속에는 자신의 친구들과 점점 멀어져 가는 자신의 심경을 담고 있다.
- 멜의 부진한 성적과 품행평가가 적힌 학교 상담교사의 평가서
- 멜이 직접 쓴 노래가사

각자의 모둠 안에서 참여자들은 모둠 별로 하나의 소지품을 선택하여 그 소지품을 만들어낸다. 이 시점에서는 어느 정도 각각의 소지품과 멜의 심경을 연계할 수 있기에, 모둠 활동의 과제는 그러한 의미를 담은 소지품을 만들어내는 것이다. 서로 힘을 합쳐 생일카드를 디자인하기도 하고, 멜의 일기장에 어울릴 법한 문구들을 작성하기도 하며, 학교평가서를 만들고, 노래가사를 짓는다.

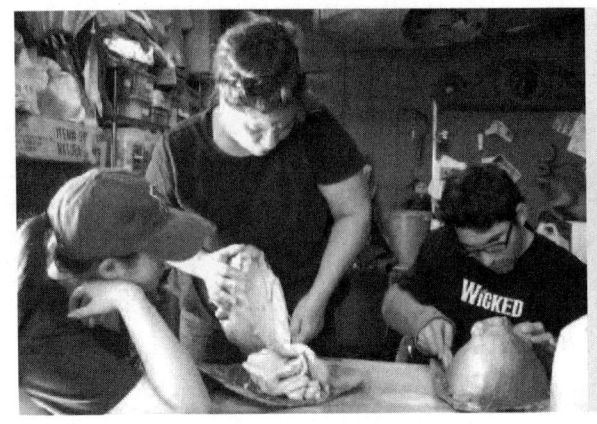

푸에르토리코의 한 마을
의 문화와 특성을 마스
크로 만들어보는 작업
사진 출처: Educational
Theatre Newsletter,
New York University

　이들의 작업이 마무리되면, 조율자는 각 모둠별로 자신들이
만들어낸 소지품을 다른 모둠과 교환하도록 한다. 모둠들은
각각의 소지품들을 면밀히 관찰하고 토론한 다음 그 소지품
들이 다음 중 어떤 의미를 담고 있는가를 고민한다.

　　● 멜과 아버지의 관계에 대하여

　　● 멜과 친구들의 관계에 대하여

　　● 멜과 학교의 관계에 대하여

　　● 멜과 자신의 관계에 대하여

　각 모둠별로 자신들이 생각하고 논의한 내용을 전체 모둠과
공유한다. 어떤 관찰 내용과 어떤 나름의 결론이 내려졌는지
를 논의한다. 그리고 공통적으로 주어진 질문 '그 소지품을
통해 생각해 보게 되는 멜의 고민은 어떤 것인가?'의 답을 생
각해 본다.

참여자들로 하여금 소지품을 직접 만들어 보게 하는 활동의 목적은 그들이 이 연극적 이야기의 실행을 주도하기 시작하는 전환을 갖게 하기 위해서다. 이 작업이 참여자들에게 만족스러운 의미를 갖기 위해서는 참여자들 스스로가 멜의 삶 속에 직접 투사해 보는 체험이 필요하기 때문이다. 멜이라는 소년이 겪고 있는 고통과 갈등을 경험해 보고 그의 관점을 들을수 있어야 한다. 멜의 소지품을 만들어 보는 과정을 통해, 참여자들은 이야기 속에서 서로를 공유하게 되는 것이며, 그럼으로써 멜의 이야기는 자기 자신의 것이 된다. 시민연극의 참여자들이 직접 체험한 경험이 자신의 것이라고 믿을 때, 그들은 더 적극적으로 자신을 쏟아 넣게 될 것이다. 참여자들에게 주어지는 과제는 시민연극에서 신뢰 구축과 함께 적극적 기여를 끌어내는 매우 핵심적인 기제이다.

원칙 5. 시민연극은 현실의 딜레마를 제기한다

이미 언급했듯이, 이 시민연극 프로젝트의 참여자들은 일상의 현실에서는 카운슬러, 치료사, 혹은 사회복지사라는 직업을 가진 해당 지역의 전문인들이다. 이번에는 앞선 일련의 활동, 즉 멜이라는 소년이 행방불명되고 며칠 후 그가 '청소년 생명의 전화'라는 긴급 상담전화 서비스로 전화를 걸어왔다는 설정으로 전환된다. 이 '청소년 생명의 전화' 상담 서비스는 다양한 분야의 경험을 지닌 사회복지사로 구성된 서비스이다. 참여자들은 이 서비스의 전화상담원으로 근무하고 있다.

어느 날, 매우 혼란에 빠진 목소리로 멜이 전화를 걸어온다.

멜의 역할을 맡은 배우가 등장하여 통화를 하는 모습을 연기한다:

멜   여보세요, '청소년 생명의 전화'죠? 어…… 여보세요,
청소년 생명의 전화죠? 어…… 뭘 어떻게 해야 될지
잘 모르겠어요. 지금 모든 것이 엉망진창이 됐거든요.

조율자는 참여자들 모두가 한 팀으로 참여하도록 요청한다. 멜을 연기하는 배우는 위의 대사를 반복할 수 있고, 참여자들은 상담전화의 상담원으로서 멜에게 조언을 제공하며 통화를 이어간다.

멜을 연기하는 배우는 이제 전체 참여자 그룹과 소통하고 있으며, 동시에 시민연극이 가장 힘을 발휘하는 순간은 바로 참여자들이 해법을 찾고자 분주하게 고민하는 순간임을 알고 있다. 시민연극에서 간단한 해법이란 있을 수 없으며 참여자 그룹은 함께 머리를 짜내며 최상의 설득 작전을, 가장 적절한 표현을, 가장 적합한 질문을 통해 멜이 마음을 열 수 있도록 협력한다.

앞서의 활동에서 그들은 멜이 엄청난 변화와 혼돈의 시기를 맞고 있음을 인식할 수 있었다. 멜은 집에서, 학교에서, 그리고 친구들과의 관계에서 감정적인 어려움을 겪고 있다. 어떤 면에서 멜은 자신을 둘러싼 사람들로부터 배신감을 느끼고

있는지도 모른다. 세상이 자신을 사방에서 무섭게 압박해 오고 있다고 느끼고 있을 멜에게 제공하는 조언은 매우 예민하고 세심하게 전달되어야 한다.

멜은 생면부지의 상담원에게 5분 만에 자신의 속내를 털어놓지는 않을 것이다. 자기가 하고 싶은 말이 무엇인지를 정리하기 위해서, 그리고 자신과 대화하는 상대를 믿을 수 있다고 느끼기까지는 다소 시간을 요할 것이다. 멜을 연기하는 배우는 이러한 상황에서 이 소년의 응답은 매우 간략하고 불완전하며 구체적이지 않다는 점을 이해해야 한다. 그는 절대 자신의 문제들을 직접적으로 말하려 하지 않을 것이다. 따라서 조율자는 현재 멜이 처한 상황과 심정에 대해 입을 열게 하는 방법들을 찾도록 참여자들을 독려한다. 멜이 좋아하는 것이 무엇인지에 대해 묻는 것이 대화를 이어 나가는 방법의 하나일 수 있거나, 혹은 상담원 스스로 자신의 삶의 일화를 이야기하며 대화를 이끌어가는 방법이 될 수도 있다. 영화, 게임, 음악, 스포츠 등 어떤 화제이건 상관없이 참여자들은 번갈아 가며 멜과의 대화를 이어 가려고 하는 시도에 집중한다.

몇 가지 성공적인 방법들이 제시되면, 참여자들은 두 사람씩 짝을 이룬다. 짝을 이룬 참여자들은 각각 A와 B를 정한 후, 짝과 등을 맞대고 바닥에 앉는다.

A   (멜의 역할을 수행한다) 여보세요, 청소년 생명의 전
         화죠? 어…… 뭘 어떻게 해야 될지 잘 모르겠어요.

지금 모든 것이 엉망진창이 됐거든요?

B　　　　　(전화상담원의 역할로 반응하여 대화를 이끌어낸다)

이 활동을 통해 전체 참여자들은 멜과 전화상담원의 심정과 상황을 직접 체험해 보는 기회를 갖게 된다. 주어진 몇 분의 시간 동안, 참여자들은 자신의 짝과 함께 주어진 역할로서 즉흥적인 대화를 만들어낸다. 조율자는 그 중 몇몇의 대화에 잠시 귀를 기울이도록 집중을 유도할 수도 있다. 대화가 마무리되면, 조율자는 다음과 같은 질문들을 참여자들에게 제기한다:

- 지금의 대화에서 무엇을 발견했는가?
- 전화상담원이 (대화를 이끌어내기 위해) 어떤 방법들을 사용했는가?
- 어떤 점에서 그 방법들이 성공적이었는가?

이 활동에서 멜이라는 인물이 등장하여 진행되는 '핫시팅'은 위기의 청소년들이 처한 절망적인 상황을 참여자들이 공감하는 동시에 심도 있는 고민을 할 수 있도록 하는 매우 유용한 기법이다. 참여자들은 자신의 관점을 멜의 입장에 투사함으로써 왜 그가 자신을 둘러싼 세상과 어울리지 못하고 고통을 느끼는지를 공감하고 유추할 수 있다.

핫시팅을 주도하는 teaching artist의 난제는, 고정된 이야기가 아닌 계속해서 전개되는 이야기를 구축해야 한다는 점이다. teaching artist는 퍼즐을 푸는 해결사가 되어서는 안 된다. 참여자들이 그 해결책을 위해 적극적으로 행동해야 하는 것이 핵심이다. 그러기 위해 모순적인 상황을 고민해야 하고, 모호하고 불확실함을 극복해내야 하는 것이다. 참여자들 중의 한 명을 너무 섣불리 핫시팅하도록 유도하는 것은 매우 위험 부담이 크다. 자칫 서둘러 정답을 제공하고자 하는 경우가 생길 수 있고, 그 답들이 다른 사람들의 상황 이해와 배치될 수 있기 때문이다. 좋은 teaching artist는 시민연극의 전반부에서는 더 많은 의문과 질문을 끌어내는 것이 참여자들의 의문과 궁금증을 해결·차단해 버리는 것보다 월등히 효과적이라는 점을 인지해야 한다.

원칙 6. 시민연극은 미래의 가능성을 모색한다

앞서의 핫시팅을 통해 참여자들은 멜의 소외감 혹은 혼란의 근원이 그의 가정 문제와 연관되어 있다는 힌트를 얻어냈다. 비록 전형적인 가정 폭력을 경험하지는 않았을지언정, 그가 처한 상황은 분명 그의 자아상은 물론 자존감에도 매우 부정적인 영향을 주고 있다. 참여자들은 이제 멜이 이미 선택한 대응책(예를 들어 집에서 가출한 것)이 아닌 다른 대안들은 없었는가에 대해 탐구할 것이다. 멜이 동생을 농구 연습에 데려가기를 거부했던 장면에서 다른 대안은 없었을까? 그 충돌의 순간에 만약 멜이 다른 행동을 택했다면 결과가 달라지지는 않았을까?

세 번째 삽화 장면 〈가족〉을 상연했던 배우들이 다시 등장하여, 그 장면을 다시 재연한다. 장면을 다시 본 후, 전체 토론이 이루어지고 다음과 같은 질문이 제기된다:

- 어떤 일들이 벌어지는가?
- 왜 멜은 자신에게 과도한 부담이 주어진다고 느끼는가?
- 무엇이 멜의 분노를 자극하는가?
- 그의 분노가 이해되는가?
- 이 장면에서 멜이 취할 수 있는 대안은 무엇일까?

조율자는 이 장면에서 만약 멜이 화를 내고 나가 버리는 대신, 다른 말이나 행동을 하였다면 그 결과가 혹시 다르게 나왔을 수 있는 순간들은 없었는지 생각해 보도록 참여자들에게 요청한다. 잠시 후, 이 짧은 장면은 다시 재연되며, 아우구스또 보알(1985)의 포럼연극(Forum Theatre)[17] 기법이 활용된다. 참여자들은 주인공 멜이 처음과는 다른 선택을 할 수 있거나 그래야 한다고 생각되는 지점에서 큰 소리로 "스톱!"하고 외치게 된다.

---

[17] 보알의 포럼연극 기법은 시민연극에서 매우 널리 활용되고 있다. 그 이유는 관객들이 주체적인 행동을 통해 그들의 의견을 직접 실행해 볼 수 있기 때문이다. 관객들은 객석에 앉아서 의논만 하는 것이 아니라, 행동으로 실험하는 것이다. 그리고 그 개입과 행동은 관객들 간에 적극적인 대화와 토론을 이끌어내는 원천이 된다. 관객들은 그 개입이 적절하게 작용하였는지, 또 추구하던 결과를 이끌어냈는지를 논의한다. 이처럼 관객들이 저마다의 의견과 가능성을 연극이라는 예술적 공간 속으로 들어가 모색하는 과정 속에서, 보알의 표현에 의하면, '관객(spectator)'은 '관객이자 배우(spect-actor)'로 변신한다.

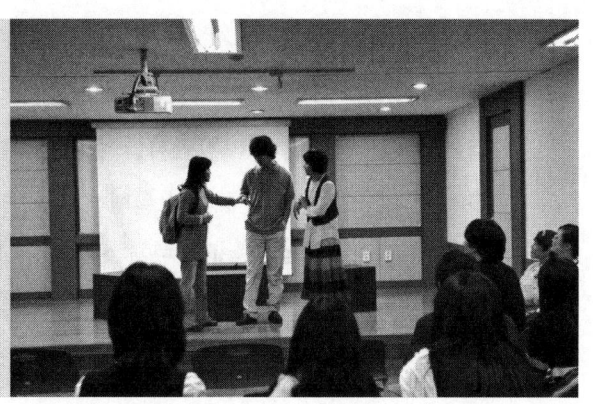

경쟁에 관련한 청소년들의 이야기를 다룬 포럼연극 〈나비효과〉에서 관객이 개입해 자신의 아이디어로 등장인물의 문제 해결을 시도해 보고 있다.
사진제공 : 교육연극연구소 〈PRAXIS〉

참여자 중 누군가가 장면을 멈추도록 요청하면 그 지점에서 연극은 멈추고, 그 참여자는 배우로부터 멜의 역할을 넘겨받아 자신이 생각하는 방법을 (멜의 역할로서) 직접 시도해 보게 된다. 이러한 관객 개입이 시연되면 나머지 참여자들은 그 개입이 애초 제시된 장면을 긍정적으로 변화시키는 데 성공했는지를 함께 숙고한다. (관객 개입을 통한) 멜의 새로운 시도는 다른 극중 인물들의 반응에 어느 정도 영향을 주었는가? 그 시도는 적절한 방법이었는지, 그리고 원하던 반응을 얻어내는 데 성공했는지에 대한 참여자들의 토론이 자연스레 이루어지게 된다.

참여자의 개입, 그리고 그 개입의 타당성에 대한 전체 참여자들의 토론은 이 작업의 핵심이다. 개입(intervention)은 참여자들로 하여금 말이 아닌 행동을 통해 해결책을 모색하도록 독려한다. 말보다 행동이 중요하다는 속담이 입증하듯 말이다. 물론 참여자들이 합리적인 해결 방법을 위해 고민하고 논의하는 것은 매우 의미가 있다. 그러나 그 해결 방법을 실제 행동을 통해 시도해 보는 것은 전혀 다른 차원의 의미를 지닌다. 이처럼 시민연극은 참여자들이 가능하다고 생각되는 시나리오들을 그 자리에서 즉시 실행해 보도록 구성된다.

이미 앞에서 멜의 소지품 만들기 및 '핫시팅' 등 일련의 연극적 활동들을 통해 참여자들에게는 멜이라는 인물에 대한 애정과 관심이 조성되었으며, 따라서 멜을 돕고자 하는 참여자들의 동기 부여가 구축된 것이다. 설령 관객의 개입이 기대만큼의 성과를 얻어내지 못할지라도, 그 행동은 보다 심도 있는 탐구를 위한 기폭제의 역할을 수행하게 될 것이다. 시민연극에서 실패라는 단어는 존재하지 않는다. 우리는 보다 나은 방법을 찾아 나아가고 있기 때문이다. 시행과 착오(trial and error)가 아닌, 시행과 개선(trial and improvement)을 향해서 말이다. 따라서 시민연극의 조율자는 언제나 개입의 긍정적 측면을 예리하게 파악하고 강조하게 된다.

원칙 7. 시민연극은 미적인 매체이다

〈위기의 소년 멜의 이야기〉의 다음 장면에서는 주인공 멜을 둘러싸고 있는 부담과 억압을 탐구하게 된다. 앞선 장면에서 참여자들은 멜이 엄마와 충돌하는 것 대신 선택할 수 있었던 여러 방법들을 모색해 보았다. 여기에서는 멜의 엄마에게 초점을 맞추게 된다. 만약 시간적 여유가 된다면 멜의 여동생인 트레이시도 탐구해 볼 수 있을 것이다. 여기서 사용되는 기법은 '자전적 스케치'라는 기법이다.

멜의 엄마 역할을 맡은 배우가 걸어 나온다. 참여자들은 반원형으로 둘러앉아 그녀를 마주한다. 이제 참여자들은 멜의 엄마의 삶을 과거, 현재, 미래 형식의 이야기로 구성하게 된다. 멜의 엄마를 맡은 배우는 자신이 먼저 운을 띄우면서 참여자들로 하여금 자신의 인생 이야기를 '함께 만들어' 가도록 인도한다. 이 기법은 소위 '문장의 빈 칸을 채우는' 방식과 유사하다. 참여자들은 자신들 나름의 해석을 통해 멜의 엄마가 자신의 삶을 어떻게 헤쳐 왔고, 현재는 어떻게 대응하고 있으며, 앞으로는 어떻게 살아갈 것인지를 함께 구성해 간다. 그러나 주된 관심사는 그 엄마를 짓누르고 있는 억압과 부담에 대한 것이다. 그녀는 어떻게 그 부담을 견뎌 왔는가? 그리고 그녀가 지닌 미래에 대한 꿈은 무엇인가?

멜의 엄마에 대한 이 '스케치'에는 앞에서의 핫시팅이나 포럼연극에서 제기된 정보들이 포함될 수 있다. 예를 들어, 앞의 포럼연극에서 멜을 대신하여 개입했던 참여자가 멜의 엄마는 다정하고 속깊은 부모는 아니었다라고 제안하였다면, 이러한 내용이 '자전적 스케치'에 포함될 수 있을 것이다. 멜의 엄마를 연기하는 teaching artist는 지금까지 주어진 여러 정보들과 제안들 가운데 가장 적절하다고 판단되는 내용들을 취사 선택하여야 한다.

멜의 엄마를 연기하는 teaching artist의 '자전적 스케치'를 위한 이야기 만들기는 다음과 같이 진행될 수 있다:

멜의 엄마   암만 생각해 봐도 내 삶은 평탄하지만은 않아요. 예,
          물론 다른 사람들처럼 나도 좋았던 때가 있고 나빴던
          때도 있었죠. 예, 난 비교적 어린 나이에 결혼했고, 두
          아이를 낳았죠. 멜과 트레이시. 큰아이인 멜은 제 아
          빠를 무척 따랐어요. 그 아이한테는 아빠가 가장 소중
          한 사람이었지요. 멜이 어릴 때, 두 부자는 종종……

teaching artist는 문장을 완성할 수 있는 내용, 즉, 아버지와
아들이 즐겨할 만한 놀이를 참여자들로부터 제공받아 문장을
완성한다.

멜의 엄마   (이야기를 계속 이어간다) 그런데, 그 모든 게 한순간에
          바뀌어 버렸어요. 그 잰센이라는 남자랑 도망가 버리면
          서 말이죠. 충격은 말할 수가 없었죠. 난 전혀 생각도
          못한 일이었거든요. 우리 결혼 생활은 그런대로 괜찮았
          거든요. 물론 간혹 말다툼이야 있었지만, 대체로 평온
          했어요. 다른 많은 가정들처럼, 우리도 즐거운 시간을
          보냈었죠. 보통의 가족들이 대개 그러듯 우리도……

teaching artist는 앞에서와 마찬가지로 가족끼리 할 만한 활
동을 참여자로부터 제안받아 이야기를 이어 간다.

이렇게 참여자와 함께 진행되는 이야기는 다음의 내용들을

조명한다:

- 현재 가족의 상황
- 멜의 행동 변화
- 멜에 대한 엄마의 걱정
- 그녀가 짊어진 부담
- 그녀가 꿈꾸는 미래
- 아들 멜에 대한 그녀의 기대

이렇게 해서 '자전적 스케치'가 마무리된다. 조율자는 참여자들과 함께 멜과 그 엄마의 관계에 대한 토론을 이끌어낸다.

- 멜에게 있어 엄마와의 관계는 얼마나 중요한 의미를 갖고 있는가?
- 엄마와의 현재 관계가 멜에게 어떤 영향을 줄 수 있는가?
- 멜에게 도움이 필요하다는 신호를 찾아볼 수 있는가?
- 멜에게 부정적인 영향을 줄 수 있는 요소들은 무엇인가?

원칙 8. 시민연극은 공동체의 목소리를 대변한다

이 시민연극 프로젝트의 마무리는 멜이 성공적인 변화를 이끌어낼 수 있는 여러 상황들을 모색하는 것으로 맺음을 한다.

멜의 역할을 연기한 teaching artist가 앞으로 나와 '이미지의 변형(transforming images)'이라는 활동을 돕는다. 조율자는 참여자들에게 모든 부정적인 요소들이 멜을 괴롭히는 모습을 멜의 신체 이미지로 조각하도록 제안한다. 조율자는 참여자들이 다른 사람의 제안을 거부하지 말고 가능한 함께 합의하여 빚어내도록 요청한다.

이 활동의 전반부에서 참여자들은 그 teaching artist의 신체에 손을 대어 조각하지 않고 지시어로써 신체의 변화를 요구한다. 그러나 '슬프게' 혹은 '좌절하여' 같은 지시어는 신체의 변화를 의미하는 요구가 아니다. 참여자들은 말로써 teaching artist에게 신체적 움직임을 지시한다. 지시어는 반드시 구체적이며 어떤 형태로든 움직임을 요구하여야 한다. 예를 들어, 참여자들은 이러한 요구를 할 수 있다:

머리를 숙인다.

어깨를 늘어뜨린다.

앉는다.

다리를 꼰다.

팔짱을 낀다.

왼팔을 든다.

오른 손바닥으로 왼쪽 팔꿈치를 받친다.

왼손 손바닥을 편다.

이마를 왼손 손바닥에 댄다.

눈을 뜬다.

멍하게, 표정 없이 응시한다.

teaching artist는 이와 같은 참여자들의 지시대로 반응한다. 조율자는 참여자들이 그들의 눈앞에 만들어지는 멜의 이미지가 최대한 만족스러운 동의를 얻어내도록 유도한다.

이 활동의 후반부는 참여자들이 멜의 마지막 이미지를 투영하도록 하는 것이다. 모든 참여자들은 멜의 역할을 맡은 배우가 방금 완성한 절망의 이미지를 똑같이 표현한다. 조율자는 하나부터 다섯까지 숫자를 큰 소리로 셀 것이다. 숫자가 하나씩 들릴 때마다 참여자들은 천천히 자신들이 표현하고 있는 부정적인 좌절의 이미지에서 정반대의 이미지로 변화하도록 한다. 다시 말해, 참여자들은 멜의 가장 긍정적이고 자신감 넘치는 이미지를 찾아내도록 하는 것이다. 모든 부정적인 여건들을 극복하고 생산적인 미래를 만들어 가는 소년 멜의 이미지 말이다. 하나, 둘, 셋, 넷, 다섯—숫자가 하나씩 올라갈 때마다 차츰차츰 멜의 변화가 이루어진다. 모든 부정적인 억압의 피해자에서 긍정의 힘을 찾는 탐구자로.

이렇게 완성된 변화의 이미지들을 참여자들이 함께 공유한다. 그 이미지들의 특성과 의미들을 반추해 본다. 조율자는 다양한 형태의 이미지들에 대해 질문을 던져 볼 수도 있을 것이다:

● 어떤 신체적 변화가 더욱 긍정적인 미래를 표현하고 있는가?
● 멜의 두 번째 이미지(긍정적 이미지)는 어떤 차이점을 보이는가?

3. 마무리하며

여기에서 사례로 소개한 〈위기의 소년 멜의 이야기〉는 주인공 멜이 긍정적인 이미지들에 이르기 위해서 어떤 대책이나 개입을 필요로하는가에 대한 최종 토론으로 마무리된다. 조율자는 이 어려운 문제에 손쉬운 해결책을 찾아내려 하기보다는 참여자들로 하여금 멜의 긍정적인 회복을 위한 여러 단계의 도움과 지원 방안을 고민하도록 돕는다.

시민연극 프로젝트인 〈위기의 소년 멜의 이야기〉는 도움이 필요한 청소년들에 관한 대화의 물꼬를 트고 어떻게 사회가 그들을 돕는 데 힘을 모을 수 있는가를 제시하는 프로그램이다. 이 프로그램에서 멜은 절벽 꼭대기에서 뛰어내리겠다고 위협을 하거나, 팔에 주사기를 꽂고 화장실 바닥에 누워 있는 극단적인 모습을 보여주지는 않는다. 그러나 프로그램을 통해 탐구한 멜의 현실에서 우리는 멜이 머지않아 그러한 모습으로 귀결될 수도 있음을 알 수 있었다. 시민연극 프로그램은 그런 물음과 탐구의 과정의 시작이다. 섣부른 도덕적 판단의 잣대를 들이대지 않으며 어떻게 행동해야 한다는 식의 고압적인 교훈의 메시지를 전달하지 않는다. teaching artist들은 이 작업이 다양한 가능성들에 열려 있음과 동시에 최대한 다각적인 관점의 렌즈들을 제공하고자 한다.

아마도 독자들은 시민연극 작업에서 참여자들을 하나의 역할에 너무 오래 붙들어 놓지 않고 있음을 눈치챘을 것이다. 참여자들이 하나의 역할에 과도하게 몰입하게 될 경우 보다 다각적이고 때로는 변화 가능한 관점들을 체험해 보고 생각할 여지를 차단하게 되기 때문이다. 앞의 사례 프로그램에서 보듯, 멜의 삶을 다각적으로 이해하기 위해서는 다양한 입장에서 그를 바라볼 수 있어야 한다 —멜의 어머니의 입장, 여동생의 입장, 멜을 돕고자 하는 상담원의 입장 등등. 다시 말해 우리 자신을 다른 사람의 삶 속에 투사함으로써 우리는 그들과 나의 삶을 움직이는 원동력이 무엇인지를 이해하는 데 조금 더 가까이 다가가게 되는 것이다.

다른 참여적인 연극 작업들과 마찬가지로, 시민연극은 평범한 보통 사람들의 연극이다. 그렇기에 그 공동체·지역 사회의 참석과 행동, 그리고 무엇보다도 스스로 주체적으로 문제를 해결하겠다는 자발적 의지가 매우 강력히 요구된다. 연극은 "민중들에 의해 지역 사회에 힘을 불어넣고, 그들의 고민에 귀를 기울이고, 그들이 스스로 목소리를 내고 문제점들을 해결하도록 독려하는"[18] 매개체가 되는 것이다.

이 장을 마무리하면서 앞에서 제시하였던 시민연극의 구성과 실행의 여덟 가지 원칙을 다시 한 번 정리해 보도록 하자.

《시민연극의 구성과 실행의 여덟 가지 원칙》
원칙 1. 시민연극은 철저한 연구가 바탕이 되어야 한다.
원칙 2. 시민연극은 불완전성을 추구한다.
원칙 3. 시민연극은 개연성을 지닌 이야기를 제시한다.
원칙 4. 시민연극은 관객의 참여가 중심이 된다.

---

18 Pompeo-Nogueira, M., "Theatre for Development: An Overview", RIDE 7(1), 2002, p.202.

원칙 5. 시민연극은 현실의 딜레마를 제기한다.

원칙 6. 시민연극은 미래의 가능성을 모색한다.

원칙 7. 시민연극은 미적인 매체이다.

원칙 8. 시민연극은 공동체의 목소리를 대변한다.

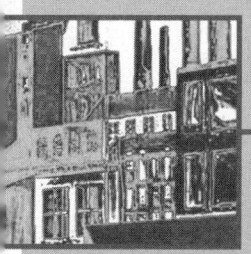

시민연극의 실행

제2장

앞의 장에서 알 수 있듯이 시민연극은 교육연극 전문가들이나 연극을 가르치는 이들에게는 이미 익숙한 다양한 연극적 기법 및 기술들을 활용한다. 이미 오래 전부터 교육연극은 연극 활동에서 참여자들의 주체적인 주인의식(ownership)을 강조하고 향상시키는 데 역점을 두어 왔다. 이러한 참여자들의 주인의식은 참여자들을 수동적인 관객이 아닌 능동적인 관객, 혹은 보알의 연극에서 말하는 '관객-배우(spect-actor)'로 해방시키는 여러 접근법들을 통해 가능해진다. 그들은 이제 그 연극프로그램의 진행 방향을 (배우들과 함께) '공동 모의'를 하고 그 결말까지도 함께 책임을 지는 존재가 되는 것이다.

뿐만 아니라, 시민연극은 참여적인 작업이다. 다시 말해 그 연극프로그램은 해당 공동체의 관심사와 요구에 의해 주로 추진되어진다. 시민연극은 지역 사회에 의해 주제가 결정된다는 점에서 'TfD 운동'과 여러 면에서 유사하다. teaching artist들은 해당 공동체/지역 사회 구성원들과의 광범위한 논의들을 통해 얻어진 자료를 토대로 연극 프로그램의 시나리오를 만들어낸다. 그 시나리오는 객석의 관객들이 참여할 수 있는 장면들이나 활동들로 세밀하게 구성된다.

우리는 이미 〈위기의 소년 멜의 이야기〉 사례에서 핫시팅, 포럼연극, 자전적 스케치, 이미지 변형 등의 활동들을 통해 참여가 이루어지는 것을 확인했다. 이러한 기법들의 목적은 대화의 장을 여는 것, 즉, 시민연극 프로그램과 참여자들 간의 대화를 끌어내는 것이다. TfD 프로그램에서 종종 정치적 의도나 예산상 편의를 위해 위에서 아래로 전달하고자 하는(top-down) 메시지를 찾아볼 수 있는 데 비하여, 시민연극은 대상에 대해 교조적이거나 경시적인 메시지의 전달을 목적으로 하지 않는다. 아메드(S. J. Ahmed)는 TfD가 빠지기 쉬운 함정에 대하여 다음과 같이 경고한 바 있다:

"어떤 TfD 연극들은 한마디로 짓밟힌 민중들과 마을의 지배층과의 대결구도를 선과 악의 구도로 표현하는 사이비 마르크스적 선전선동극(agit-prop)을 모방한 단순화된 형식에 불과하다. 그 연극에는 이미 정해진 결론과 전달하고자 하는 메시지를 명백히 담고 있다."[1]

시민연극 프로그램이 상투적인 도덕적 메시지를 강조하거나 즉각적인 행동을 요구하는 것은 자칫 위험한 시도가 될 수 있다. 제시된 문제에 대한 단순한 해법의 제시만으로는 우리가 삶 속에서 마주

---

[1] Ahmed, S. J., "Wishing for a World Without 'Theatre for Development': Demystifying the Case for Bangladesh.", Research in Drama Education(RIDE) 7(2), 2002, p.212.

하게 되는 복잡하고 난해한 딜레마들을 충분히 고민하고 나누는 경험을 제공할 수 없기 때문이다.

뿐만 아니라, 아메드는 위의 글에서 일부 TfD 프로그램이 주제에 관해 충분한 탐구와 논의가 이루어지지 못함을 지적하였다. 그는 TfD 예술가들 중에는 대상들이 주제를 심도 있게 논의할 지적 능력이 부족하다는 태도를 지닌 경우가 많으며, 심지어는 자신들의 일을 단순한 직업으로만 생각하는 경우도 있었다고 비판하였다. 공연을 맡은 배우들이 "사회적·경제적 현실에 관련한 대상들의 비판적 인식을 제고하도록 독려하기"보다는 "자신들의 출연료 챙기기"에 더 큰 관심을 보인다며 냉소적으로 꼬집기도 하였다.[2] TfD운동이 도대체 누구를 위한 것인지에 대해 개탄하면서 그는 "토론과 대화, 상호반응을 가능케 하는 연극, 불가능을 꿈꿀 수 있고 무한한 비행을 가능케 하는 연극"[3]을 호소하였다. 그러한 연극이야말로 시민연극이 지향하는 연극 작업의 지향점인 것이다.

〈위기의 소년 멜의 이야기〉의 프로그램 구성을 통해 우리는 시민연극의 의도와 목표가 무엇이며 시민연극이 누구를 위한 프로젝트인지 알 수 있었다. 분명히 TfD와 마찬가지로 시민연극의 가장 핵심적인 사명은 '변화'이다. 그렇기에 시민연극과 TfD 모두 공통적으로 파울로 프레이리(Paolo Freire)[4]의 철학을 근간으로 비판적이고 적

---

2 위의 글, p.212.
3 위의 글, p.218.
4 브라질 출신의 교육철학자. 교사-학생 간의 상호협력적 관계와 '의식의 각성'을 강조하였다. 그의 대표적인 저서인 *Pedagogy of the Oppressed*(1970)는 우리나라에서 『페다고지』(남경태 역, 그린비)라는 제목으로 번역·출간되어 있다. (역자 註)

극적인 문제의식을 통하여 우리 삶의 조건들을 변화시킨다는 지향점을 지니고 있는 것이다. 브라질 출신의 교육자인 프레이리는 평범한 보통 사람들에게 생기와 힘을 불어넣어 그들이 살고 있는 세상을 보다 넓게 바라보고 자신들의 역할과 책임에 대해 보다 비판적 시각을 키워야 함을 강조하였다. 프레이리가 가장 역점을 둔 것은 '프락시스(praxis)'[5]라는 개념이다. 이는 자신이 살아가는 상황들을 변화시키기 위한 행동임과 동시에 그 행동을 비판적으로 성찰하는 능력을 의미한다. 변화는 바로 그러한 '프락시스'라는 개념의 핵심이다.

　　이번 장에서 우리는 시민연극이 어떠한 방법으로 실행되면서 공동체의 변화를 추구하는가를 계속해서 논의할 것이다. 우리는 먼저 '프락시스'의 의미를 이해하고, teaching artist들이 지역 사회/공동체와 긴밀한 협력을 통해 함께 변화와 변혁을 위한 대화를 이끌어내는 시민연극의 실행에 대하여 본격적으로 알아보고자 한다. 시민연극 프로그램 실행 과정에서 불가피하게 발생할 수 있는 장애물들과 절충안의 사례 등도 소개할 것이다.

1. 시민연극 실천 작업

시민연극 실천 작업(praxis)은 예술가들이 연극 양식을 활용하여

---

[5] 프레이리가 강조한 praxis는 문제 의식에서 출발한 연구나 성찰 없이 단순히 실천 혹은 연습만을 의미하는 practice와 구분된다. 프레이리는 praxis를 행동(action)과 성찰(reflection)의 계속적인 상호작용을 통한 성장과 해방이라는 통합적 개념으로 정의한다. (역자 註)

참여자들이 행동하고, 성찰하고, 변화를 이끌어내도록 하는 연극작업을 지칭한다. 예술가들과 참여자들이 미적 체험과 이해를 위해 함께 협력하는 이 연극 작업의 중심에는 세 가지의 핵심 요소들이 예술적 유기체로 연계되어 있다. 그 세 가지 핵심 요소는 사람(people), 열정(passion), 그리고 무대(platform)이다.

사람(people)

시민연극은 사람들이 인간의 조건에 관하여 행동하고 고민하는 협력적인 집단 예술양식이다. 시민연극 작업에서 사람(people)은 심도 있는 탐구를 위한 도구이기도 하다. 앞의 장에서 소개된 멜의 이야기를 통해 우리는 어떻게 참여자들이 연극적 허구에 초대되었는지 확인하였다. 그들은 극중 역할을 넘겨받기도 하고, 극중 인물과 대화를 나누기도 하고, 자신들의 신체를 이용하여 압박에 시달리고 있는 주인공의 이미지를 표현해 보기도 하였다. 러시아의 위대한 연출가 스타니슬라브스키(C. Stanislavski)는 이러한 인간 조작(human manipulation)의 중요성을 주장한 바 있다. 그는 "일반적으로 사람들은 자연이 그들에게 부여해 준 신체를 어떻게 활용해야 하는지 잘 알지 못한다"[6]고 역설한 바 있다. 연극과의 만남에서 신체는 가장 중심이 되는 요소이며, 시민연극의 참여자들은 자신들이 지닌 이 신체적 도구들을 최대한 유용하게 활용하여 조작하도록 요구받는다. 일반적으로 '조작(manipulation)'

---

6 Stanislavski, C., Bulding a Character, New York: Methuen, 1949, p.35.

이라는 단어는 매우 종속적이며 부정적인 의미를 내포하고 있으나, 예술 작업에서는 종종 내용을 형식에 맞게 직접 빚어내고, 전달하고, 조작하는 것이 필수적이기도 하다.

셰익스피어의 가장 유명한 캐릭터인 햄릿은 극의 의미를 부여하는 데 있어서 인간의 신체라는 수단이 얼마나 절대적인 역할을 하게 되는지 잘 알고 있는 존재이다. 〈햄릿〉에 등장하는 유명한 극중극 〈곤자고의 살인〉 공연에 앞서 배우들에게 당부하는 설명에서 햄릿은 배우가 지녀야 할 기술의 덕목을 강조하고 있다:

> 내가 해보인 것처럼 대사는 자연스럽게 해야 하네. 만약 어느 배우들처럼 소리나 고래고래 지르며 수선을 떨 바엔 차라리 거리의 약장사를 데려다 시키는 게 낫지. 그리고 손을 움직일 땐 이렇게 허공을 휘젓지 말고 항상 부드럽게 해야 하네. 감정이 폭풍처럼 격하게 솟구칠 때에도 자연스럽게 표현할 수 있어야 한단 얘기야. 만일 가발을 쓴 엉터리 배우가 나와서 혼자 격정에 사로잡혀 고함을 지르면 화가 안 날 사람이 없을 것이야.[7] (햄릿 3막 2장)

햄릿은 인간이라는 도구가 가진 연극적 힘을 잘 알고 있으며 그 힘이 예술적으로 표출될 때 변화의 체험을 만들어낼 수 있다는 것을 인지하고 있다. 햄릿은 의도적으로 이 〈곤자고의 살인〉이라는 극을 새로이 왕위에 오른 삼촌과 친어머니 앞에서 공연할 것을 선택하

---

7 셰익스피어 연구회, 『셰익스피어 4대 비극』, 서울, 아름다운 날, 2005, p.434.

였다. 이유는 그 연극의 내용이 자신에게 벌어진 실제 상황들과 아주 흡사하게 묘사되어 있기 때문이다. 햄릿에게는 자신의 아버지가 삼촌에 의해 살해되었다는 확실한 증거는 없으나, 그 연극을 삼촌이 보게 됨으로써 자신이 원하던 증거를 찾을 수 있다고 확신하는 것이다. 따라서 이 장면을 지켜보는 관객들은 다양한 층위의 관찰을 하게 되는 독특하고 매력적인 체험을 하게 된다: 관객들은 연극을 관찰한다; 연극 속의 햄릿은 〈곤자고의 살인〉을 관람하는 클로디우스를 관찰한다; 그리고 나머지 극중 인물들은 클로디우스를 관찰함과 동시에 서로를 관찰한다. 햄릿은 배우들이 서툴거나 과장된 연기를 하는 것을 원치 않는다. 그는 이 연극의 내용과 배우들의 신체 표현을 통해 "왕의 양심이 흔들리는 모습"을 포착하겠다는 의도를 가지고 있기 때문이다.

물론 연극에서 신체적 자아만이 의미를 부여하지는 않는다. 내면적인, 혹은 심리적인 자아 역시도 마찬가지로 적절하게 조작되어야만 표현하고자 하는 메시지가 성공적으로 전달될 수 있다. 비유하자면, 시민연극에서의 참여자들은 두 개의 이중 자아로 분리될 수 있다. 배우는 무대 위에서 움직이며 울고 웃는 존재이다. 그러나 동시에 배우는 그러한 연기 행동을 하는 자신을 관찰하고 통제하는 또 다른 자아를 인식하고 있다. 스타니슬라브스키는 "이러한 이중적 존재, 실제와 연기 사이의 균형이 바로 예술을 완성시킨다"라고 주장하였다.[8]

시민연극에서의 예술은 바로 시간과 공간 속에서 참여하는 사람들의 의식적인(conscious) 조작을 통해 이루어지는 것이다. 이러

---

8 Stanislavski, C., 앞의 책, 1949, p.167.

한 전제를 기반으로, 다음에는 두 번째 핵심 요소인 열정에 대해 논해 보기로 하자.

열정(passion)

여기서 사용하는 '열정(passion)'이라는 용어는 '매우 강력하고 정서적인 반응을 이끌어낼 수 있는 고양된 상태'를 의미한다. 시민연극에서 열정이라 함은 참여자들이 일시적으로 상상의 인물이 되거나 극중의 역할과 상황 속으로 들어가 자신들의 또 다른 모습을 찾아보는 허구의 세계를 의미한다. 셰익스피어는 자신의 연극을 "허구……열정의 꿈"이라고 지칭하기도 하였다. 기독교에서 열정(the passion)은 그리스도의 수난 이야기를 지칭하기도 한다. 그러므로 '열정'은 숨겨진 이야기를 끄집어내는 것이다. 그 이야기는—햄릿이 말하는 바와 같이—우리가 살고 있는 세상의 "압축본이자 시대의 축약된 연대기"를 담고 있는 것이다.

아우구스또 보알은 자신의 저서 『욕망의 무지개』[9]에서 연극은 열정이라는 요소를 배제하고 존재할 수 없음을 역설한 바 있다. 그는 연극을 무대 위에 서 있는 두 사람이 열정적인 결투를 벌이는 그림으로 묘사하였다. 스페인의 극작가 로페 데 베가(Lope de Vega)의 말을 인용하여 보알은 "연극은 갈등, 모순, 대결과 반항을 의미한다"고 주

---

9 Boal, A., The Rainbow of Desire: The Boal Method of theatre and Therapy, London: Routledge, 1995. 국내에는 『아우구스또 보알의 연극메소드』(이효원 역, 현대미학사)로 번역·출간되었다. (역자 註)

장하였다.[10] 연극은 고양된 상태를 의미하는 열정이며, 그 열정은 우리의 관심을 또 다른 수준으로 향상시키고 집중시키는 힘이다.

이 책에서 나는 열정에 관한 보알의 정의를 좀더 확장하여 인류가 창조하고 표현하고 성찰하고자 고안해낸 '창조된 세상'을 아우르는 것으로 사용하고자 한다. 분명 열정이라는 요소 안에는 보알이 묘사한 결투의 요소가 포함될 수 있으나, 항상 그러하지는 않다. 영국의 교육연극학자인 개빈 볼튼은 연극 활동을 묘사함에 있어 "갈등 (conflict)"이라는 용어가 얼마나 부적절할 수 있는가를 지적한 최초의 이론가들 중 하나이다.[11] 그는 갈등 표현의 한계 및 압박을 표현하는 것이 바로 연극이라고 주장하였다. 연극 형식의 특성들을 살펴보면 실제로 얼마나 많은 극중 인물들이 자신을 올바로 표현해내지 못할 상황에 처해 있는가를 잘 알 수 있다.

앞서 언급한 셰익스피어의 '햄릿'이라는 인물은 '클로디우스' 가 자신의 아버지를 죽였을 것이라는 의혹을 주장할 증거가 충분치 않다고 느꼈기에 배우들의 도움을 받아 그 증거를 찾아내고자 하는 것이다. 〈누가 버지니아 울프를 두려워하랴〉[12]의 '조지'와 '마사' 부부는 자신들의 피상적인 부부생활을 회피하기 위해 가상의 아들을 만들어낸 사실을 인정할 수 없는 딜레마에 빠져 있다. 〈둑(The Weir)〉[13]에 등장하는 네 명의 사내들은 어떠한가? 그들은 서로 갈등의 관계로 엮

---

10 위의 책, p.16.
11 Bolton, G., Towards a Theory of Drama in Education, Essex: Longman, 1979.
12 미국의 극작가 에드워드 올비(Edward Albee)의 1965년도 대표작. (역자 註)
13 아일랜드 출신 극작가 코너 맥퍼슨(Conor McPherson)의 대표작으로 1997년 영국 초연이래 뉴욕, 더블린, 토론토 등 세계 각국에서 상연되었다. (역자 註)

여 있기보다는 각각의 삶의 제약 속에서 스스로의 존재와 갈망을 표현할 수 없게 되어 버린 사람들이다. 그 외에도 수많은 연극 작품들에서 이처럼 진실을 드러낼 수 없는 상황에 봉착한 인물들의 이야기가 중심을 이루고 있다.

시민연극에서는 등장인물들 간의 갈등이 표현되는 장면에서 막이 내리고 연극이 끝나는 경우가 적지 않다. 그것은 이 연극이 인물들 간의 갈등에 초점을 둔 것이 아니라 그 인물들이 자신의 갈등을 속박하거나 억제하도록 만드는 힘에 대하여 고민하고 생각해 보는 것이 초점이기 때문이다. 〈위기의 소년 멜의 이야기〉에서 teaching artist들의 임무는 멜의 고민을 해결하는 것이 아니라, 최대한 여러 가능성들을 열어 두는 것이었다. 이는 바로 프로그램의 초반부에 주인공 멜의 딜레마에 대하여 최대한 다각적인 해석을 끌어내는 것이다. 그럼으로써 참여자들이 그 인물에 대한 각자의 이해와 구축이 가능해지기 때문이다. 시민연극 프로그램의 진행과 방향에 있어서 참여자들의 의견과 감정이 반영될 수 있다고 느낄 때 스스로 적극적으로 상황에 개입하게 된다.

무대(platform)

내가 여기에서 '무대(platform)'라고 지칭하는 용어는 단순히 연극공연이 실행되도록 하기 위해 객석보다 높게 마련된 물리적 공간만을 의미하지 않는다. 여기서 무대의 의미는 참여하는 사람들의 열정이 살아 숨쉬는 약속된 공간, 즉, 보알이 지칭한 '미적 공간(aesthetic space)'을 의미한다. 이러한 미적 공간인 무대는 교실일 수도 있고, 길 거리일 수도 있으며, 병원이나 사무실일 수도 있다. TfD운동의 경우도 시민연극과 마찬가지로 다양한 마을이나 지역 사회의 공간에서 이루어진다.

연극의 역사를 되짚어 보면 이러한 지역에서의 연극 활동은 다양한 공간 형태를 활용해 왔음을 알 수 있다. 모닥불 주변이라든가, 마차 위, 또는 들판에서도 행해져 왔다. 엘리자베스 시대의 배우들은 대체로 유랑배우들에 가까웠으며 장소에 구애받지 않고 관객이 모일 수 있는 곳이면 어디든 공연을 벌였던 것을 우리는 잘 알고 있다. 그들은 종종 자신들이 이동하는 마차 뒤에 무대를 만들어 공연하기도 하였다. 물론 그 당시 배우들이 가장 선호했던 공연 장소는 배우와 관객이 근접하게 마주할 수 있는 동네 여관의 앞마당이었다. 데이(B. Day)의 주장처럼 이러한 구조가 엘리자베스시대의 원형극장(amphitheatre)의 모델이 되었지만 말이다.[14] 주류 연극 공연장이라는 형태는 셰익스피어 시대 이후로 가장 보편적인 연극의 장소가 되었지만, 사실은 앞서 언급한 '열정'이 발현될 수 있는 수많은 공간 중의 하나에 불과하다.

시민연극 작업은 이러한 주류 연극 공연장이라는 연극의 물리적 장소에 대한 고정관념을 허물고 다양한 일터, 지역 사회, 교육 공간들로 무대를 확장하는 작업이다. 공원, 거리축제, 병원의 병동, 기업의 연수원, 경찰서, 회의장 등 연극의 물리적 장소는 다양하다.

---

14 Day, B., This Wooden ˝O˝: Shakespeare's Globe Reborn, London: Oberon Books, 1996.

연극이 응용(applied)되었다는 **Applied Theatre**의 개념은 연극이 다른 영역에 응축되어 결합하였다는 의미이다. 응용 수학(Applied Mathematics), 응용 심리학(Applied Psychology), 응용 화학(Applied Chemistry)과 같은 학문분야와 마찬가지로 추상성 대신 구체성을 강조한 개념이다(즉, 실제로 확인하고 활용할 수 있다는 의미이다). 연극을 지식과 정보의 해득력(literacy) 향상을 위해 활용하는 것, 연극을 가정 폭력의 문제를 탐구하기 위해 활용하는 것, 연극을 사회적 억압을 이해하기 위해 활용하는 것—이 모두가 바로 연극이 지닌 힘이 탁월한 교육적 소통의 매개로써 활용될 수 있다는 인식에서 출발한 것이다.

장소가 어디이든 상관 없이, 그러한 무대가 공통적으로 지닌 마력은 바로 사람(people)과 열정(passions)이 그 공간에서 발현된다는 점이며, 관객들이 여기에 함께한다는 점이다. 시민연극이 가진 특성은 바로 관객들이 그들 스스로가 참여자로서 미적 이해(aesthetic understanding)를 향해 함께 협력하게 되는 것이다.

미적 이해(Aesthetic Understanding)

'**미적**(aesthetic)'**이라는** 용어. 오랜 시간 동안 비평가들과 학자들에게 혼란과 논란을 제공해온 이 용어는 우리가 예술 작품을 어떻게 감상하며 그 예술 작품들이 우리의 감각들을 어떻게 어루만지는가에 대한 의미를 담고 있다. 저명한 미국의 철학자 맥신 그린(Maxine Greene)[15]은 예술 작품의 감상에 진실성과 식별 능력을 제공하는 '미적 교육(aesthetic education)'의 중요성을 역설한다. 이러한 교육은 어떻게 예술 형식(form)이 내용(content)을 조작하며, 마찬가지로 어떻게 내용이 형식을 조작하는가에 대해 우리가 폭넓게 이해할 수 있는 능력을 키워 준다.

시민연극 작업에서 우리는 참여자들이 시민연극의 핵심 요소들(사람, 열정, 무대)을 조작해내고, 그러한 조작이 어떻게 작용하는지 이해하기를 원한다. 그 체험을 통해 그들이 연극의 가치를 음미하고 연극을 통해 변화할 수 있기 때문이다. 그린이 강조하듯, 예술이 어떻게 의미를 창출해내는가를 이해하기 위해서는 예술에 대한 깊은 이해가 선행되어야 한다.

그렇다면, 미적 이해의 목적은 무엇인가? 물론 주제에 관련한 기능과 소통 기술의 향상을 기대할 수 있다. 또한 사회적 관습도 더욱 개선될 수 있다. 그러나 이러한 기능들은 굳이 시민연극이 아닌 다른 과정을 통해 다룰 수도 있다. 시민연극 작업의 존재 이유는 보다 깊은 통찰을 이끌어내고, 새로운 배움을 발견해내는 것이다. 햄릿은 "연극이야말로 왕의 양심이 흔들리는 순간을 포착해낼 수 있는 가장 좋은 방법"이라고 말했다. 그는 인간 의식(consciousness)의 수준을 고양시키는 예술의 힘을 분명하게 인식하고 있었던 것이다. 오랜 인류의 역사에서 예술은 인간의 시간과 역사를 기록하고, 우리 인간의 삶과 세상의 본질을 발견해내는 역할을 해왔다. 시민연극은 적절하게 준비되고

---

15 미국의 철학자이자 교육학자. 컬럼비아대 교수로 재직하며 교육과 교사에 대한 많은 저서를 남겼다. 특히 예술을 통한 교육을 강조하여 미국 예술 교육의 상징으로도 알려져 있다. 1976년부터 뉴욕 링컨센터 인스티튜트 예술교육원(Lincoln Center Institute for the Arts in Education)의 상임철학고문으로 미적 교육(aesthetic education)을 중심으로 한 예술과 교육의 만남, 교사와 예술가의 만남, 상상력과 창의성, 사회적 비판의식과 다원주의의 수용 등 폭넓은 예술 교육을 주창하였다. (역자 註)

실행된다면 매우 강력한 배움의 파급력을 지닌 매체이다.

프락시스(praxis)

그동안 '실천(practice)'이라는 단어는 '이론(theory)'과는 매우 거리가 먼 의미로 사용되어 왔다. 'practice'가 행동(doing), 활동적인 것(active), 과정(process)과 같은 의미를 함축하고 있다면 '이론(theory)'은 비행동적(not-doing), 사고하기(thinking about), 결과물(product)을 함의한다. 유감스럽게도 '실천'과 '이론'이라는 이 두 단어는 연극을 실제로 만들고 행하는 사람(실천가)과 연극을 고찰하고 비평하는 사람(이론가)을 대변하는 수식어로까지 이분화되어왔다. 소위 '이론가는 실천을 할 수 없고 실천가는 이론가가 아니다'라는 식의 논쟁이 생겨나기도 했다. 이와 달리, '프락시스(praxis)'는 이론과 실천이라는 서로 다른 두 관점을 통합한 개념이며 서로를 복합적이고 역동적인 결합으로 바라본다는 의미를 담고 있다.

시민연극을 연구하고 실행하는 이들이라면 누구나 공감할 것이다. 위대한 실천가들은 동시에 뛰어난 이론가들임을 말이다. 보알은 의심의 여지없는 탁월한 실천가이면서, 그의 명쾌한 이론체계는 시민연극의 기본 원칙을 구축하는 데 커다란 공헌을 하였다. 도로시 헤쓰코트(Dorothy Heathcote)[16]는 분명 20세기 교육연극에서 가장 독보적인 실천가임이 틀림없으며, 이론적 측면에서 그녀는 드라마의 목적과 활용에 대한 개념적 이해의 틀거리를 제공함으로써 수많은 교육자들을 변화시킨 장본인이기도 하다. 주로 영국에서 활동하며 역할 내

교사(teacher-in-role)[17]에서 이미지 연극에 이르기까지 다양한 교실에서의 연극수업 방법과 가능성을 개발해낸 그녀의 수많은 방법론들은 시민연극의 현장에서도 적극적으로 응용되고 있다. 보알이나 헤쓰코트를 우리는 단순히 이론가 혹은 실천가라고 단정지어 분류할 수 없다. 그들은 자신들의 이론과 실천작업을 하나로 융합해낸 인물들이기 때문이다.

그렇기에 나는 시민연극 작업 혹은 시민연극 실천에 있어서 일반적으로 사용하는 'practice'라는 용어 대신 'praxis'라는 용어를 선호한다. 파울로 프레이리에 의해 널리 알려진 이 용어는 진정한 교육은 학습자 스스로가 삶을 성찰하고(reflect), 행동(act)할 수 있는 능력을 배양하는 것이 중심이 되어야 한다는 의미를 지니고 있다. 따라서 성찰과 행동이 지속적으로 이루어지는 과정을 통하여 우리의 삶은 참으로 가치 있고 공평한 것으로 변화하는 것이다. '프락시스'는 우리의 실천 행위를 성찰하고 우리의 담론적 경향을 재정비하게 함으로써 우리가 삶에 대해 주체적으로 행동하고 변화를 이루어내도록 독려하는 힘이 된다. 한마디로, '프락시스'는 사람과 사람이 서로를 통해 행동(action), 성찰(reflection), 그리고 변혁(transformation)를 이끌어내는 것

---

16 흔히 영국 교육연극 혹은 D.I.E.(Drama in Education)의 대모라고도 불리우는 도로시 헤쓰코트(1926~)는 영국의 대표적인 교육연극 전문가이자 교육자이다. 배우훈련의 전문가로서 출발하였으나 연극을 통한 일반인, 특히 학생들의 성장과 변화에 큰 관심을 갖고 이를 위한 교사와 전문가 양성에 역점을 두었다. 그녀가 개발한 '역할 내 교사'(teacher-in-role)와 '전문가의 망토(mantle of the expert)'와 같은 기법들은 영국 교육연극에서 D.I.E.로 일컬어지는 중요한 영역의 이론적·실천적 토대를 이루게 되었다. 80세가 넘은 현재도 여전히 영국과 미국을 오가며 정력적으로 교육과 집필을 행하고 있다. (역자 註)
17 도로시 헤쓰코트에 의해 널리 알려진 연극수업 기법으로서, 교사가 적극적으로 역할을 맡아 학생들과 연극적 상황 속에서 만나 즉흥적인 극적 상호작용과 문제 해결을 통해 연극적 허구 속에서의 비판적 사고와 적극적 참여를 이끌어내는 기법이다. (역자 註)

이다. '프락시스' 혹은 비판적 실천을 행하는 이들은 그러한 행동, 성찰, 변혁의 과정을 통해 사람들이 스스로 더 공정하고 더 나은 세상을 창조해낼 수 있다는 신념을 공유하고 있다. 그리고 이것이 시민연극이 주도적 역할을 해야 하는 이유이다.

이제 서로 다른 세 편의 시민연극 프로젝트들을 살펴보고 각각의 프로그램들이 어떻게 실행되었고, 어떠한 문제 제기를 하고 있는지를 알아보기로 하자.

2. 세 가지 프로젝트

사람(people), 열정(passion), 그리고 무대(platform)의 세 요소는 시민연극의 핵심 요소이다. 그러한 기본 이해를 바탕으로 여기에서는 기물 파손, 인종차별, 그리고 미성년 임신이라는 테마를 가진 세 편의 프로젝트를 분석해 보고자 한다. 이 프로젝트들은 모두 지역 사회의 의식과 관심을 제고하고자 하는 목적으로 정부기관의 지원을 받아 실행되었다. 각각의 프로젝트의 특성과 구성을 분석해 보면서 우리는 성공적인 시민연극 프로젝트의 실행을 위해 사람, 열정, 무대라는 세 요소의 신중하고 적절한 활용의 중요성을 고찰해 볼 것이다.

이 프로젝트를 제안한 기관은 남미의 저명한 연극연출가 보알의 작업에 높은 관심을 갖고 있었기에, 지역 사회가 당면한 문제 해결을 참여적인 형태의 연극 프로그램으로 구성해 줄 것을 요구하였다. 이미 우리가 알고 있듯이, 보알은 민중의 연극이라고도 불리는

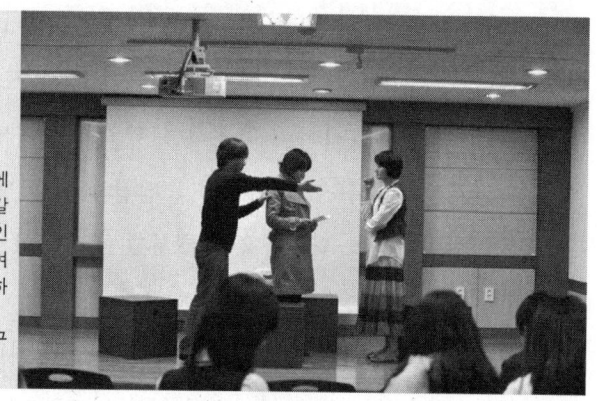

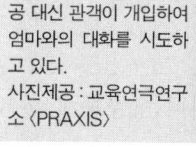
포럼연극 〈나비효과〉에서 억압적인 엄마와의 갈등으로 힘겨워하는 주인공 대신 관객이 개입하여 엄마와의 대화를 시도하고 있다.
사진제공 : 교육연극연구소〈PRAXIS〉

〈억압받는 이들의 연극〉을 통해 '포럼연극'이라는 참여 기법을 개발한 것으로 유명하다. 그의 연극에서 관객들은 배우들이 제시한 문제나 이슈에 대해 직접적으로 참여하여 해법을 모색한다. 관객들은 제시된 이슈를 인지하게 되고 연극에서 드러난 문제를 긍정적이고 건설적인 방향으로 해결하고자 한다. 앞서 1장에서도 언급하였듯, 보알의 포럼연극은 소외집단들과의 연극을 통해 대화와 행동을 성공적으로 이끌어내는 접근법이며, 이와 같은 여러 참여적인 기법들은 시민연극 실행에 중요하게 활용되고 있다.

　　이 사업을 의뢰한 기관은 배우들이 제공하는 연극을 통해 관객들(이하 '참여자'로 표기함)이 문제 해결의 주체가 되는 프로젝트를 기획하였다. 그러나 시민연극 프로젝트에 대한 사전 경험이 전혀 없었기에, 프로그램이 다루고자 하는 이슈들이 지나치게 민감하고 쟁점화될 수 있다는 우려도 함께 지니고 있었다.

　　나는 이 세 편의 프로젝트를 소개함에 있어 각 프로그램의 구체적이고 세세한 묘사보다는 실행과정에서의 주요 특성들에 집중하고자 한다. 프로그램에 대한 세부적인 기술은 이미 다른 글에서 소개된 바 있기 때문이다.[18] 여기에서의 주안점은 각 프로젝트의 준비와 실행과정에서의 교육적이고 구조적인 원칙들을 조명하고, 시민연극 예술가들이 직면할 수 있는 난제들을 점검해 보는 것이다. 이를 통해 독자들이 시민연극의 원칙들을 이해하고 자신들의 시민연극 프로그램을 구성하는 데 도움이 되기를 기대한다.

시민연극 프로젝트들이 지닌 공통분모의 하나는 공동체 혹은 지역 사회의 '변화'이다. 시민연극의 기본 전제는 공동체 내에서 함께 고민하고 문제 제기를 해야 할 이슈들이 존재한다는 것에 대한 자각에서 출발하며, 참여적인 연극은 그러한 이슈들을 다루는 방법의 하나라는 점이다. 예를 들어, 시민연극은 지역 내에서 빈번하게 발생하는 공공기물 파손 문제, 인종 차별적인 모욕 행위의 급격한 증가, 혹은 십대 청소년들의 임신율 증가 등의 이슈들을 공론화하고 토론을 이끌어냄으로써 그 지역 사회에 도움을 제공하는 것이다. 이는 뒤에 소개될 지역 사회가 직면한 고민들이기도 하다.

그 지역들에서는 기물 파손, 인종 차별, 십대 청소년 임신 등의 문제들을 해결하기 위해 다각적인 시도와 캠페인이 선행되었으나 눈에 띄는 성과를 거두지는 못하였다. 이에 시민연극적인 접근을 통해 문제를 다루어 보자는 의견이 제기되었다. 따라서 시민연극 프로그램의 목적은 다음과 같을 것이다:

---

18 이에 관한 내용은 Taylor, P., "Afterthought: Evaluating Applied Theatre", Applied Theatre Researcher 3, 2002, pp.12~15와 Taylor, P., "The Applied theatre: Building Stronger Communities", Youth Theatre Journal 16, 2002, pp.88~95를 참조할 것.

● 지역 사회의 경각심을 향상시켜 지역주민들이 자유롭게 공개
  적으로 해당 이슈에 대한 토론이 발생하도록 한다.
● 지역 구성원들의 대화를 이끌어냄으로써 그들이 개인적 목표
  와 공동의 목표를 함께 성취할 수 있도록 돕는다.

정부기관의 특성상 그들은 사회 서비스 프로그램에 투여되는
예산을 최대한 통제하고자 할 것이다. 정부기관들의 입장에서 연극팀
의 프로그램이 지역 사회의 의식을 변화하는 데 기여하게 된다면 자
신들의 재정 지원은 매우 효과적인 투자가 되는 셈이다. 이런 관점의
차이는 곧바로 시민연극 예술가들에게 매우 부담스런 짐으로 전가된
다. 시민연극 예술가들이 기물 파손, 인종 차별, 십대 임신 등의 문제
가 완화되도록 만들어야 할 부당한 책임을 떠맡게 되기 때문이다. 따
라서 시민연극 예술가들은 자칫 자신들이 정부나 관료들의 입장을 대
변하는 도구로 전락할 수 있다는 점을 신중하게 고려해야 한다. 시민
연극예술가의 목표는 특정 주제에 대한 대화의 물꼬를 트는 것이며,
연극을 활용하여 지역 구성원들 간의 대화와 고민이 심화되도록 독려
하는 것이다.

이런 시민연극 프로젝트를 지원하는 기관들은 지역이 지닌
문제를 제시하는 과정에서 지역 구성원들에게 비난의 화살을 돌리기
가 쉽다. 내가 관여했던 한 프로젝트에서도 이와 같은 경험을 한 바
있다. 정부 단체 관계자는 내게 정부 소식지를 건네 주었는데, 그 내
용은 지역 사회의 무관심[19]에 관한 것이었다. 프로젝트를 제안한 정부
담당자는 지역 사회의 무관심을 거론하며 지역 주민들이 자신들의 문

제에 적극적으로 개입하지 않으려는 태도에 문제가 있음을 강조하였다:

우리의 삶을 황량하게 만드는 것은 동기에 대한 필요이다

무관심은 나의 제안에 대해 관여하지 않으려는 사람들의 상태를 의미한다. 그들은 무관심한 것인가 혹은 그저 그 문제에 대해 당신만큼의 흥미가 없을 뿐인가? 우리는 우리의 관심사나 목적, 그리고 참여의 정도를 결정할 권리가 있다. 관심을 일깨우는 것과 무엇을 해야 한다고 종용하는 것의 경계는 매우 미묘하다. 무관심으로 보이는 것이 사실은 무언가 새롭고 불확실한 일에 연관되는데 대한 두려움일 수도 있기 때문이다.

비록 이 문구는 지역주민들의 참여 부족에 대한 복합적인 특성을 조명하고는 있으나, 지역문제에 대해 더욱 적극적으로 참여해야 한다는 책임을 지역주민들에게 돌리고 있다. 이런 논리에 따르면, 변화가 일어나지 않을 경우 그 책임은 지역 주민들의 무관심한 반응 때문이지 변화를 만들어내지 못한 해당 관청의 무능 탓이 아니게 된다. 따라서 문제는 시민들의 무관심이라는 암시인 것이다. 다시 말해, 시민들의 무관심이 변화를 만들어내지 못하였으며 그것이 지역 관청입장에서는 지속적인 골칫거리라는 것이다.

시민연극 프로젝트가 제안될 때, 시민연극 예술가들은 때로

---

19 호주 뉴 사우쓰 웨일즈(New South Wales)시 주택관리국의 지역개조전략 소식지(Community Renewal Strategies Newsletter).

프로젝트를 지원하는 입장의 요구나 필요성과 현실적인 한계(시간과 여건상의 가능성 여부)의 괴리 사이에서 곤란한 입장을 맞기도 한다. 우리가 명심할 것은 시민연극은 지역의 변화를 위한 여러 방법 중의 하나인 것이며 절대로 유일한 방법은 아니라는 점이다.

여기 소개되는 프로젝트들은 시민연극을 통해 이처럼 지역 정부의 고민거리가 되었던 이슈들에 대한 인식을 제고하고 참여자들이 문제들을 해결해 본다는 의도와 기대를 가지고 구성된 프로그램들이다. 또한 구성원들의 총체적인 참여와 변화를 강조하는 공동체로의 쇄신에 관심을 가진 프로그램이기도 하다. 그럼으로써 주민들이 스스로 자신들의 인식을 제고하여 각자의 현실들을 인지하고 부정적 요인들을 어떻게 변화시킬 것인가를 성찰하게 하는 것이다.

'참여'의 개념은 시민연극의 중심에 자리하는 핵심 원칙이다. 다음에 소개되는 각각의 프로젝트를 보면 해당 지역의 현장 방문이 시민연극 프로그램 개발의 촉진제가 되었음을 알 수 있다. 현장 방문을 통해 지역 사회의 포괄적인 현상에 대한 진지한 관찰이 이루어졌다. 현장에서 연구를 수행하는 질적 연구자의 기법들을 활용하여 teaching artist들의 관찰 내용이 방문일지에 꼼꼼히 기록되어 있다. 지역 주민들과의 인터뷰를 통해 과연 어떻게 시민연극이 구성되어야 그 주민들의 요구에 적합하게 연계될 수 있을까에 대해 깊이 있는 대화가 이루어졌다. 또한 지역의 역사나 특성을 소개하는 책자와 지역의 인구 및 통계에 관한 자료들도 함께 수집하였다.

현장 방문은 teaching artist와 지역 사회 간의 협력관계(partnership)라는 개념의 중요성을 강조하는 기회가 되기도 하였다.

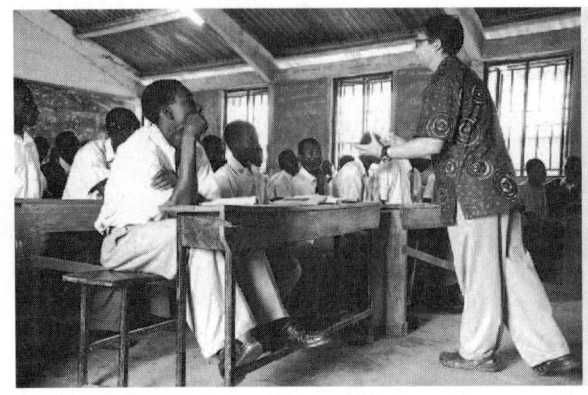

teaching artist들은 주민들에게 자신들은 관련 전문가도 아니고 관청의 지침을 전달하러 온 사람들도 아니며, 오히려 이해 당사자들인 그들을 도우러 온 것임을 분명히 하였다. 소개될 프로젝트들은 실업률, 특히 청년 실업률이 매우 높은 전원 지역에서 실행된 사례들이다. 대부분 대도시에서 멀리 떨어진 곳에 위치하고 있었으며, 인구 밀도가 높은 도시 지역에서 쉽게 찾을 수 있는 시설이나 자원을 찾기 쉽지 않은 특성을 지니고 있었다.

청소년들의 공공기물 파손에 관한 프로젝트

이 프로젝트를 위해 현장을 방문했을 때, 지역의 청소년들은 어른들과 큰 거리감을 느끼고 있었다. 기물 파손이 그들에게는 주요 소일거리였으며, 경찰이 쫓아오면 담을 넘어 도망치곤 하는 것이 그들의 즐거운 놀이 중 하나였다. 어른들과 청소년들 간의 단절은 이 지역의 주된 문제였고 인종 차별의 문제도 만연하고 있었다. 백인 청소년들과 원주민 청소년들은 서로 어울리지 못하는 듯 보였으며, 백인 아이들은 흑인 아이들을 전혀 이해하지 못하는 듯했다. 지역 관청과 주민들 간의 반목도 존재하는 것으로 판단되었다. 인종 차별적 태도는 특히 소수집단 구성원들의 실업률이 높다는 믿음에서 야기된 것으로 보였다. 음주 문제, 특히 어린 청소년들의 음주 문제도 적지 않았고 빈곤한 환경에 대한 좌절감과 체념이 지배하고 있었다. 마지막으로, 지역 관청은 주민협의회에 대한 이해가 없었다.

이 시민연극 프로젝트는 공원, 거리축제, 그리고 백화점 같은 야외장소에서 실행하기로 하였다. 사업 의도는 다양한 대상자들이 함께 주인공인 '레이첼'이 겪는 고민을 탐구해 보자는 것이었다. 핵심 목표는 공공기물 파손이라는 주제를 너무 엄격하게 다루지 않는 것이었다. 그 이유는 시민연극이 지나치게 교훈적으로 접근할 경우 참여자들은 마치 설교당하고 있다는 느낌을 받기 때문이다. 만약 이 프로그램이 과도하게 교조적 형식으로 진행되었더라면 분명 그 효과는 미미하거나 전무하였을 것이다.

이러한 배경 속에서 시민연극 전문가들은 레이첼의 눈을 통해 십대 청소년들의 파손 행위에 대한 진지한 대화를 이끌어 내고자 하였다.

길잡이 질문

- 청소년들은 왜 공공기물을 파손하는 행위를 하는가?
- 이러한 범죄 행위로 인해 경찰 전과기록까지 있는 청소년들에게 참여자들은 어떤 조언을 할 수 있을까?

시나리오

이 프로그램의 주인공인 17세 소녀 레이첼은 공공기물 파손 혐의로 경찰에 연행되어, 경찰서에서 공공시설물에 대한 반복적인 파손 행위에 대해 조사를 받는다. 그녀는 단지 "심심해서"했을 뿐이며, 벽에 스프레이 페인트로 낙서를 하는 것은 "재미있는 놀이거리"라고 대답한다. 레이첼은 전혀 죄책감 없는 대도로 어차피 "새 단장"이 필요한 이 동네에서 벽에 스프레이 낙서를 한 것이 무슨 잘못이냐고 항변한다.

경찰관들이 잠시 자리를 비운 사이, 레이첼은 자신이 소망하는 삶에 대한 공상에 빠진다. 그녀는 서민 주택 단지에서 태어나고 자랐다. 그녀의 아버지는 그녀가 열두 살 때 집을 나간 이후 5년 동안 본 적도 통화한 적도 없다. 레이첼은 남자 친구인 잭과 함께 살기를 원하지만, 정작 잭은 레이첼보다는 자신의 일에만 관심이 쏠려 있다. 잭과 함께 사는 공상에 빠져 있던 레이첼은 경찰서를 탈출할 절호의 기회를 포착하게 되고, 결국 몰래 경찰서를 도망나온다. 공연은 이 장면에서 막을 내린다.

참여 활동

레이첼의 삶을 알려 주는 장면들을 통해 참여자들은 아버지의 부재 및 어머니와의 소통 단절로 방황하고 있는 레이첼의 가정 문제와 함께, 그녀가 의지하고 함께 살기를 바라는 남자 친구 잭과의 갈등도 목격하게 된다. 참여자들은 레이첼이 선택할 수 있는 대안을 고민하게 된다.

- 이 상황 속에서 레이첼이 생산적으로 대처할 수 있는 방법은 어떤 것이 있을까?
- 만약 그녀가 집을 나간다면 어디로 가야 할 것인가?

참여자들은 레이첼의 의식 속으로 들어가 그녀가 고민하고 있을 생각들을 대변하기로 한다. 참여자들은 큰 원의 형태로 선다. 레이첼 역할을 맡은 배우가 참여자 앞을 가까이 지날 때마다 참여자들은 레이첼의 양심이 되어 그녀의 속마음을 말로 표현한다. 이러한 기법을 '양심의 골목(conscience-alley)' 이라고 부르는데, 종종 '내면의 소리 듣기(thought-tracking)'라 는 이름으로도 알려져 있다. 이 기법은 참여자들이 인물의 개인적인 감정과 욕망을 압축된 문장이나 말로 표현해내는 활동이다.[20] 이러한 활동에서는 참여자들이 해당 인물의 감정과 사고 과정 속에 자기 자신의 욕망을 투사하여 표현하는 경우도 적지 않다.

이어서 레이첼과 참여자들 간의 핫시팅이 이어진다. 핫시팅을 통해 레이첼이 부모에게 느끼는 분노, 학교생활에 대한 염증, 자기 자신에 대한 증오 등이 참여자들에게도 전달된다. 레이첼은 자신이 왜 그러한 파손 행위 등을 즐기는지에 대하여 설명한다. 이어서 객석에서 나온 지원자들이 레이첼 주위

---

20 시민연극 전문가들이 활용할 만한 유용한 연극 관습들의 리스트는 Neelands & Goode가 공동 집필한 Structuring Drama Work: A Handbook of Available Forms in Theatre and Drama, 2000를 참고할 것.

에 둘러선다. 그들은 그동안 레이첼 스스로 주위에 쌓아올린 벽을 상징한다. 이제 그들은 레이첼이 앞으로 극복해야 할 장애물인 것이다.

조율자는 질문을 던진다: 레이첼이 맞서게 되는 장애물들은 무엇들인가? 그녀는 어떻게 이 장애물들을 이겨낼 수 있을까? 어떻게 그 벽들을 무너뜨릴 수 있을까? 우리가 원하는 이상적인 그림은 레이첼이 그 장애물들을 뚫고 나아가는 것이다. 레이첼을 연기하는 배우는 마임 동작을 활용해 참여자들을 가볍게 밀어내고 벽을 뚫고 나아가는 모습을 표현해낸다.

이어서 조율자는 참여자들이 레이첼이라는 인물에 대해 얼마나 친숙하게 느끼는가를 생각해 보도록 다음과 같은 질문을 던지면서 프로그램을 마무리한다. 즉, 레이첼과 같은 인물을 만나 본 적이 있는가? 레이첼과 같은 십대 청소년들에게 이 사회는 무슨 도움을 주어야 하는가? 참여자 개인들은 레이첼에게 어떠한 도움을 제공할 수 있는가?

총평

이 프로그램은 총 3인의 teaching artist를 필요로 한다: 조율자, 레이첼, 그리고 일인 다역을 맡을 배우(경찰, 엄마, 남자 친구 잭 등). 경우에 따라서는 조율자가 역할을 맡을 수도 있을 것이다.

참여자들의 관심을 끌어내기 위해서는 레이첼이 처한 상황이 참여자들에게 매우 강한 울림을 주어야 한다. 이 프로젝트처럼 크고 열린 공간에서 진행되는 프로그램은 참여자들을 작품에 집중시켜야 하기 때문에 teaching artist들로 하여금 더 많은 노력을 요구하게 된다. 예를 들어 참여자들이 최대한 무대 가까이 자리하도록 독려할 필요가 있다. 그 이유는 참여자들이 궁극적으로는 무대에 올라와 주인공인 레이첼과 같은 인물을 도울 방안들을 제시하고 직접 표현해야 하기 때문이다. 다시 한 번 강조하건대, 여기서 내가 언급하는 '무대(platform)'라는 용어는 전통적인 공연장에 설치된 바닥보다 높은 무대를 의미하는 것이 아니다. 여기에서 말하는 '무대'는 시민연극이 실행되는 약속된 공간, 즉 미적 공간을 의미함을 잊지 않도록 하자. 또한 teaching artist들은 제시된 문제를 풀어내는 존재들이 아님도 잊지 말자. 그 어려운 임무는 참여자들 스스로가 레이첼을 돕기 위한 관심어린 대화 속에서 찾아내야 하는 것이다.

만약 관객들의 입장에서 연극이 제시하는 메시지가 지나치게 강하게 전달되거나, 시민연극이 단순히 주관 관청의 관점을 대변하는 도구로서 기능한다면(예를 들어, 관객들에게 공공시설 파손의 범죄성을 주입시킨다든가), 관객들은 흥미를 잃을 뿐 아니라 고의로 프로젝트를 방해하려 할 수도 있다. 이 프로그램의 강점은 바로 레이첼과 같은 인물의 상황에 집중하여 그 인물의 대안을 모색하고, 그녀가 혼자가 아님을 입증해내는 데에 있는 것이다.

흥미롭게도 한 번은 이 프로젝트의 공연을 참관한 관청의 관계자가 매우 심각하게 불만을 표시한 적이 있었다. 그들은 레이첼이 담벽에 스프레이 낙서를 하는 파손 행위의 잘못에 대해 이 공연이 명확히 언급하지 않았다는 점에 강한 문제제기를 한 것이다. 실제로 teaching artist들은 공공시설물 훼손 행위에 대해 훈계하지 않았다. 이 프로젝트를 의뢰한 관청에서는 이 프로그램이 올바른 행동에 대해 더욱 강하고 분명하게 참여자들을 교육시킬 것으로 기대했음에 틀림없다.

그러나 나의 경험에 비추어 볼 때, 시민연극이 과도하게 올바른 행동을 종용하는 메시지를 전하려 하면 할수록 연극예술이 지닌 미적인 순간들은 위축될 수밖에 없다. 결국 그로 인해서 제시된 이슈에 대해 진심에서 우러나오는 대화나 논의를 이끌어낼 수 없는 기회는 더욱 차단되어 버리는 결과를 가져 오게 된다. 아울러 이 프로그램에서 이미 주인공 레이첼은 자신의 행동으로 인해 경찰에 연행되었다. 그 이상의 어떤 징벌이 더 필요하겠는가?

어느 소도시의 인종 차별에 대한 프로젝트

이 프로젝트가 진행된 곳을 방문해 보니 호주에서도 매우 높은 원주민 비율을 보여 주는 지역이었다. 이 지역의 청소년들은 매우 낮은 자존감과 함께 지극히 저조한 학업 성취도를 보이고 있었다. 그럼에도 불구하고, 지역 구성원들은 매우 강한 지역 사회 의식과 함께 대가족주의가 굳건히 자리잡고 있는 특성을 지니고 있었다.

이 프로젝트를 의뢰한 기관은 이 연극 프로젝트가 정부에서 지원하는 주택 단지 내에 위치한 원주민 청소년들을 위한 커뮤니티센터에서 실행될 것이라고 미리 귀띔해 주었다. 이 커뮤니티센터는 소도시의 중심부에서는 2~3마일 정도 떨어진 거리에 위치해 있었다. 여기에는 의료와 상담시설이 있어 지역의 청소년들과 가족들이 무료로 혜택을 받을 수 있는 곳이다. 매우 중요한 점은 이 센터가 지역 청소년들이 자유롭게 드나드는 장소이며 그들이 많은 시간을 보내는 장소이기도 하다는 것이다. 사전 방문 동안 우리는 다양한 연령대의 아동과 청소년들이 이 센터 안팎에서 서로 어울리는 모습을 확인할 수 있었다.

사전 방문을 통해 취득한 자료에서, 이 지역의 청소년들이 폭력, 마약, 빈곤, 인종 차별, 그리고 분노에 크게 노출되어 있다는 사실을 알 수 있었다. 내게 요청된 프로그램의 목적은 이 커뮤니티센터를 출입하는 청소년들에게 자존감과 향상된 집단 이미지를 구축하도록 하며, 그들이 겪기 쉬운 인종 차별적 표현에 대해 보다 긍정적인 사고를 가지고 대응하도록 도움을 주는 것이었다. 프로그램은 토요일 오전 커뮤니티센터에서 실행되었으며, 대상은 8세에서 20세까지의 참여자 20여 명으로 결정되었다.

길잡이 질문

- 시민연극이 자신에 대한 인식과 커뮤니티의 정체성 구축에 어떠한 도움을 제공할 수 있는가?
- 인종 차별적 공격을 받은 피해자들이 가해자들에게 어떻게 대응할 것인가?

시나리오

이 시민연극 프로그램은 정체성, 아니, 보다 중요하게는 정체성의 부족에 초점을 맞추었다. 조율자는 참여자들의 집중과 흥미를 이끌어내기 위해 간단한 사전 웜업 및 놀이들을 진행하였다. '눈빛으로 자리 바꾸기(Circle Dash)'가 그 하나의 예이다. 전체 참여자들이 커다란 원으로 서 있고 술래가 그 원가운데에 선다. 이 활동의 목표는 가운데 선 술래가 원을 그린 사람들의 자리를 뺏어 들어가는 것이며, 그 기회는 오직두 사람이 눈을 마주쳐 서로 자리를 교환하는 순간에만 찾아온다. 이 자리 교환이 벌어지는 순간에 술래는 순간적으로 비는 자리를 찾아 빠르게 차지해야 한다. 술래가 성공적으로 빈자리를 차지하면 자리를 빼앗겨 자리가 없어진 사람이 새로이 술래가 되는 방식이다. 놀이를 마치고 나서 조율자는 참여자들에게 이 놀이를 잘하기 위해서는 어떤 기술이 요구되었는지를 질문한 다음, 이러한 놀이를 잘 따라하지 못하는 한친구를 만나게 될 것이라고 설명한다.

조율자는 teaching artist가 연기하는 22세의 '사라'라는 인물을 참여자들에게 소개한다. 사라는 학교생활에 잘 적응하지못했고 앞서 참여자들이 했던 놀이와 같은 많은 일상적 놀이의 규칙을 기억하는데 애를 먹는 인물이다. 그런 서툰 언행때문에 주변 친구들로부터 놀림을 받는 일이 잦았다고 한다.

사라는 이런 놀이를 즐기는 친구들과 달리 자신은 늘 괴롭고 즐겁지 않았다고 밝히며, 자신에 대한 이야기를 독백처럼털어놓는다. 그녀에게 학교생활은 고통이었으며 자신은 늘'가난한 빈민 동네' 출신이라는 소외감을 느끼고 있었다. 그 작은 동네에서 살아 남기 위해 그녀는 미성년 시절부터 일찌 감치 음주를 시작했으며, 폭음, 광란의 파티, 약물 복용 등의 경험도 갖고 있었다. 이웃 사람들의 사소한 일까지도 서로 다 알게 되는 작은 마을에 사는 것에 대해서도 사라는 매우 불만이 많았다.

사라가 자주 꾸는 꿈은 철길 위에 묶여 꼼짝 못하고 있는 상황에서 기차가 달려오는 것이다. 그 꿈속에서 사람들이 둘러서서 그녀를 비웃고, 욕을 하고, 인종비하적인 욕설을 퍼부으며 그녀에게는 미래가 없다고 외친다. 사라는 자신의 이야기를 마무리하며 이 한 마디를 남긴다: "나는 흑인 여성이라서 자랑스럽다."

참여 활동

조율자는 참여자들에게 사라가 살아온 삶을 어떻게 생각하는지 질문한다. 참여자들은 각자 나름대로 생각하는 그녀의 삶을 묘사해 보고 그녀가 영향 받았을 외부적 상황들에 대해서 논의한다. 조율자는 그녀가 남긴 "나는 흑인 여성이라서 자랑스럽다"라는 말의 의미가 무엇이라고 생각하는지에 대한 질문을 던진다.

이어 참여자들은 사라의 꿈에 대하여 논의한다. 이제 그들은 꿈 분석의 전문가인 심리치료사가 되어 사라가 꾼 꿈의 의미를 '해석'하는 임무를 부여 받게 된다. 지원자 몇 명이 중앙으로 나온다. 한 명은 꿈속의 사라처럼 철길에 묶여 있다. 두세 명은 사라 역할을 맡은 지원자의 뒤에 서서 기차가 달려오는 소리를 재현한다. 나머지 두세 명은 사라 역할을 맡은 지원자의 옆에 서서 사라가 꿈속에서 들었을 법한 갖은 욕설과 비난을 사라 역할의 지원자에게 퍼붓는다. 조율자는 잘 다듬어진 이야기보다는 최대한의 감정과 효과를 포착하는 순간들에 집중하여 참여자의 표현을 이끌어내는 데 집중한다. 정지 장면에서 마임으로 변화해 보고, 소리를 끄집어내며, 과장된 움직임을 활용하도록 요구하기도 한다. 조율자는 반복을 통해 참여자들이 즉흥으로 만들어낸 이 장면의 표현에 익숙해지도록 인도한다. 이 짧은 장면은 가능한 30초를 넘기지 않도록 한다. 참여자들은 그 꿈에서 무엇이 느껴지는지 논의하게 된다. 이 꿈은 사라에 대해 어떤 궁금증을 갖게 하는가? 심리치료사의 역할을 하고 있는 참여자들은 각자 그 꿈이 의미하는 바에 대해 의견을 나눈다.

- 철길 위에 묶여 있다는 것은 무엇을 의미하는가?
- 달려오는 기차는 무엇을 상징하는가?
- 사라가 두려워하는 사람은 누구인가?
- 이 꿈이 계속 된다면 사라에게는 어떤 일이 벌어질 것인가?

논의가 마무리될 무렵, 사라(본래의 teaching artist가 연기하는)가 다시 등장한다. 조율자는 심리치료사들에게 사라의 상황이 더욱 악화되었음을 알린다. 그녀의 악몽이 전보다 훨씬 자주 반복될 뿐더러 그녀가 다른 사람들과 대화를 하지 않은 지도 꽤 되었다고 설명한다. 참여자들은 상담치료사의 입장이 되어 그녀에게 대화를 시도해 보지만 소용이 없다. 그녀는 그저 "나는 흑인 여성이라서 자랑스럽다"라는 말만 되풀이한다. 참여자들은 사라의 삶의 단면들로 장면을 만들어 보기로 한다. 이때 그 장면들 속에는 왜 그녀가 그런 악몽을 꾸게 되었으며 왜 그녀가 자꾸 같은 말만 반복하는지에 대한 나름의 분석이 담겨 있어야 한다.

조율자는 그 장면 속에 사라의 존재를 짓누르고 있는 억압자를 포함시키도록 한다. 도대체 무슨 일이 생겼기에 사라는 자꾸 "나는 흑인 여성이라서 자랑스럽다"라는 말만 되풀이 하게 된 것일까? 참여자들이 만든 장면들 중 하나를 선정하여 포럼연극의 형식으로 다듬게 한다. 이제 참여자들은 그 장면 속에서 사라가 겪는 억압의 문제를 해결해 보거나 대안을 찾아보는 것이다.

총평

이 프로그램의 경우는 두 명의 teaching artist를 필요로 하였다. 한 명은 조율자의 역할을, 나머지 한 명은 사라의 역할을 맡았다. 이 시민연극 프로그램은 커뮤니티센터 공간에서 실행되는 것이었기에 대사 전달이나 음향의 우려가 없었고 관객의 집중도 용이한 측면이 있었으므로, 주된 초점은 중심 인물인 사라가 소외감을 느끼게 되는 과거를 참여자들이 장면으로 만들어내는 것에 집중되었다. 장면 만들기의 대부분은 인종차별적인 사건들로 주를 이루었지만 반드시 그에 국한되지는 않았다. 사라의 반복된 대사 "나는 흑인 여성이라서 자랑스럽다"라는 말이 장면 구성에 큰 자극제가 되었을 것이다.

포럼연극 장면을 만들어내는 것이 주된 활동이 되었는데, 이 과정에서 사라가 명확하게 좌절적인 상황에 봉착하는 것이 매우 중요하였다. 예를 들어, 사라는 학교에서 끊임없이 인종비하의 모욕을 당하는 피해자로 묘사 될 수 있다. 또 한편으로는 또래 친구들의 파티에 참석한 사라가 주변의 부추김과 압력으로 성관계를 갖도록 강요당하는 장면도 제시될 수 있다. 장면 연습과정에서 조율자는 사라가 직면하고 있는 억압의 근원이 분명하게 묘사되도록 참여자들에게 당부하였다. 그 장면 속에서 누가 사라를 괴롭히는 주체인가? 어떻게 이런 억압이 발생하는가? 왜 사라는 이러한 억압의 상황을 극복하지 못하는가?

참여자들이 각자 만들어낸 장면들을 서로 공유한 다음, 조율자는 포럼연극의 형식으로 사라의 딜레마를 표현하고 토론하기에 가장 적절한 장면을 하나 선택할 것이라고 설명하였다. 따라서 사라가 억압을 극복하지 못하고 좌절하는 부분이 선명하게 묘사되어야 했다. 포럼연극으로 선정된 장면이 다시 재연되고, 참여자들에게 어떤 특정 지점에서 만약 사라가 다르게 대응하였더라면(행동이건 말이건 혹은 동작이건) 억압을 해소시킬 수 있었을 것이라 판단되는 순간에 "stop!"을 외치고 개입하도록 요청하였다.

대안이 제시되면, 참여자들이 무대로 나와 사라의 역할을 넘겨받고 자신들의 해법을 시도해 보았다. 주안점은 어떤 행동이 필요할 것이라는 토론에 머물기보다는 연극이라는 예술 형식 속에서 그 상황을 타개할 수 있는 방법을 실제로 실행해 보는 것이었다. 사라를 다시 일으켜 세울 다각적인 방법들을 실행해 본 다음, 참여자들은 그 각각의 전략들이 어떤 효과와 가능성이 있었는지에 대해 논의한 후 프로그램을 마무리하였다.

조율자로서 중요했던 부분은 여러 참여자들이 시도한 사라라는 인물의 긍정적인 대응들을 강조함으로써, 그녀가 피해자의 상황에서 자신의 삶을 통제할 수 있는 상황으로 변화할 수 있음을 제시하는 것이었다. 조율자는 어떠한 형태의 대안이든 간에 사라가 긍정적인 미래를 구축하는데 도움이 되는 의견들은 적극적으로 수용하려 하였다. 참여자들은 사라에게 건설적이고 생산적인 선택들이 많이 존재하고 있다는 믿음을 전제하여야 했다. 이 시민연극 작업의 참여 활동을 통해 주인공 사라가 직면하고 있는 고민들에 대하여 참여자들 간에 유익하고 실용적인 대화를 창출해내어야 했다. 그런 의미에서 포럼연극 활동은 참여자들의 관심을 자극하고 집중시키기에 적절한 방법이었다. 참여자들이 직접 만든 장면 속에서 그들이 즉흥적으로 제시한 대안과 해법이 주인공의 억압적인 상황을 변화시키는 체험이 되었기 때문이다. 관객 참여는 이 프로그램의 성패를 좌우하는 결정적인 요소였다고 할 수 있다.

십대 임신 문제를 다룬 프로젝트

이 프로젝트를 위해 사전 방문한 지역은 농촌 지역으로 십대들의 임신 문제가 이 지역의 커다란 고민거리였다. 안전한 성관계에 대한 지식 보급과는 별개로 피임에 대한 관심은 매우 저조하였다. 이 지역의 주된 산업은 소를 키우는 목축업이었는데, 실제로 어디를 둘러보아도 소에 관련된 사진들이 넘쳐났다. 이 지역 주민들은 육우산업으로 명성을 쌓은 자신들의 마을에 대한 자부심이 대단한 것으로 판단되었다.

지역 청소년들과의 인터뷰에서 우리는 그들이 지닌 고립감과 권태를 확인할 수 있었다. 그들에게는 마땅히 갈 만한 곳이 없었다. 그들이 만나거나 시간을 보내며 여흥을 즐길 만한 오락시설도, 커뮤니티센터도 없었다. 마을의 큰 편의점 정도가 청소년들이 방과 후나 주말에 모이는 유일한 장소였다. 지역에 그들이 갈 만한 위락시설이 없다보니 많은 청소년들이약 10마일 정도 떨어진 옆 도시까지 가서 여가활동을 찾아야했다.

프로젝트를 의뢰한 기관은 이 지역 정부지원 주택단지의 주민들을 상대로 십대 청소년의 임신 문제를 다룬 프로그램을 만들어줄 것을 요청하였다. 지역의 고등학생들과 함께 프로젝트를 구성하되, 공연은 모든 주민들을 대상으로 실행해 달라는 요구였다. 해당 지역 청소년들과의 인터뷰를 통해 그들은 지역의 어른들이 자신들에게 아무 관심이 없다는 불신감이 팽배해 있음을 알게 되었다. 또한 우리가 지역 고교생들을 포함하여 프로그램을 구성하기로 한 만큼, 그들의 의견이 이 연극작업에 중요한 가닥을 제시할 수 있어야 한다고 믿었다. 참여한 청소년들은 십대 임신 문제라는 주제를 반기기는 했으나, 정작 그들은 이것이 단순히 청소년의 문제가 아니라 지역 사회의 문제로 바라보고 있었다. 따라서 청소년들은 이 프로그램이 지역의 주민, 특히, 성인들의 참여를 요구하는 형태로 구성되는 것에 매우 긍정적인 반응을 보였다. 그들은 어른들이 이 문제에 책임이 있음을 받아들이고, 청소년들을 도와 함께 지역의 고민거리를 해결하는 기회가 되기를 기대하였다.

길잡이 질문

- 십대 임신 문제 탐구를 위하여 어떤 연극적 형식이 사용될 수 있는가?
- 지역의 성인들은 십대 임신 문제에 대해 어떻게 자신들의 책임을 받아들이게 되는가?

세 명의 teaching artist들이 고교생들과 함께 이틀간 작업하여 십대 임신 문제를 다룬 프로그램을 구성하기로 하였다. 프로그램의 기본 주제는 십대 임신 문제이며 프로그램의 구체적인 세부 내용들은 모두가 함께 만들어 가기로 하였다. 먼저 벽에 걸린 큰 종이에 간단하게 한 사람의 윤곽을 그리고, 그 그림이 어느 임신한 십대 소녀를 상징한다고 설명하였다.[21] 몸의 안쪽 공간에 참여자들이 생각하는 그 소녀의 꿈을 적거나 그리도록 하였다. 그녀가 커서 원하는 것은 무엇일까? 그녀의 삶의 목표는? 10년 후에 그녀가 되고 싶은 것은 무얼까? 가장 좋아하는 TV 프로그램은? 좋아하는 책은? 노래는?

그 인물 그림의 바깥 부분은 그 소녀를 둘러싼 주변의 상황을 표현한다. 무엇이 그녀의 꿈에 걸림돌이 되는가? 그 소녀를 힘들게 하는 주변의 인물들은 누구인가? 그녀가 가장 싫어하는 일은 무엇인가? 참여자들은 소녀의 이름을 짓고 그녀의 초상을 만들어내면서 그녀의 삶을 탐구하기 시작한다. 예를 들어, 그 소녀의 이름을 '수잔(Susan)'이라고 지었다면 참여자들은 각자가 수잔이라는 인물이 되어 한 사람씩 돌아가며 그 소녀의 삶의 특성을 덧붙여 나가는 'Role Circle'이라는 기법을 통해 그 인물을 구축한다. 조율자는 참여자들이 수잔이

---

21 이처럼 가상의 인물 혹은 극적인 인물의 내면/외면을 탐구해 보는 연극 활동기법은 'Role on the Wall'이라고 불린다. (역자 註)

라는 인물이라고 상정하고, 다음과 같은 질문을 던진다:

- 나이가 몇 살이죠?
- 형제나 자매가 있나요?
- 이 마을에 산 지는 얼마나 되었나요?
- 여기 생활에 만족하나요? 그 이유는?
- 학교를 다니고 있습니까?
- 학교생활이 만족스럽나요? 그 이유는?
- (학교를 다니지 않는다면) 왜 학교를 그만 두었나요? 그 결정에 후회는 없나요? 이유는?
- 심심할 때는 주로 무얼하나요?
- 화가 날 때는 어떻게 그것을 푸나요?
- 임신했다는 사실을 언제 알게 되었죠?
- 그 사실을 처음 알았을 때 어땠던가요?

각 참여자들의 반응을 최대한 수용하여 서서히 인물의 특성이 형성되도록 한다. 참여자들은 '하루의 시간표(Hours of the Day)'라는 활동을 통해 수잔이라는 인물의 하루 생활의 단면을 구성하게 된다. 조율자가 하루 중의 특정 시간을 외치면 참여자들이 그 시간에 수잔이 어떤 일을 하고 있을지를 재현하는 것이다. 참여자들은 두 모둠으로 나누어져서 한 모둠이 '하루의 시간표'를 표현하면 다른 모둠은 그것을 관찰한다.

이어서 이미지 연극(Image Theatre) 활동이 이어진다. 참여자

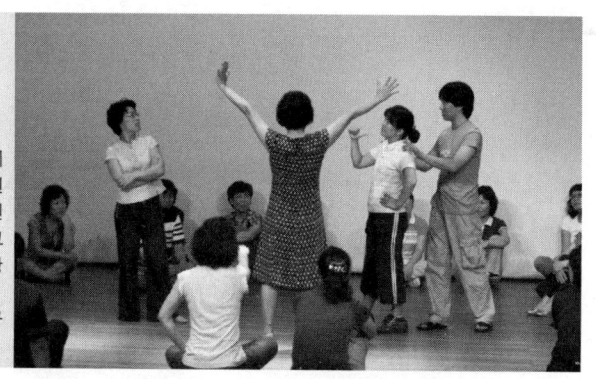

억압자와 피억압자 간의 엇갈린 욕구의 모습을 신체를 통한 이미지로 확인하고 있다. 광주교대 교사연수 워크샵의 한 장면.
사진제공 : 교육연극연구소 PRAXIS

들이 둥글게 서서 수잔이 처음 임신한 사실을 알게 되었을 때의 반응을 재현하는 것이다. 조율자가 다섯, 넷, 셋, 둘, 하나 순으로 카운트다운을 하는 동안 서 있던 참여자들은 천천히 자신들이 생각하는 수잔의 반응을 자신들의 신체로 표현한다. 유사한 이미지들끼리 모은 후 그에 대한 감상을 나눈다. 그 중에서도 특별히 흥미롭거나 인상에 남는 이미지를 선정하여 장면 만들기로 활용된다.

　참여자들은 주변의 여러 사람들로부터 수잔이 억압을 받는 일련의 장면들을 만들어본다. 억압의 주체는 그녀의 친구들, 그녀의 남자 친구, 경찰, 그녀의 어머니 등 다양할 수 있다. 이렇게 만들어진 장면들은 다시 성인 관객들을 대상으로 시연되며, 그 성인 관객들은 다시 그중에 가장 수잔의 삶을 지배하고 있다고 판단되는 장면을 선정하게 된다. 선정된 장면은 최종적으로 지역의 주민들과 청소년들이 함께하는 워크샵을 통해 공연되는 것이다. 만약 시간이 충분하다면 여러 장면을 선정하여 공연할 수도 있을 것이다.

참여 활동

　선정된 장면 중의 하나는 수잔의 남자 친구가 일자리를 찾아 도시로 떠나는 설정이었다. 임신한 상태에서 남자 친구가 곁에 있기를 바라는 수잔은 그 결정에 불만스럽다. 남자 친구는 수잔과 곧 태어날 아기를 위해 취직을 해야 하기 때문에 떠난다고 설명하지만, 수잔은 그의 말을 믿어야 할지 판단이 쉽게 서지 않는다.

　지역 주민들로 구성된 관객은 그 남자 친구라는 인물의 핫시팅을 통해 그가 어떤 동기로 떠나려고 하는지를 탐구한다. 여기에는 '분신(alter ego)' 기법이 함께 사용되는데, 참여자 한 명이 무대로 나와 그 남자 친구의 내면의 생각을 표현하는 것이다. 남자 친구의 뒤에 선 참여자는 관객들의 질문에 남자친구가 대답할 때 내면의 솔직한 진심을 대변한다. 남자 친구와 수잔의 장면이 다시 재연되고 '분신'인 참여자는 마찬가지로 남자 친구의 속마음을 표현한다. 장면이 끝나면 전체 관객들은 그 참여자가 표현한 내면의 세계가 충분히 공감이 가거나 울림이 있게 전달되었는가에 대해 논의한다.

　또 다른 장면에서는 수잔의 엄마가 등장한다. 딸의 임신 소식을 듣고 매우 실망스러워 하는 반응을 보인 엄마는 수잔의 기대와는 달리, 수잔을 도와줄 수 없다는 암시를 한다. 또한 엄마는 수잔이 낙태를 하도록 종용한다. 장면을 본 관객들은 수잔과 엄마를 함께 핫시팅한다. 관객들은 두 모녀를 어떻게 든 화해시키려고 해보지만 엄마는 관객들의 조언을 받아들이지 않는다. 수잔의 엄마는 자신의 딸이 집안 망신을 시켰다고 굳게 믿고 있는 것이다. 앞에서와 마찬가지로 '분신' 기법이 활용되고 두 명의 참여자가 등장하여 엄마와 수잔의 분신이 되어 그 내면의 생각과 감정을 표현한다. 장면을 마무리하고, 참여자들은 이 두 모녀가 표현한 장면 및 내면세계의 탐구 체험을 통해 이 마을에 사는 부모 자식 간의 대화나 갈등의 경험과 연극이 어떠한 연관성이 있으며 어떠한 의미를 느끼게 되었는지를 함께 토론한다.

총평

이 프로그램의 경우는 세 명의 teaching artist들이 고교생들과 함께 협력하여 만들어낸 프로그램이며 그 학생들이 다니는 학교에서 아주 가까운 곳에 위치한 커뮤니티센터에서 실행되었다. 이 프로그램의 성패는 바로 참여한 학생들의 목소리가 충분히 반영되어 실행되었는가의 여부에 달려 있었다. 수잔이라는 인물은 그 청소년들이 직접 창조해낸 것이었으며, 그들이 겪고 있는 여러 이슈들이 수잔이라는 인물을 통해 효과적으로 표현되도록 노력하였다.

이 프로젝트에서는 시민연극 프로그램의 창작과정에 중점을 두었다. 즉, teaching artist들이 청소년들과 협력하여 지역주민들을 대상으로 하는 참여적 연극 프로그램을 만들어낸 사례이다. 해당 주제와 밀접한 관계를 지닌 이해 당사자들끼리 적극적이고 진심어린 협력이 이루어질 때 시민연극은 가장 훌륭한 성과를 얻어낼 수 있다. 이러한 협력은 참여 집단의 주인의식을 이끌어내기 때문이다. 청소년들의 힘만으로 해결할 수 없는 딜레마를 어른들이 함께 고민하고 논의할 때, 그 이슈는 더 이상 특정 집단의 문제가 아닌 지역 구성원 전체의 과제가 되는 것이다.

이 프로그램에서 사용한 '분신' 기법은 외형적인 모습과 내면의 고민 사이의 갈등과 긴장을 집중 조명해내는 매우 효과적인 방법이다. 엄마와 딸의 대화가 진행되는 동안, 그들의 지극히 개인적이고 내면적인 생각들이 밖으로 표출된다. 그 과정에서 마을 사람들의 시선에 대한 부담감이라는 또 하나의 서브텍스트(subtext)가 드러난다. 어른 관객들이 위기의 청소년 역할을 표현하고, 청소년들이 마을 사람들의 시선과 책임감에 짓눌려 있는 어른을 표현해내는 과정을 통해, 진정한 공동체의 의미와 삶에 대한 포괄적인 대화의 물꼬가 트여지게 된다. 비록 이 세상의 수많은 문제들을 곧바로 해결하지 못할지라도, 사람들과의 교류가 갖는 의미와 함께 다른 이들의 관점을 공유하고 이해하게 되는 풍성한 대화의 장이 열리는 것이다. 시민연극은 참여자들을 매우 깊숙한 체험 속으로 끌어들여 폭넓은 관점에서 제시되는—종종 그들 자신의 관점과 다른—다양한 입장과 고민들을 대면해보도록 하는 독특한 힘을 지니고 있다.

3. 마무리하며

2장에서 우리는 지역 공동체가 자신들의 가능성과 한계를 탐구하는데 시민연극이 얼마나 중요한 기능을 지닌 매체로서 활용될 수 있는지를 살펴보았다. 시간이 지날수록 많은 정부기관 및 관련 단체들이 시민연극이 지닌 힘을 활용하여 지역 사회의 조화로운 협력을 조성하고, 지역의 절박한 과제들을 탐구하며, 지역 구성원들의 비판적 의식을 고취하는 프로젝트들에 관심과 지원을 보내고 있다.

여기에 소개된 3개의 프로젝트는 모두 해당 지역 공동체와 teaching artist들이 긴밀한 협력을 통하여 참여적 체험으로 실행된 작업들이다. 시민연극 작업 실행 전에 현장 방문을 통한 자료 수집은 프로그램의 성공적인 창작과정에 필수불가결한 요소였음을 확인할 수 있다. 현장 방문를 통해 teaching artist들이 그 지역 사회에 어떠한 문제점과 고민이 있는지에 대한 충분한 이해를 습득할 수 있었기 때문이다. 특히나 외부에서 의뢰받은 프로젝트일 경우, 주어진 주제와 해당 지역 사회와의 적절성 및 타당성의 수위를 판단하는 데 현장 방문은 매우 유용하게 활용된다. teaching artist들이 현장 방문을 통해 획득하게 되는 새로운 정보나 다양한 이슈들에 대해 열린 자세로 접근해야 함은 매우 중요한 덕목이다.

프로젝트를 준비하고 실행하는 teaching artist들은 대개 그 지역 사회의 방문객이며, 따라서 그들이 탐구하고자 하는 이슈에 대해서 직접적인 경험이 없을 경우도 많다. teaching artist가 명심해야 할 것은 열린 사고를 갖도록 노력하는 것, 그리고 사전에 계획한 특정 접근 방식만을 고집하는 고정관념으로부터 자유로워야 하는 점이다. 이 장에서 소개한 프로젝트들은 모두 실제 실행과정을 통해 변화하고 발전되어진 작업들이다. 프로젝트를 통해 다루고자 한 특정 이슈나 주제, 혹은 핵심 질문들을 제외하고는 사전에 어떠한 구체적 결과물을 도출해내겠다고 결정된 것은 없었다. 참여자들이 어느 순간에 어떻게 반응할 것인지를 예측할 수 없는 문제점이 teaching artist들이 감내해야 할 근본적인 과제이기도 하다. 시민연극은 폭넓은 기법과 다양한 기술들을 활용하여 대화를 이끌어내고 참여자들이 자신들의 의견과 관점을 자유롭게 개진하도록 유도하여야 한다. 시민연극에서 탐구의 대상이 되는 것은 바로 그 다양한 관점들이기 때문이다.

teaching artist들은 프로그램의 맥락을 잘 읽어내고 참여자들을 존중하여야 한다. 때로는 프로그램의 본래 목적이나 목표가 참여 활동 단계에서 수정되거나 변화할 수도 있을 것이다. 이때 teaching artist들에게 요구되는 소중한 덕목이 바로 실행과정 속에서 목표와 결과를 적절히 조율해내는 적용 능력이다. 예전처럼 몇 가지의 정해진 프로그램 레퍼토리를 가지고 진행하던 teaching artist의 시대는 이미 과거의 이야기이다. 최근의 연구에서도 확인할 수 있듯이, 시민연극의 성패는 teaching artist가 현장에서 대상들 및 관계자들과 얼마나 원활하게 협력하고 적용할 수 있는가에 전적으로 달려 있다.

시민연극은 해당 지역 공동체의 필요에 의해 힘을 받으며, 평범한 시민들의 고민과 관심에 의해 추진력을 얻는 상향식(bottom up) 변혁의 매체이다. 이러한 관점은 때때로 실행과정에서 해당 프로젝트를 지원하는 기관이나 단체의 요구와 배치되는 딜레마를 안겨 주기도 할 것이다. 그러나 분명한 것은 지역 사회 구성원들 하나하나의 기여도와 관점의 소중함을 인식하고 존중하는 노력이 보일 때 비로소 진정한 공동체의 변화가 시작된다는 사실이다.

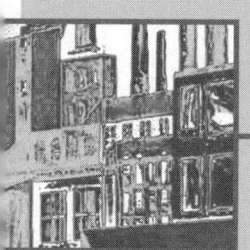

시민연극의
Teaching Artist

제3장

앞서 2장에서 시민연극은 세 가지의 핵심 요소—사람(people),
열정(passion), 그리고 무대(platform)—를 예술적으로 조율함으로써
이루어지는 작업이라고 정의하였다. 이 세 요소를 통해 시민연극을 실
행하는 예술가인 teaching artist들이 강력한 미학적 체험을 만들어내
는 것이다. 하지만 동시에 시민연극 작업이 성공적으로 진행되기 위해
서는 보다 포괄적인 협력체계가 필수적으로 이루어져야 한다. 단순히
세 가지의 핵심 요소 간의 협력뿐 아니라 teaching artist들, 참여자들,
지역 사회, 그 외 다양한 이해 당사자들 간의 협력체제가 이루어질 때
성공적인 시민연극을 구성할 수 있다. 그러므로 시민연극 작업은 하나
의 복합적인 협력(partnership) 작업이라고 할 수 있다.

　　이 장에서는 다양한 이해 당사자들과의 협력을 구축해내기
위해 teaching artist들이 습득하고 연마해야 할 기술들에 대하여 점검
해 보고자 한다. 이 책에서 사용하는 용어인 'teaching artist'는 지역을
순회하며 시민연극 프로그램을 실행하는 배우들을 지칭한다. 그들은

어떤 측면에서는 기존의 순회공연 극단, 즉 연극 레퍼토리를 가지고 다양한 지역과 장소에 가서 공연하는 순회공연 배우와 흡사한 면이 있다. 그러나 그들이 배우가 아닌 teaching artist라는 이름으로 불리는 매우 중요한 차이점이 있다. teaching artist들은 연극을 상연할 수 있는 배우로써의 기능과 함께, 다양한 대상들과 프로그램의 교육적 포인트들을 수행할 수 있는 교육자로서의 쉽지 않은 기능도 겸비하여야 하기 때문이다. 실제 시민연극 작업에서는 종종 '배우―교사(actor-teacher)'[1]라는 용어가 teaching artist와 같은 의미로 혼용되기도 한다. 그러나 이러한 프로그램이 수행해야 하는 교육적 기능을 분명히 명시하면서 프로그램을 이끌어가는 예술가의 본질에도 힘을 실어 주는 의미를 지니고 있기에 나는 teaching artist라는 명칭을 선호한다.

시민연극에서는 예술가의 교육 능력이 연극적 능력만큼이나 중요한 덕목이다. 연극 예술가의 교육 능력을 통해 이 작업이 지닌 복합적 특성이 그만큼 빛을 발하기 때문이다. 다시 말해 이 연극 작업은 우리가 알지 못했던 부분을 배우게 하고, 인식하지 못한 채 내재되어 있던 아이디어들을 깨닫게 하며, 혹은 세상에 대한 왜곡되고 굴절된 시각을 재정립하도록 돕는 기능을 한다는 것이다. 시민연극은 이미 인지하고 있었음에도 논의되지 않았던 문제들을 공론화하고 점검함으로써 지역 공동체가 주체적 대응책을 모색하도록 지원하는 작업이다.

teaching artist는 참여자들을 상상 혹은 가상의 세계로 끌어들

---

1 교육연극의 대표적 장르 중 하나인 TIE(Theatre in Education)을 실행하는 연극 예술가들을 지칭하는 용어로써, 이후 연극과 교육을 접목하는 다양한 연극작업에서도 널리 쓰이게 된 용어이다. '배우이자 동시에 교육자'라는 건 교육연극 작업의 복합성과 이중성을 의미한다. (역자 註)

일 수 있는 능력이 필요하다. 참여자들이 반드시 인식해야 하는 부분을 명확히 볼 수 있도록 관점, 동작, 질문, 태도 등에서 적절한 균형점을 찾아야 한다. teaching artist는 참여자들 간에 대화뿐 아니라, 다른 동료 teaching artist들과도 원활하게 소통하는 능력을 지녀야 한다. teaching artist는 참여자들이 어색함과 두려움을 털어내도록 하여 그들이 자발적이고 실질적으로 연극에 참여하게 하고 성찰하도록 유도해야 한다.

　　　teaching artist는 우수한 대화 능력을 지니고 있어야 한다. 동시에 자신이 수행해야 하는 텍스트를 명확하게 이해하고, 어떤 순간에도 참여자의 반응을 민감하게 읽어낼 수 있는 능력이 요구된다. 우수한 teaching artist는 우수한 교육자와 마찬가지로 주제에 대한 참여자들의 열의와 집중을 이끌어내는 존재이다. 아무리 훌륭한 프로그램이더라도 teaching artist가 참여자들로 하여금 그 프로그램에 몰입하게 하고 주인의식을 갖도록 유도하여야만 성공적으로 실행되는 것이다. 참여자가 그 프로그램이 자신들의 것이라고 느끼게 될 때, 진심으로 그 의미를 받아들이게 되기 때문이다.

　　　이 장은 teaching artist들이 그러한 연극 체험을 만들어내기 위해 필요한 기술들을 정리해 보고자 한다. 좋은 teaching artist가 지녀야 할 자질들에 대해 언급된 문헌자료가 많지 않은 관계로, 나는 교육연극 분야에서 논의되고 연구되어 온 탁월한 연극 작업의 사례들을 통해 시민연극 teaching artist에 적용하고자 한다.

　　　제1장에서 논의한 바 있는 시민연극의 핵심 원칙들은 이 장에서 teaching artist가 갖추어야 할 요건을 제시하는 출발점이 된다.

성공적인 시민연극 작업을 위해 teaching artist는 다음의 세 가지 특성을 수행하여야만 한다:

- 행동(Action) : 예술가와 교육가라는 두 겹의 역할을 수행하기 위해서는 말이 아닌 행동으로 소통한다.
- 성찰(Reflection) : 자신의 역할과 행동이 시민연극이라는 협력작업에 어떠한 공헌과 의미가 되는지에 대해 성찰한다.
- 변혁(Transformation) : 참여자들의 생각과 세계관에 대한 이해를 변혁시킨다.

'행동(Action)', '성찰(Reflection)', '변혁(Transformation)' 이 세 가지 요소는 시민연극을 구축하는 3대 특성이다.

시민연극의 협력 작업은 우리에게 체험을 제공한다. 그 체험은 우리를 변화시키거나 변혁을 이루어내는 체험이고, 때로는 우리를 고민스럽게 하는 예리한 질문들을 촉발시키는 체험이며, 즐거움과 배움을 함께 제공하는 체험이기도 하다. 성공적인 협력의 가장 중요한 조건은 그 예술 작업이 만들어내는 힘이다. 여기에서는 그 예술 작업, 예술적 결과물, 그리고 프로그램의 시나리오가 어떻게 시민연극 공연에 힘을 부여하고 참여자들을 끌어들여 성공적인 협력 관계를 창출하게 되는가에 대해 논의하고자 한다.

1. 만족스러운 시민연극

앞서 시민연극을 구성하는데 반드시 필요한 몇 가지 원칙들을 살펴보았던 점을 다시 한 번 상기하자. 뒤집어 말하면 이 원칙들은 teaching artist가 직면해야 하는 과제들을 함축하고 있기도 하다. 그 과제들을 다시 조명해보자.

시민연극 구성의 8가지 원칙

원칙 1. 시민연극은 철저한 연구가 바탕이 되어야 한다

teaching artist는 시민연극을 구성함에 있어 어떠한 이슈들이 연관되어 있는지 충분히 이해하고 파악하여야 한다. 시민연극이 특정 이슈를 다루는데 매우 강력한 접근법인 이유가 무엇인가? 프로그램의 구성 단계에서 그 프로젝트가 실행될 지역 사회 방문과 대상들과의 만남은 필수적이다. 다양한 지역 구성원들과의 인터뷰를 통해 그 지역 사회의 생활과 어우러질 수 있는 적절한 시나리오를 만들어낼 수 있기 때문이다. 프로젝트의 출발점부터 참여자들 자신이 그 프로젝트의 주인이라는 사실을 느낄 수 있어야 한다.

원칙 2. 시민연극은 불완전성을 추구한다

teaching artist가 주의하여야 할 것은 프로그램의 구성에 있어서 삶의 복잡한 문제에 대해서 단순한 해결책을 도모하여서는 안 된다는 점이다. 참여자들이 주어진 내용과 그 진행 방향에 대해 논의할 기회가 주어져야 한다. 따라서 프로그램 속에 매우 중요한 여백들이 존재해야 한다. 그 여백들이 참여자들로 하여금 현실에 대한 개별적 인식과 나름대로의 이해에 근거하여 문제적 상황 개입에 적용해 볼 수 있는 여지를 제공하는 것이다.

원칙 3. 시민연극은 개연성을 지닌 이야기를 제시한다

teaching artist는 참여자들이 적절한 결정을 내리기 위해 필요한 다양한 선택의 가능성들을 제시하여야 한다. 그 선택의 가능성들은 각각 비슷한 무게를 지니고 있어야하며, 때로 참여자들을 매우 고민스럽거나 불편한 입장에 몰아넣는 결정이 되기도 한다. 특히 참여자들은 서로 의견이 엇갈리는 선택에 대한 동기를 명백히 파악하고, 주어진 문제적 상황에 대해 자신들의 관점 혹은 이야기들을 제공할 수 있어야 한다.

원칙 4. 시민연극은 관객의 참여가 중심이 된다

teaching artist는 참여자들이 주인공의 삶 속으로 직접 들어갈 수 있는 활동들로 프로그램을 구축해야 한다. 참여자들의 역할과 임무가 무엇인지 명확하게 제시되어야만 짧은 순간일지라도 다른 인물의 입장이 되어 보거나 혹은 주인공이 겪어온 삶을 직면해 보는 경험을 할 수 있다. 가상의 상황이라는 틀거리 속에서 참여자들은 시민연극이 다루고자 하는 이슈에 대해 직접적으로 참여할 수 있는 체험을 맞이하는 것이다.

원칙 5. 시민연극은 현실의 딜레마를 제기한다

시민연극에서 '선택'이야말로 인간 행위의 매우 핵심적인 요소라는 인식에 근거하고 있음을 teaching artist는 이해하여야 한다. 자신의 행동에 대한 결단력에 따라 연극의 주인공들은 성공할 수도, 실패할 수도 있다. 이러한 선택은 매우 어려운 일이며, 특히 그 선택의 결과에 대한 고민과 결부될 때에는 더더욱 그러할 것이다. 많은 경우에, 주인공 앞에 제시된 대안들은 강요적이거나 모순적일 수 있으며, 혹은 모호하거나 불분명할 수도 있다. teaching artist는 참여자들이 이러한 모호성을 인내하고 모순과 싸울 수 있도록 도움을 주어야 한다.

원칙 6. 시민연극은 미래의 가능성을 모색한다

teaching artist는 단순한 답을 찾아 주기보다는 좋은 질문들을 끄집어낼 수 있는 능력을 갖추어야 한다. 시민연극은 주어진 이슈, 사건, 혹은 관계 등에 대한 의문과 탐구를 통해 추진력을 얻는다. 왜 그 15세의 소년은 집을 나간 것일까? 우리는 가정 폭력의 피해자인 그 여성에게 어떤 도움을 줄 수 있을까? teaching artist는 참여자들이 이러한 질문들에 대해 고민하도록 도움을 주며, 이에 관한 탐구는 궁극적으로 새로운 질문들의 제기로 이어지거나 또 다른 영역에 대한 탐구로 확장된다. 시민연극을 통해 참여자들은 자신들이 만나는 극중 인물, 혹은 자신들이 창조한 극적 상황의 미래를 만들어가는 것이다. 그 과정은 함께 운명을 만들어가는(destiny-building) 과정이며, 끊임없는 '되어감의 상태(perpetual state of becoming)'인 것이다.

원칙 7. 시민연극은 미적인 매체이다

다른 매체에서는 얻기 힘든 연극만의 힘은 참여자들을 곧바로 갈등 혹은 곤경의 극적 상황으로 인도할 수 있는 마력에 있으며, 시민연극의 teaching artist는 이러한 연극의 힘을 인식하여야 한다. 시민연극은 참여자들을 문제적 상황 속에 설정한 다음 그들이 스스로 해결책이나 극복 방법을 모색하도록 할 수 있다. 시민연극은 사람, 열정, 그리고 무대라는 세 요소 간의 예술적인 융합을 통해 어떠한 현상에 대한 참여자들의 이해를 보다 새롭고, 향상되고, 생생하게 인도한다.

원칙 8. 시민연극은 공동체의 목소리를 대변한다

teaching artist는 참여자들의 목소리를 이끌어내기 위해 노력한다. 참여자들이 모순과 씨름하도록 하고, 연극이 어떻게 우리의 대화나 소통 혹은 서로 다름에 대한 이해를 제공하는지를 깨닫게 하며, 지역 사회에서 어떻게 살아야 할 것인지에 대한 대안들을 제시하기도 한다. teaching artist는 연극이 제공하는 다중적이며 유동적인 관점들을 탐구하도록 참여자들을 독려하는 강한 의지를 지니고 있되, 동시에 참여자들과 함께 구축해 나가는 이야기의 전개에 짜릿한 감동을 느끼는 존재이기도 하다.

참여자들이 마음껏 대화하고, 논쟁하고, 자기 주장을 펼치고, 어떤 행동에 대한 타당성을 탐구할 수 있도록 열려 있는 시민연극 프로젝트를 만날 때마다 나는 이 작업에 대한 확신이 더욱 굳건해진다.

시민연극에서 의견의 다양성은 환영받아야 한다. 그 이유는 teaching artist가 제시하는 해결책이 참여자들의 의견보다 더 적절하거나 정확하지 않을 수 있기 때문이다.

여기에 언급된 여덟 가지 원칙들은 참여 대상들이 주체가 되는 즐겁고 만족스러운 미적 작업을 제공해야 할 teaching artist에게 상당한 책임감을 부여하기도 한다. 시민연극작업의 미적 체험은 변화를 위한 목적으로 활용된 연극 양식에 참여자가 적극적으로 몰입할 때 이루어진다. 따라서 연극 양식이 충분한 완성도를 지녀야 함은 두 말할 나위 없이 중요할 것이다.

동반자적 협력관계를 조율하기

몇 해 전에 나는 어느 미적 교육(aesthetic education) 심포지엄을 공동 주최한 적이 있다. 그 심포지엄의 목적은 성공적인 교육 파트너십과 예술 작품의 기능을 연구하는 것이었다.[2] 예술을 경험하는 대상들을 만족시키기 위해 예술 작품에는 어떠한 것들이 포함되어야 하는가? 시민연극 예술가들은 다음에 소개되는 사례에서 이에 관한 무수히 많은 요점들을 유추해낼 수 있을 것이다.

그 심포지엄에서는 세 개의 작품을 시연하여 관객들로 하여금 예술적 작업의 특성을 탐구하도록 하였다. 첫 번째는 포스트모던 댄스 공연인 〈스트렙(Streb)〉이었고, 또 하나는 정신 및 신체 장애인들

---

2 Taylor(2000) 참조.

이 공연한 복합 예술 형태의 현대 오페라 〈성스러운 키스(The Divine Kiss)〉였으며, 마지막 작품은 청소년들의 자살 문제를 다룬 연극 〈네가 사랑하는 모든 것을 죽여라(Kill Everything You Love)〉였다.

심포지엄의 참가자들 사이에서는 과연 이 세 작품이 예술적인가에 대한 뜨거운 논쟁이 벌어졌다. 예술계에서 국제적으로 명망 높은 한 참가자는 〈스트랩〉에 대해서 단순히 변주된 서커스 곡예에 불과하다고 비판하였다. 어떤 이들은 다른 의견을 피력했다. 무용수들이 벽에 자신들의 몸을 내던지고 공중에 몸을 날리는 모습을 보면서 마치 우리를 둘러싼 물리적 장벽을 깨어 보고자 하는 인간의 여정을 보았다는 것이다.

그 논쟁의 와중에 철학자이자 예술교육자인 맥신 그린(Maxine Greene)은 우리는 미적 교육을 통해 익숙함과 평범함을 깨어버리고 새로운 관점을 찾게 된다는 것을 상기시켰다. 그린이 느낀 〈스트랩〉 공연은 공간과 중력의 개념을 새롭게 인지하는 계기가 되었다는 것이다. 그 공연을 통해 어떻게 무용수들이 일상의 높이 이상으로 도약하게 되며, 어떻게 그들의 (혹은 우리의) 신체가 우리가 존재하는 공간과 우리가 도달하고자 갈망하는 공간을 규정하는가를 숙고하게 되었다고 하였다. 그러한 맥락에서 그녀는 다음의 설명을 통해 교사와 학생이 다양성과 다원성에 대한 이해를 높일 때 예술이 교육 속에서 성취할 수 있다고 강조하였다:

내가 언제나 품고 있는 희망이 있다.
만약 교사들이 깨어 있다면,

만약 교사들이 더 풍부한 상상력을 갖게 된다면,

만약 교사들이 자신의 삶이 지닌 암흑과 모호함에 당당히 맞설 수 있다면,

그들이 교실에서 수업을 할 때

그들이 예술가들과 협력할 때 또는 공연을 통해 수업과 연계할 때

그들의 삶에 나타난 변화가 그들의 주변으로 확산될 것이다.[3]

맥신 그린의 주장은 시민연극의 teaching artist에도 마찬가지로 적용될 수 있을 것이다. teaching artist는 자신의 미적 매체가 지닌 힘에 대해 알고 있어야 하며, 그 힘을 가능케 하는 요소들을 숙지하고 있어야 한다.

그 심포지엄의 또 다른 공연인 〈성스러운 키스〉의 예술성에 대해서도 유사한 논의가 진행되었다. 이 작품은 강렬한 시각적 효과를 활용하여 일곱 가지 구원의 덕목을 다루었다. 배우들이 무대공간의 인형들을 쓸어버리고, 강렬한 불꽃들이 뿜어져 나와 눈을 뜰 수 없는 와중에, 불바다 속에서 등장하는 배우의 모습을 보면서, 나는 그 이미지들이 표현하고자 하는 의미에 대해 숙고하게 되었다. 아기 침대 곁에서 망원경을 들고 별이 가득한 밤하늘을 향해 희망을 노래하는 역할로 맹인 배우를 캐스팅한 것은 연출자의 매우 영리한 선택이라고 생각되었지만, 여전히 그 예술적 메리트가 무엇인가를 고민하지 않을 수 없었다. 내 의문이 증폭될 즈음, 다시 한 번 그린의 글을 상기

---

3 이 내용은 1998년 6월 19일 뉴욕대학교와 Creative Arts Team이 주최한 〈예술을 통한 학교 개혁〉 국제 세미나에서 있었던 맥신 그린의 강연에서 발췌하였다. www.gu.edu.au/centre/atr

하게 되었다. 그녀가 호소하였듯이, 작품에 나를 열고 그 이미지들이
우리의 감각들을 어루만지도록 말이다:

> 우리가 아이들을 풀어 놓고 그들이 미지의 세계로 들어가 앞으로
> 무엇이 되기를 원한다면, 자유롭고, 탐구하고, 발견하는 사람이 되
> 기를 원한다면, 우리는 그들에게 어디로 가라고 가르쳐서는 안 된다
> 는 걸 깨달아야 한다. 우리는 그저 그들이 살아있음에 감사하여야
> 한다. (…중략…)
>
> 만약 '널리 깨어 있음'이 동반자적 만남을 통해 개발될 수 있다면,
> 분명 아이들은 깨어나서 무감각과 권태, 반복과 기계적인 삶에 대
> 항할 것이다.
>
> 나는 내 삶을 그 반(反)미학적⁴ 상태와 맞서 싸울 것이다.
>
> 무감함, 둔감함, 소파에서 빈둥거리는 나태함 말이다.
>
> 그럼으로써 어린이들이 더 많은 것을 보고
>
> 더 많은 것을 느끼고
>
> 더 많은 것을 듣고
>
> 더 멀리 뻗어 나갈 수 있도록
>
> 그리하여 속칭 '인적자원'에 머무르지 않고
>
> 다른 이들도 닮고 싶어 하는 그 무엇이 될 수 있기를 희망한다.⁵

---

4 맥신 그린은 자신이 주장하는 '미적 혹은 미학적(aesthetic)'과 반대되는 개념으로 중의적 의미
를 지닌 'anaesthetic'이란 표현을 즐겨 사용한다. 이는 'an-aesthetic', 즉, '반(反) 미학적'이
라는 의미이자, 널리 통용되는 단어 본래의 의미인 '마취'라는 비유적 의미를 강조하고자 함이
다.(역자 註)

5 Greene, M., "Art Worlds in Schools", In The Symbolic Order, edited by P.Abbs, London:
Falmer, 1989, pp.213~224.

마찬가지로, 시민연극은 참여하는 어른들에게도 역시 그러한 무감각한 태도에 맞서 싸우도록 독려한다. 그들이 맞서 싸워야 하는 태도는 바로 "난 이런 문제에 대해 관심없어. 내가 굳이 이런 지역 문제에 적극적으로 나서거나 개입해야 될 의무가 없어"라고 말하는 태도이다.

〈성스러운 키스〉라는 공연에 대한 나의 반응이 연극 양식에 대한 나의 이해나 일곱 가지 구원의 덕목에 집중되어 있음은 불가피한 일일 것이다. 한편으로는 내 반응이 내가 장애를 읽어 내는 방식, 그리고 인간의 완전성에 대한 나의 사고에서 영향 받았음도 자명하다. 만약 위대한 연극이론가인 버나드 베커만(Bernard Beckerman)이 말한 바와 같이 연극이란 언제나 '되어가고 있는 상태(state of becoming)' 이고 예술 작품을 접하는 우리는 스스로 헤쳐 나와야 하는 상황에 갇혀 있는 것이라면, 나는 여전히 〈성스러운 키스〉에 갇힌 채 그 공연이 내게 남긴 여러 겹의 의미를 해석하고자 애쓰고 있는 듯하다. 시민연극도 이와 마찬가지일 것이다. 참여자들이 스스로 의미를 구축하고 삶의 미스테리를 풀어내고자 하는 욕구를 자극하는 연극적 상황에 놓일 때 시민연극은 가장 효과적인 기능을 발휘할 것이다.

협력을 뜻하는 '파트너십(partnership)'이라는 단어 속에 'art'라는 단어가 숨어 있다는 것은 매우 흥미롭다. 가장 만족스러운 예술작품은—특히 시민연극의 경우에—상호작용하고 연계함으로써 적극적인 참여자들로 예술 작품과 함께 하게 되는 것이다. 참여자들은 자신들이 살아온 경험에 근거하여 자신들의 관점에서 예술을 접한다. 예술작품은 그 작품(그것이 감상을 위한 연극작품이든 혹은 연극체험과정이든)과 그것을 체험하는 양자 간의 역동적인 만남에 의해 힘을 얻는다.

　　예술에서의 협력은 인위적으로 성립될 수 없으며, 시민연극의 현장에서는 절대로 강요될 수 없다. teaching artist는 참여자들의 만족을 강요할 수 없다. 다만 그들은 최대한 그들이 만족할 수 있는 구조로 프로그램을 구성해야 한다. 만족이라는 인식은 각자의 경험, 교육, 그리고 원칙에 근거하는 것이다. 현장 경험을 통해 우리는 참여자의 의견을 고려하지 않거나 참여자들이 제시하는 정황을 인정하지 않는 teaching artist는 매우 위험한 덫에 스스로 빠진다는 것을 알 수 있다. 나는 언젠가 읽었던 아일랜드 작가 로디 도일(Roddy Doyle)의 인터뷰[6]에서 그가 고등학교 교사로 12년간 재직하면서 가장 우선시 하였던 것은 다름 아닌 학생들의 흥미를 유도하는 것이었다는 기사에 고무되었던 적이 있다. 그의 인터뷰는 영국의 독보적인 연극 교육가인 도로시 헤쓰코트(Dorothy Heathcote)를 떠올리게 하였다. 그녀가 교육연극의 선구적인 '역할 내 교사(teacher-in-role)' 기법[7]을 처음 시도한 이유는 학생들의 관심과 집중을 이끌어내기 위해서였으며, 그 가장 효과적인 활용 방법은 드라마(drama) 속에서 형식과 내용을 빚어내는 것이었다. 그로 인하여 과거에 없던 전혀 새로운 교습기법이 경험을 통해 생성된 것이다.[8]

---

6 Merkin, D., "Scoundrel Time", The New Yorker, 1999, October 4, pp.110~111.

7 도로시 헤쓰코트에 의해 처음 소개된 연극수업 기법으로 교사가 직접 주요 역할을 담당하고 즉흥적인 드라마 활동을 진행하는 기법을 말한다. 모두가 역할로서 참여하는 즉흥 드라마의 극적 상황 속에서 교사와 학생들의 연극적 상황 체험, 문제 인식, 문제 해결 등의 제반 활동이 이루어진다. (역자 註)

8 Bolton, G., Dorothy Heathcote's Story: The biography of a Remarkable Drama Teacher, Stoke-on-Trent: Trentham Books, 2003.

많은 경우, 가장 효과적인 시민연극을 위해 teaching artist에게는 프로젝트의 이해 당사자들과 함께 협력하여 이끌어가는 능력이 요구된다. 세실리 오닐(Cecily O'Neill)[9]은 효과적인 teaching artist의 이미지를 다음과 같이 묘사한다: '대상들을 바라본 채 뒷걸음으로 전진하며 전체를 이끌어가는 존재'라고 말이다. 오닐은 teaching artist는 마치 가이드와 같은 존재로서 여행객들이 어디에서 왔는지, 여기까지 어떤 여행을 해왔는지를 숙지하고 있어야 하며, 그로 인해 앞으로의 여정에 여행객들에게 어떠한 도움을 제공할 것인가를 계획하고 협력해야 한다고 강조하였다. 참여자들을 자신의 등 뒤에 둔 채 앞장서서 이끄는 것이 아니라, 참여자들을 바라보며 방향은 전진하는 것, 그리고 참여자들이 어디에 있고 무엇을 할 수 있는지를 파악해야 하는 것이다. '미래를 향해 뒷걸음으로 나아가기(walking backward to the future)'는 이상적인 시민연극 협력을 묘사하는 매력적인 비유이다.

　　결과가 이미 정해져 있거나 조율자가 일방적으로 가르치는 교훈적인 시민연극 프로그램은 피하여야 한다. 그런 상황에서 참여자는 그저 teaching artist의 주도대로 따라가는 꼭두각시로 전락하게 된다. 이를 방지하기 위해서는 여러 탁월한 연극교육가들의 사례들을 참고하는 방법도(예를 들어, 하이네만 출판사의 연극 총서 시리즈[10]) teaching artist들에게는 큰 도움이 될 것이다. 시민연극 및 연극교육

---

9 영국 출신의 교육연극 전문가이자 학자로서 과정 중심의 연극 작업인 Process Drama를 주창하였다. (역자 註)

10 하이네만 출판사에서 나온 연극 총서 시리즈는 drama 및 theatre education에 관련한 효과적인 실천 작업과 연구를 다루고 있으며, 이 시리즈에 소개되는 접근법과 철학은 시민연극의 teaching artist에게 요구되는 여러 덕목과 밀접하게 연관되어 있다.

의 teaching artist들은 반드시 이러한 방식으로 자신들의 작업을 분석하도록 교육받지는 않았기 때문이다. 다음 단락에서는 teaching artist들이 반드시 피해야할 교육적 접근법에 대해 알아 본다.

2. 시민연극 teaching artist가 경계해야 할 태도

시민연극작업에 참여하는 teaching artist들의 대부분은 다채로운 교육적 배경을 지니고 있으며, 그 중 상당수는 오늘날의 기준에 부합하지 않는 교육 모델로 수련한 경우도 많다. 여기 내가 직접 겪었으며 매우 커다란 영향을 남겼던 한 사례를 소개하고자 한다. 그 당시에는 인식하지 못하였으나, 세월이 흐른 후에 뒤늦게 그것이 시민연극에서 성공적인 협력 관계를 구축하기에는 적절치 못한 방법이었음을 깨닫게 된 사례이다.

　　내가 중학교 1학년 때, 드라마 수업을 받았던 기억이 생생하다. 1970년대 초반, 그 당시의 교실에는 이 책에서 강조하는 teaching artist와는 사뭇 다른 개념의 예술교사들이 학교에 넘쳐났었다. 한 번 상상해 보라. 학교 건물과는 완전히 분리되어 있고, 다른 교육 공간과도 격리된 이동식 교실이 있다. 학생들이 이 어두컴컴한 공간에 들어서면, 어떤 교사가 커다란 전축 옆에 선 채 레코드판을 고르고 있다. 그 교사는 방금 막 히피족들의 마을에서 빠져나온 사람처럼 구슬 목걸이를 주렁주렁 걸치고 있었는데, 그의 옷을 장식하고 있는 현란한 무늬가 마치 빨리 교실로 들어오라고 우리를 재촉하는 것만 같다.

그 교사는 말했다: "어서 들어와서 준비해라, 나의 보물들." 나와 내 급우들은 신이 나서 신발을 벗어던진 뒤 편안한 복장으로 갈 아입고는 드라마 수업을 하기 전에 반드시 거쳐야하는 의식을 준비했다. "자, 각자 자기만의 공간을 찾아서 눕도록 해라"라고 그 교사는 말했다. 그의 손에 들린 레코드판 재킷에 심취한 채, 그는 음반을 한 장씩 조심스레 꺼내 놓으며 그 음반들이 지닌 연극적 활용성을 고심하고 있었다. 우리는 시키는 대로 교실 여기저기에 누워서 이젠 익숙해진 이 드라마 수업의 의식이 시작하기만 기다리고 있었다. "좋아, 이제 너의 호흡에 집중한다. 숨소리에 귀를 기울이고 두 손은 배의 횡격막 위에 놓는다." 그는 방 안을 천천히 걸어 다니며 이야기한다. "눈을 감고, 편안하게, 집중한다." 1970년대 당시에 '집중한다'라는 말은 하나의 유행과도 같은 교사들의 지시어였다. 당시 우리들은 드라마 교사는 전문가라고, 아니 그보다 더한 일종의 신비한 존재라고 굳게 믿고 있었다. 그의 부드럽고 차분한 지시에 우리는 자발적으로 따르게 되었다.

"자, 이제 너희들이 해변에 누워 있다고 상상해 보자. 오, 햇살이 정말 기분이 좋지 않니? 마치 너희들의 몸을 마사지하는 것 같지?" 학생들이 열심히 그 기분을 만끽하고 있을 때, 교사는 이렇게 말한다. "너희들의 몸은 이제 완전히 이완되어서 마치 모래 속으로 빠져 들어갈 것만 같다." 편안하고 나른한 우리의 명상이 이내 끔찍하게 변해버릴 것이라고는 우린 꿈도 꾸지 못하였다. "이제 저 태양이 뜨겁게 내리쪼인다. 너희들의 몸에는 땀이 비 오듯 흘러내리기 시작한다." 그 교사는 목소리를 단호하게 바꾸었다. "너희는 이 숨막히는 고통에서 벗어나기 위해 죽을힘을 다해 이곳을 빠져나가려 애를 쓰지만…… 오, 안 돼…… 누군가가 너희들의 손과 발을 쇠사슬로 묶어버렸다. 너희는 꼼짝도 할 수 없다. 살려달라고 고함을 쳐보지만 목소리가 나오지 않는다!" 우리의 고통만큼이나 우리의 몸들이 마치 족쇄에 채워진 것처럼 팽팽하게 경직되어 이리저리 꿈틀거리며 교실 바닥을 맴돌 때쯤에야 마침내 교사는 우리를 구원하였다. "이제 모든 사슬이 풀어졌다. 편안해진다. 너의 몸이 다시 가라앉는 느낌이다. 호흡에 집중한다. 크게 들이쉬고, 내쉰다." 약 1분쯤 후에 우리는 자리에 앉아서 각자 '나만의 시간'을 가졌다. '나만의 시간' 역시 그 당시에 흔하게 사용되던 교사들의 지시어였다.

이 수업의 묘사를 통해 독자들은 그 교사가 얼마나 완전한 '참여자 순종'을 추구했는지를 알 수 있을 것이다. 그는 참여자들에게 어떻게 반응할 것인지를 지시하였고 참여 학생들은 그 지시에 충실히 순종하였다. 만약 시민연극에서 이런 방식을 도입한다면 참여자들의 자주성을 끌어내기는커녕 지시에 순종할 것을 요구하게 되는 어이없는 상황이 연출될 것이다.

"이제 모두 이리 가까이 앉아서 귀를 기울여라" 그 교사는 손짓하며 우리를 불러 모았다. 그는 골라 놓은 레코드판을 틀었다. 〈피터와 늑대〉였다. 오래되긴 했지만 70년대 초반 당시에도 여전히 즐겨 사용되었던 이야기였다. "너희들은 이제 마법의 숲 속으로 여행을 떠난다고 상상한다. 먼저 여행을 떠날 준비를 해야 되겠지. 배낭을 챙기고, 필요한 물건을 싼다." 우리가 열심히 모험을 떠날 준비를 하는 흉내를 지켜본 교사는 매우 흡족한 표정으로 선언하였다. "이제 우리는

172

여행을 떠날 준비가 다 되었다." 우리는 그가 틀어놓은 음악을 배경 삼아 교사의 내레이션에 맞추어 숲 속을 여행하였다. 이 숲 속에서 우리는 세상에서 가장 경이로운 동물들을 만날 것이라고 그 교사는 우리에게 예고하였다: "하나씩 마주칠수록 앞에서 본 것보다 더 경이로운 동물들을 만나게 될 것이다"라고. 이미 이 책의 독자들이 상상하듯이 우리는 각 동물들과 마주칠 때마다 그 장면의 요구에 부합하는 감정을 표현해야만 했다. 예를 들어, 공포, 안도감, 희열 같은 것들 말이다.

드라마 수업은 반드시 단선적인 이야기로 진행되어야 한다는 생각은 그 당시에는 당연하게 받아들여지는 개념이었다. 그러나 그 체험에서 남은 것은 연극 속에서 아무런 자신의 가능성이나 희망을 인식하지도 못한 채 아무 생각 없이 흉내만 내고 있는 아이들이었다. 시민연극은 참여자들의 비판적인 관점을 요구한다. 그 비판적인 관점 속에서 시종일관 참여자들이 제안을 내고, 대안을 제시하며, 자신들이 이야기나 상황들을 함께 구성하게 되는 것이다.

다시 그 교실로 돌아가서, 이제 드디어 그 드라마 수업의 중심 주제가 소개되었다. 70년대 연극 수업의 상당수는 이슈 중심의 수업으로 진행되었으며, 대체로 주제는 상업광고와 같은 대중적인 이슈에 집중되곤 했다. 그 교사는 우리에게 잡지 광고들을 보여주며 기업들이 어떻게 자신들의 상품을 선전하는가를 설명하고, 우리는 우리의 시선을 잡아끄는 그 익숙한 광고 전략들에 탄복하곤 하였다. 예를 들어, 새로 나온 치약 선전을 위한 반짝이는 하얀 이를 드러낸 미소라던가, 전형적인 핵가족의 구성원들이 앉아서 건강한 아침 식사로 시리

얼을 먹는 모습, 그리고 날씬하고 멋진 외모의 남녀가 새로 나온 청바지를 입고 서 있는 모습 같은 것들이었다. 우리에게 주어진 과제는 작은 모둠별로 이러한 광고 기법을 활용하여 신상품의 TV광고를 만들어보는 것이었다. 두말할 나위 없이 참여자나 관객들에게는 매우 흥미로운 방법이다. 수업이 잘 진행되는 날에는 우리가 만든 과제들을 함께 공유한 다음, 또 다른 긴장이완 훈련으로 수업을 마무리하곤 했다. 대개는 바닥에 누워 스스로의 호흡에 집중하면서 말이다. 그 교사는 항상 우리가 올바른 방법으로 몸과 마음을 이완시키고 있는지를 확인했다. 예를 들어 우리의 손바닥은 반드시 하늘을 향하고 있어야 했다. 만약 그가 우리의 팔을 들어올려 본 다음 그 팔이 맥없이 들어지지 않을 경우, "넌 아직 긴장이 풀리지 않았어"라며 매우 불만스러운 표정으로 그 불량 학생을 다그치곤 했다.

몇 년 전의 일이다. 나는 많은 교육가들이 참석한 학술대회에서 내가 겪었던 이 70년대의 드라마 수업의 일화를 언급했고, 그 자리에 참석했던 세 사람의 여성으로부터 자신들의 교육 철학을 희화했다며 반박당했던 일이 있다. 분명 그러한 방식들이 오늘날에도 여전히 활용되고 있다는 반증이다. 비록 그러한 교육방식이 무조건 잘못되었다고 생각하지는 않으나, 이러한 형태의 관계를 교육자와 참여자 간의 협력 관계라고 규정할 수 있는가에 대해서는 많은 의문이 든다. 1970년대의 교사들이 스스로를 학생들과 협력하는 존재로서 인식하였다고 보기는 어렵다. 마찬가지로 그간 일부 시민연극 teaching artist들이 독창성 없는 독단적이고 비논리적인 활동들로 참여자들을 유도했던 사례에 대한 비판[11]도 있었다.

자신의 1979년 저서인 『교육연극의 이론을 향하여(Towards a Theory of Drama in Education)』에서 개빈 볼튼은 이러한 교육 방법을 분석하면서 그러한 방식이 얼마나 참여자들로 하여금 교사의 독선적인 방식을 맹종하도록 조장하였는지를 비판한 바 있다. 이러한 수업의 가장 큰 문제는 논리의 부재라는 점이다. 각각의 활동들이 유기적으로 연계되어 있지 않다. 어떤 측면에서 이런 수업 방식은 1980년대 한창 유행했던 에어로빅 수업과—아이러니컬하게도 나도 그 당시에는 매우 심취했던 적이 있다—매우 유사한 형태이다. 두 수업의 공통점이라면 익숙한 몸 풀기(warm-up) 활동을 들 수 있을 것이다. 70년대의 드라마 수업에서는 몇 가지의 정해진 신체 훈련이 활용되기도 했지만, 움직임과 발성 훈련이 가장 중심이 되는 형태였다. 예를 들어, '머리 돌리기(Head rolls)' 같은 활동은 매우 널리 사용되었고 심지어는 에어로빅 수업에도 활용되었다.

에어로빅 수업의 주 활동은 점프나 러닝을 응용한 강도 높은 유산소 운동일 것이다. 드라마 수업에서 우리는 작은 모둠으로 나뉘어 교사가 제공하는 소재에 근거한 작은 장면을 만들곤 했다. 드라마 수업의 마무리는(에어로빅의 경우는 '쿨다운'이라 부르는 맥박과 호흡 정리 운동이 해당된다) 진행 교사의 지시에 따라 진행되는 여러 가지 이완 활동으로 행해진다. 볼튼이 이러한 구조의 수업방식의 문제점들을 지적했던 바와 마찬가지로, 흥미롭게도 1980년대 말에 이르러 대부분의 피트니스 단체들은 발목과 뼈에 큰 무리를 주는 기존의 에어로빅 수

---

11 Tony Jackson이 편집한 Learning Through Theatre: New Perspectives on Theatre in Education(1993)에 실린 Lowell Swortzell의 챕터를 참조할 것.

업을 멀리하고, 대신 보다 체력적인 부담과 충격이 적은 운동으로 대체하였다. '머리 돌리기'의 예를 들어보면, 정확한 동작을 따라 하지 못할 경우 목에 심각한 위험을 준다는 사실도 알게 되었다. 연극 수업에서 강도 높고, 위험 요소가 많은 신체 훈련과 몸 풀기 운동을 접할 때마다 난 아직도 불안함을 감출 수 없다.

내가 겪었던 드라마 수업에서 교사와 참여자 간의 협력과 공유가 미비했던 것만큼이나, 체육관 트레이너와 고객 사이에도 협력의 개념은 찾아보기 힘들다. 70년대의 교습 방법이 여전히 사용되고 있는 것이 사실이긴 하나, 연극 교육 분야는 이미 엄청난 발전과 변화가 이루어져 왔으며 현재는 모든 참여자들의 의견과 생각이 적극적으로 결합되고 있다. 참여자들이 내용이나 형식을 적극적으로 주도하고 구성할 수 있을 때, 그들이 연극 수업이나 시민연극 작업에 더 강한 애착과 의미를 갖게 된다는 것은 상식적으로 충분히 납득할 수 있을 것이다.

시민연극의 teaching artist들은, 교실의 참여자들을 마치 자신의 실험용 쥐처럼 다루었던 70년대의 권위적인 드라마 교사들의 잘못된 전철을 반복해서는 안 된다. "나만 믿고 따라와라. 그러면 너희는 멋진 체험을 하게 될 것이다"라는 방식이 그것이다. 전문성이라는 관점에만 근거한 협력 관계는 참여자들이 teaching artist에게 협조하기에는 많은 제약이 된다. 참여자들이 무조건 teaching artist만 믿고 따라갈 때, 믿음이라는 그릇된 안전만을 신봉하게 될 때 참으로 커다란 위험이 존재하는 것이다. teaching artist는 반드시 협력적이고 동등한 협력 관계의 모델을 수용하여야 하며, 그럼으로써 자신의 인생

관도 참여자들에 의해 변화될 수 있다는 인식을 지녀야 한다. 시민연극의 실천 작업은 비록 teaching artist가 보다 많은 정보를 준비한 리더의 역할을 수행하지만, 그들이 만들어가는 작업에는 참여한 모든 사람들의 기여도와 권한이 함께 수반되어야 한다는 인식이 전제된다.

창조적이고 혁신적인 협력관계를 통해 참여자들은 teaching artist와 함께 자신들의 지식을 공유하며, 그 과정을 통해 새롭게 향상된 힘을 얻게 된다. 우리는 전통적인 환경지배형 모델을 거부한다. 참여자들이 단순히 자신들의 관심사를 리더가 알아서 이끌어 주리라는 것, 그리고 리더의 조언에만 순종하면 모든 것이 잘 될 것이라는 태도로 만족하게 되는 모델 말이다. 전문가가 우리를 알아서 잘 이끌어 줄 것이라는 사고를 견지하는 것은 교육적으로 매우 위험한 사고이다. 전문가의 판단이 틀릴 수도 있으며, 그가 우리를 잘못된 길로 이끌 수도 있기 때문이다.

혁신적인 협력 관계에서 모든 이해 당사자들은 주어진 상황에 대한 권한을 행사할 수 있어야 한다. 참여자와 teaching artist가 함께 협력하고 상호적인 조력자로서 행동할 때 진정한 동지의식이 형성된다. 프레이리가 주장한 것처럼, 교사가 학생들과 진정한 대화를 나눌 수 있을 때 학생들은 자기 의지적으로 변화하며, 교사와 학생 간에 더욱 동등한 힘의 공유가 생성된다:

> '학생들의 교사'와 '교사의 학생들'이라는 관계는 더 이상 존재하지 않으며 새로운 용어가 발생한다. 그것은 바로 '교사―학생' 혹은 '학생―교사'라는 용어이다. 교사는 더 이상 단순히 가르치는 존재

가 아니라 학생들과의 대화를 통해 스스로도 배우는 존재이다. 마찬 가지로 학생들은 가르침을 받으며 동시에 가르침을 주는 존재가 된 다.[12]

나는 시민연극에서도 동일한 관계가 발생할 수 있다고 믿는 다: 참여자들이 teaching artist들을 통해 배우게 되는 만큼, teaching artist들 역시 참여자들에게서 배우게 되는 관계. 따라서 teaching artist는 단순히 이끄는 존재가 아니라 마찬가지로 참여자들에 의해 이끌어지는 존재인 것이다. 프로젝트의 목표는 협의를 통해 절충될 수 있고, 과정 속에서 변경될 수 있으며, 결과 예측은 더 이상 핵심이 될 수 없다. 좋은 시민연극의 실행은 상호협력을 위한 노력이며 그 안 에서 지식, 재능, 기술들이 서로 공유되는 것이다.

3. 조율자(Facilitator)의 열망 – 행동, 성찰, 변혁

시민연극에서 teaching artist의 가장 큰 강점은 바로 참여자들이 그 작품과 관계를 맺을 수 있도록 돕는 능력에 달려 있다. 참여자들이 시민연극 작품을 접하게 될 때 많은 경우 그 프로그램의 특성이나 해 당 시민연극 팀의 의도에 대해 의구심을 가지고 바라볼 수 있다. teaching artist들은 마치 정부나 기관의 대리인으로서 사람들을 불러

---

12 Freire, P.(1970), p.67.

모아 어떻게 행동하고 생각해야 되는지를 가르치려는 존재로 보일 수
도 있다. 이미 TfD운동에 관련한 연구에서 언급된 바와 같이, 시민연
극 역시 프로그램에서 다루어야 할 주제를 선정하는 과정에서 프로젝
트 의뢰자 측의 지극히 오만한 태도, 즉 '내 말이 곧 진리'라는 위험에
빠지기 쉽다.

　　이러한 이슈들은 분명 (프로그램의) 대상이 되는 사람들에서 출
발되어야 한다. 그러나 연극 만들기 과정에서 알 수 있듯이, 그 이슈
들은 해당 지역 혹은 관련 조합의 운영위원회에서 선택되거나 극단
에서 선정하는 경우가 많다보니 연극마다 명백한 하향적(top-
down) 메시지를 전달하고 있다. 따라서 이러한 작품들에서는 관객
들과의 "프레이리적인 대화"가 이루어지지도 않을뿐더러, 공연 배우
들에게는 "보알적인 토론"을 연기할 여지가 매우 부족한 것이다.[13]

　　얼핏 진실한 논의처럼 보이는 것이 그렇지 않을 때도 많다.
결정적인 교육적 선택이 참여자들 앞에서 이루어질 때 비로소 작품과
연계되었다고 할 수 있다. 독자들은 이미 앞서 언급했던 것처럼 대화
적인 접근이 아닌 일방적인 제시에 의거한 교육적 접근이 많은 교실
연극 수업들에서도 행해지고 있음을 기억하고 있을 것이다.
　　시민연극의 조율자는 참여자들을 대화로 이끌어내고자 하는
열정에 충실해야 한다. 그 대화의 의미는 진정한 변화는 외부가 아닌

---

13 Ahmed. S. J., "Wishing for a World Without 'Theatre for Development': Demystifying the
　Case for Bangladesh.", Research in Drama Education(RIDE) 7(2), 2002, p.211.

지역 공동체 내에서 출발해야 한다는 인식이다. 그렇지 않을 경우, 폼 페오-노구에이라(M. Pompeo-Nogueira)의 연구 사례에서 보듯이 참여자들은 이미 예정된 메시지의 수용자로 전락하게 된다. 그리고 그들은 고민할 가치의 유무 여부를 적극적으로 분석하고, 논쟁하고, 자신의 판단을 신뢰할 수 있는 능력조차도 잃고 마는 무력한 존재가 되는 것이다.

해당 마을의 문제점들에 대한 해결책을 단순히 기술적인 이유로 상급 외부 기관이 결정해 버리고 자신들이 그 해법을 위한 계획까지 고안해낸다. 그 계획이 수립되기 전에 해당 마을과 논의하려는 시도는 없었다.[14]

teaching artist들이 사전에 완결된 커리큘럼을 제시하는 것이 아니라 참여자와 호흡을 맞추며 그들이 비판적 자각의식을 쌓을 수 있도록 협조하는 방식이다 보니, 시민연극 작업은 적지 않은 과제들과 마주치게 된다. teaching artist는 어떻게 프로그램을 조율하고, 언제 탐구적인 질문을 던질 것이며, 어떻게 참여자들의 반응을 반영해 낼 것인지를 배우고 연마하여야 한다. 조율자는 참여자들을 독려하고 설득하여 그들을 상상의 세계로 안내해야 함은 물론, 그들이 보호받고 있음을 느끼고 많은 사람들 앞에서 웃음거리로 보이지 않도록 만반의 도움을 제공해야 한다.

---

14 Pompeo-Nogueira, M., "Theatre for Development: An Overview", RIDE 7(1), 2002, pp.103~108.

조율자는 단순히 질문을 던지는 사람이거나 과제를 전달하는 사람이 아니다. 그는 프로그램이 진행됨에 따라 나타나는 teaching artist의 대응을 읽어가며 참여자와 의견을 공유하는 존재이다. 조율자는 지나치게 자신의 가치판단을 내세우거나 혹은 명확한 객관성을 잃어서는 안 된다. 그러면서도 조율자는 프로그램의 진행 과정 속에서 무엇이 가능하고 무엇이 불가능한 것인지에 대한 자신의 이해와 관점을 적절히 제시할 수 있는 섬세한 기술을 연마하여야 한다.

조율자는 참여자들을 '대상으로' 프로그램을 진행하는 것이 아니라, 참여자들과 '함께' 프로그램을 진행하여야 한다. 보알의 연극에서 조율자의 의도나 목적성에 대해 문제 제기를 하는 비판자들의 주장도 일부 공감할 여지가 있다. 그러나 연극과의 연계를 통해 지역사회의 구성원들이 자신의 지역과 삶에 대한 비판 의식을 갖도록 노력하려는 시도는, 억압을 묵인하고 평범한 사람들의 무기력을 외면하는 현상유지의 태도보다 월등히 높은 가치를 지닐 것이다.[15]

이 책에 소개된 사례들을 통해 독자들은 teaching artist가 개인과 개인을 서로 연결하는 협의자로서 행동해야 하며, 참여자들이 해당 이슈나 사건에 대한 자신들의 의견을 개진하고자 하는 욕구에 힘을 실어 주는 임무를 수행해야 함을 이해하게 될 것이다. 이 책을 쓰고 있는 지금도, 나는 수혜 대상들을 특정한 관점에서 '가르쳐야' 하는 오직 하나의 목적을 지닌(예를 들어, 기물파손 행위는 잘못된 일이며, 청소년 자살률 급증이나 십대 임신 문제는 반드시 막아야 한다는 목적) 외부 기관

---

15 O´Sullivan, C., "Searching for the Marxist in Boal", RIDE 6(1), 2001, pp.85~97.

에 의해 고용되는 경우가 대부분인 시민연극 조율자의 입장에서, 참여자들이 그들만의 이해와 관점을 찾아내도록 허용한다는 것이 얼마나 어려운 일인지를 절감한다.

조율자에게 있어 핵심은 참여자들과의 협력 관계가 프로젝트의 맥락에서 이탈하지 않도록 하는 것이다. 시민연극의 조율자가 자신이 지역 사회를 변화시킬 수 있다고 자신하며 들어서게 된다면 매우 큰 위험을 자초하는 것이다. 우리가 기대할 수 있는 최상의 결과는 지역 사회가 연극에 참여하고 대화에 나서게 되는 것이며, 그럼으로써 모든 참여자들이 그 주제 영역에 대하여 소통하게 되는 것이다. 조율자는 시민연극이 제기하는 질문들이 그 지역의 절실한 고민들을 어느 범위까지 반영하고 있는가를 숙고할 필요가 있다.

조율자가 예술가-교육가의 이중적인 역할을 '행동'으로 끌어낼 때, 시민연극의 협력 관계 형성에서의 자신의 역할에 대한 깊은 '성찰'이 이어질 때, 그리고 참여자들이 지닌 인식의 지평이 '변화'할 때, 진정 의미 있는 시민연극 작업이 탄생할 것이다.

조율자는 예술가이자 교육가의 역할을 수행한다

이 단락의 시작은 미국의 저명한 교육자이자 역사연구자이며 철학자인 맥신 그린의 글로 여는 것이 적절할 것 같다. 그린은 자신의 생애의 많은 부분을 '널리 깨어 있음(wide-awakeness)'이라고 묘사한 개념을 알리는 데 바쳐왔다. 그녀가 말하는 '널리 깨어 있음'이란 개인이 세상을 바라보고 그 속에서의 자신의 역할에 대해 끊임없이 성찰하는, 의식이 살아 있는 상태를 의미한다.

　　오늘날 대부분의 우리들은 스스로를 직각의 틀 속에 구속하고 산다. 우리는 지극히 좁은 전문 분야 속에서만 활동하며, 1차원적인 삶을 영위하고 있다. 우리는 너무나 쉽게 기술 사회의 요구들—시간표, 도표, 프로그램, 기술 등—에 순종하며 살고 있으며, 그로 인해 우리 의식의 흐름, 우리 내면의 시간과의 접촉을 놓친 채 살고 있다.[16]

　　그린이 우려하는 것은 교육자들이 자신의 실천에 관해 무관심해지는 제3자가 되어버린다는 것이다. 전문가로서의 성장은 자신의 일을 새로운 시각으로 다시 방문하여 스스로의 교육철학이 지닐 수 있는 오류에 대한 진지하고 비판적인 자기 성찰을 통해 스스로의 변화를 만들어내는 능력에 달려 있다고 그린은 주장한다. 이러한 그린의 교육철학은 미국의 교육학자이자 철학자인 존 듀이(John Dewey)로부터 커다란 영향을 받았다. 듀이는 개인이 스스로를 재고할 수 있는 능력, 즉, 어떠한 주제나 현상에 대해 다른 관점에서 멈추고, 잠시 생각하고, 숙고하고, 다시 계획함으로써 보다 열려 있고 깨어 있는 시야를 가져야 한다고 강조하였다.

　　참여자들의 의식을 고취시키는 것과 외부에서 상명하달식의 프로그램을 제공하는 것은 명백히 상반되는 관점이다. 현실적으로 참

---

16 Greene, M., Landscape of Learning, New York: Teachers College Press, 1978.

여자들이 지적능력과 반성적 사고능력을 지닌 태도를 취하게 되는 것, 또한 자신의 삶에 대해 스스로 책임의식을 갖게 되는 것은 매우 어렵고 확률이 낮은 모험인 것도 사실이다.

그러나 상식적으로 생각해 보자. 참여자들이 누군가에게 자신들의 고민을 알아서 대신해 달라고 의지하게 된다면, 그들은 희망을 놓아버리게 되며 결국엔 스스로가 자초한 소외와 절망만이 남게 될 것이다. 우리 일상 속에서의 비판적 교육관에 대해 클라 도일(Clar Doyle)이 말하기를, 교육은 절대 중립적인 과정이 아니며, 교육의 과정을 구성하는 사회적, 인류적, 역사적 요소들로부터 자유로울 수 없다고 강조하였다. 교육자들은 자기 자신은 물론 학생들이 지닌 "사회적으로 결정된 취향, 선험 지식, 언어 형식, 지식의 능력과 형태들"에 대한 논의를 꺼려왔다고 도일은 지적하였다.[17] 나는 시민연극의 조율자 역시 스스로의 실천 작업에 근간을 제공하게 되는 자신의 이념에 대해서도 문제 제기를 할 수 있어야 한다고 생각한다.

하나의 예를 들어보자. 한동안 TfD운동의 성장에 대하여 많은 관심이 모아졌던 것이 사실이나, 그 관심들은 종종 안정된 중산층의 이익을 대변하는 서구 민주주의의 수혜자들에 의해 주도되어 왔다. 시민연극의 조율자들은 자신이 지닌 가치관을 인식하고, 그러한 가치관이 자신들이 일하는 지역 사회에서 어떻게 받아들여질 수 있는가를 이해하여야 한다. 도일과 그린을 통해 우리가 상기하여야 할 것은 배움(learning)은 그 개인을 둘러싼 문화적 환경에 막대한 영향을

---

17 Doyle, C., Raising Curtains on Education: Drama as a Site for Critical Pedagogy, Westport, CT: Bergin and Garvey, 1993, p.83.

받는다는 점이다. 하나의 교육 행위는 기실 무수히 복잡한 문화적 특성과 민족적 성향에 의해 가동되는 것이다. 따라서 teaching artist들은 시민연극을 실행하는 지역 공동체의 특성 속에서 사고하고, 평가하고, 다시 재점검할 수 있는 능력을 다듬어야 할 것이다.

조율자는 성찰하여야 한다

극작가이자 비평가였던 베르톨트 브레히트는 연극 작품을 통해 관객이 세상의 진실들에 생각하기 위해서는 관객이 연극과 거리를 두고 바라볼 수 있는 방법을 개발해야 한다고 생각했다. 시민연극의 조율자 역시 마찬가지로 거리두기 방법을 통해 자신의 실천 작업을 평가할 수 있어야 한다. 다시 말해, 조율자는 성찰하는 실천가가 되어야 한다.

'성찰하는 실천가(reflective practitioner)'[18]라는 용어는 도널드 숀(Donald Schön)에 의해 건축디자인 분야에서 처음 시작되어 널리 확산된 용어이다. 이 용어는 때로 교사 연구(teacher research)나 비판적 교육(critical pedagogy), 혹은 행동 연구(action research) 등으로 불리기도 하나, 각각의 연구 접근법들은 나름의 고유한 역사와 강조점에서 다소 차이가 있다. 성찰하는 실천가는 자신이 행하는 배움과 가르침의 과정 속에서 비판적으로 숙고할 요소들을 찾아내는 존재이다. 대체로 실제 경험에 근거하지 않은 교육 자료나 커리큘럼 문헌 등에 대

---

18 Schön, D., The Reflective Practitioner: How Professionials Think in Action, New York : Basic Books, 1983.

해서는 회의적 시각을 견지하기도 한다. 성찰하는 실천가들은 그들이 일하는 지역 공동체 내에서 주제를 찾아내는 것에 관심을 가지며, 어떻게 그 주제들이 자신들의 실천 작업에 즉각적이고도 지속적인 영향을 주는가를 고민한다.

시민연극의 유능한 조율자가 된다는 것은 성찰하는 실천가가 되는 것을 의미한다. 조율자와 성찰하는 실천가 모두 공통적으로 새로운 아이디어들을 창조해내고, 자신들의 시선을 적합하게 표현해낼 매체를 고민하는 존재들이다. 성찰하는 실천가와 마찬가지로, teaching artist들은:

> 평범함 속에서 비범함을 찾아내는 존재들이다. 자신들의 지각, 감각, 이해 능력을 폭넓은 언어들로 구체화하여, 일상적인 것들을 다양한 형태의 내용물로 새로이 변형한다. 그들이 힘주어 강조하는 것은 상상력이다: "만약~ 그렇다면(as-if)"을 불러일으키는 인지 능력; 가능성; 아직 미완성이되 또한 무엇이든 될 수 있는 것. 그들은 이 모든 것을 가능하게 만드는 존재이다. 자신이 창조해내는 일에 스스로를 열어서 더 많이 보고, 더 많이 듣고, 더 많이 느끼게 됨을 통해 경험세계의 보다 다양한 면면들에 주목하도록 하는 존재이다.[19]

참여자들이 진정한 시민연극의 체험을 하기 위해서는 연극

---

19 Greene, M., "Art Worlds in Schools", In The Symbolic Order, edited by P.Abbs, London: Falmer, 1989, p.216.

속에 스스로를 투사하여야 한다. 그들은 연극을 접하고 연극이 하고자 하는 말에 귀를 기울여야 한다. 나의 경험을 돌이켜보면, 내게 가장 강한 인상을 남긴 시민연극 작품들마다 하나같이 그 연극과 나 자신이 내면의 대화를 계속했던 기억이 남는다.

조율자는 때로 자신의 작업을 지원하는 제작자나 기관, 혹은 연출자의 요구사항들에 매몰되는 경우도 있다. 그럴 경우, 조율자는 순간에 몰입하여 '지금 무슨 일이 벌어지고 있는가?'라는 질문 대신, '다음에 무슨 일이 벌어질 것인가?'라는 질문에 끌려 다니게 된다. 독자들은 '다음에 무슨 일이 벌어질까요?'라는 질문을 던지는 조율자들을 만나본 경험이 있을 것이다. 그 조율자들은 프로그램을 마치 관객들이 알아야 할 비밀스런 정보들로 구성된 것처럼 진행해 나간다. 그들은 프로그램의 종료점—활동의 마무리, 제한 시간, 사전에 적어 둔 질문들—에 지배받게 되는 것이다.

만일 그 조율자들이 '다음에'라는 질문 대신 '지금'이라는 다른 형태의 질문을 던진다면 그들의 질문은 그 순간을 탐구하고, 참여자들을 '지금 여기'에 몰입시키게 할 자극제가 될 것이다. 앞의 장에서 소개한 사례들에서 참여자들의 개입문제, 프로그램 분석, 그리고 조율자의 성찰에 대해 언급한 바 있다. 그러나 불행하게도 적지 않은 시민연극 프로그램들이 '지금 여기'에 집중하지 못하는 것이 현실이다. 그 이유는 미리 정해진 틀에 맞춘 공연이 되거나 사전에 의도한 활동과 목적을 수행하는 것에 치중하기 때문이다.

뛰어난 조율자는 함께 작업하는 teaching artist들의 특성과 함께 그들이 어떤 가능성을 지니고 있는가를 성찰할 수 있어야 한다. 성찰은 적절한 거리두기를 필요로 한다. 참여자들이 적절한 거리를 가질수록 어떻게 연극 프로그램이 운영되는가를 조망할 수 있게 된다. 좋은 예술가들과 마찬가지로 참여자들도 그 과정을 평가할 수 있다. 참여자들이 시민연극과의 만남을 통해 무엇인가를 얻어 가기 위해서는 연극을 통한, 혹은 연극에 대한 조율자와의 다각적 소통을 필요로 하며, 조율자는 그들의 생각과 관점을 최대한 표현해내도록 도움을 주어야 한다. 조율자는 참여자들과 연대하여 적극적으로 의미를 찾아내는, 보알이 주장한 '배우-관객(spect-actor)'의 존재가 되는 것이다.

　　시민연극은 우리가 사는 이 시대의 초상을 재구성하고 탐문하는 작업이다. 좋은 시민연극 작품은 참여자들이 그 형식에 적극 몰입하고 자신과 세상을 성찰하게 만든다. 보알의 '배우-관객'이 그러하듯이, 참여자들은 '지금 내게 무슨 일이 벌어지고 있는가?'라는 질문을 던지게 된다. 좋은 시민연극은 참여자들이 '배우-관객'이 되어 그러한 질문들로 대화를 시작한다.

조율자는 변화를 만들어낸다

teaching artist는 사람들을 움직이고, 감동을 주고, 변화하게 만드는 예술의 힘에 대한 관점을 잃어서는 안 된다. 내가 여기에서 논하고자 하는 것은 존재적인 경험—산 체험의 순간(the lived moment) 즉, 창조되는 것과 지각되는 것 사이의 만남—을 의미한다. 이 경험이 조율자에게 딜레마를 제공한다.

　　좋은 시민연극은 진지하게 고안된 역할과 상황을 통해 우리 삶의 조건들을 탐구하고자 한다. 세상의 문제들에 대한 답을 찾기 위한 방법이 아니라 세상을 이해하는 관점을 키우는 것, 혹은 최소한 나와 다른 관점들과의 만남을 통해 사회 정의 및 평등과 같은 개념들에 접근하는 것을 목표로 하는 것이다. 따라서 시민연극은 참여자들이 자신과 대립되는 관점에 맞서 보고, 갈등의 상황을 체험해 보고, 억눌려 있는 이들의 삶을 분석해 보는 기회를 제공한다.

앞서 언급했듯이, 시민연극은 성찰적인 만남으로 진행되지만, 동시에 세상과 인간에 대한 인식의 수정 및 변경을 가능하게 하는 '변혁적인 만남(transformative encounter)'이 된다. 좋은 시민연극은 최소한 참여자들이 마음속에 진지하고 좋은 질문들을 간직하고 돌아가게 만들어야 한다.

위대한 예술작품들이 그러하듯, 시민연극 역시 변화를 이끌어내는 사명을 지니고 있다. 우리는 누구나 한 편의 공연이나 전시, 음악회로 인해 흔들렸던 기억이 있을 것이다. 어딘지 모르게 불안한 느낌, 또는 분명 불편하지만 피할 수 없는 동요의 경험들. 다시 말해 예술적 체험이 우리에게 답을 주기보다는 더 많은 질문을 던져 주었던 경험들이 있었을 것이다. 내가 경험했던 사례를 소개하면 조금 더 명확해질 것이다.

뉴욕에서 공연되었던 폴라 보겔(Paula Vogel)의 연극 〈내가 운전을 배운 방법(How I Learned to Drive)〉[20]을 관람한 후에, 나는 예술과 교육이 지닌 통합적 연계성을 떠올리게 되었다. 이 연극에서 제기하

---

20 미국의 극작가 폴라 보겔의 작품으로 1997년 뉴욕에서 초연되어 흥행 성공과 평단의 커다란 반향을 얻은 작품. 1998년 연극부문 퓰리처상을 비롯한 많은 평론가상을 휩쓸었다.

는 민감한 질문들은 '성(性)의 자각(sexual awakening)'이라는 소재에서 출발한다. 연극은 아동 성추행과 미지의 목격자들의 공범 행위라는 지극히 불편한 이슈를 다루고 있다. 꼬마(little bit)라는 의미의 애칭으로 불리는 주인공인 40대의 여성 '릴빗(Li'l Bit)'이 자신의 열한 살 시절의 기억으로 돌아가서 회상하는 일련의 이야기를 통해 관객들은 그녀와 삼촌 '엉클 펙(Uncle Peck)' 간의 미묘한 관계를 목격하게 된다. 이야기가 전개될수록, 관객은 단순한 분노 대신 등장인물들을 통해 전달되는 복잡하고 복합적인 삶의 불확실성에 대한 반응으로 변모한다.

〈내가 운전을 배운 방법〉은 부분적으로 그리스연극의 코러스를 등장시키며, 그들의 시선을 통해 진행된다. 작가인 폴라 보겔의 의도는 코러스라는 장치를 사용하여 관객들이 무대에서 전개되는 사건에 대해 좀더 거리를 두고 전체를 조망할 수 있도록 유도하는 것이다. 코러스는 연극 속에서 두 주인공을 둘러싼 여러 인물들과 상황들을 재현하는 역할을 한다. 코러스가 여러 인물들을 표현해낼 때, 관객들은 자신의 삶을 그 무대 속에 투사하여, 자신들이 지닌 연약함, 열정, 희망, 그리고 꿈을 비추어 보게 된다.

연극의 끝부분에 이르러, 한 명의 코러스 멤버가 '엉클 펙'의 아내인 '메리 숙모'의 역할로 등장한다. 그녀의 심리상태는 매우 복잡하다. 그녀는 자신의 남편을 사랑하며, 좋은 의미건 나쁜 의미건 간에 그 남편이 매우 위험천만한 성격을 지닌 인물이라는 것을 알고 있다. 동시에 그녀는 자신과 남편이 책임져야 할 문제를 대신 떠맡을 희생양을 찾고 있는 매우 혼란스런 인물이기도 하다.

내 남편은 참 좋은 사람이었어요. 아니, 참 좋은 사람이에요. 매일 밤 설거지를 해주고, 집에 오면 곧바로 쓰레기를 치우거나 마당일을 하고, 날 위해서 무거운 것들을 옮겨 주고. 동네 사람들도 모두 무슨 일이 있으면 그이에게 부탁을 하고…….

그리고 잠시 후 그녀는 덧붙여 말하길,

내 조카애에 대해 이 말은 꼭 해야겠어요. 걘 영악한 아이에요. 아주 영악해요. 걔가 다 알고 하는 짓이지요. 남편을 제 손 안에 넣고 쥐락펴락하면서 그건 다 숨겨 왔죠. 내 남편을 자기 필요할 때는 부려먹고 더 이상 필요 없으니 입을 씻는 거죠.

난 걔가 학교로 가버리는 날만 손꼽아 기다립니다. 거기 가선 또 다른 사람을 이용해 먹겠죠. 그러면 그이는 다시 돌아와 내가 요리를 하는 동안 부엌에 앉아 있거나, 저녁이면 소파에 앉아 뜨개질하는 내 옆에 있을 거예요. 난 정말 잘 참는 여자입니다. 하지만 난 내 남편이 돌아오길 바라요.

난 그날만을 손꼽아 기다립니다.[21]

그녀가 "난 그날만을 손꼽아 기다립니다"라는 말을 마치는 순간, 나는 그 여인의 타협이 어떤 의미이며, 그러한 타협으로 그녀 자신이나 주변 사람들이 치러야 할 댓가는 무엇인지를 깊이 생각하게

---

21 Vogel, P., The Mammary Plays, New York: Theatre Communications Group, 1998, pp.66~67.

되었다. 나 스스로 주변의 현실로부터 나를 닫아 걸은 적은 없는지, 내 주변 누군가의 아픔이나 학대, 고통을 외면하고 살지는 않았는지 숙고하였다. 나 역시 얼마나 자주 다른 이들이 저지른 잘못에 대해 이 세상의 '릴빗'에게 손가락질 하였던가? 보겔의 연극은 관객인 우리의 생각을 흔들어 놓는다. 그것은 그 연극이 우리에게 와 닿기 위해서는 우리가 스스로를 연극 속에 투사하여야 하기 때문이다. 그리고 아마도 그 연극이 완전히 우리에게 와 닿기 위해서는, 우리 자신 속에 존재하는 '메리 숙모', '릴빗', 심지어 '엉클 펙'의 모습까지도 우리는 찾아낼 수 있어야 할 것이다.

만일 우리가 말하는 '교육하다(educate)'라는 단어의 의미가 누군가의 탐구를 돕는 것이라면, 그들의 생각을 끌어내고, 그들의 의식과 안목을 향상시키며, 질문하고 점검하는 일을 돕는 것이라면, 〈내가 운전을 배운 방법〉은 그러한 교육적 작품의 기준에 손색이 없을 것이다. 그러나 이 연극은 동시에 예술작품이기도 하다. 매우 섬세하게, 상상을 통해 혹은 은유(metaphor)를 통해 표현되어, 관조적이고 성찰적인 사고를 가능하게 만드는 예술작품이기도 하다.

조율자는 이처럼 미학적 매체가 어떻게 변화의 체험을 만들어내는가를 이해하여야 한다. 조율자는 연극이라는 지극히 강력한 매체를 손에 쥐고 다루지만, 만약 서툴게 다룰 경우 그 힘은 반감될 수밖에 없다. 그러기에 어느 범주까지는 시민연극프로그램의 성공 여부가 조율자의 어깨에 달려 있다고 할 수 있다. 허나 시민연극 작업을 실행하는 주체로서 조율자는 자신은 물론 동료 teaching artist들, 참여자들, 그 작업이 실행되는 지역 공동체, 그리고 예산을 지원하는 기

관이나 행정가 및 관
료들과 함께 협력하게
된다. 결국, teaching
artist들이 프로그램에
참여자들의 적극적 관
심을 끌어내고자 한다
면, 이처럼 다각적인
이해 당사자들과 긴밀
한 협력 관계를 구성

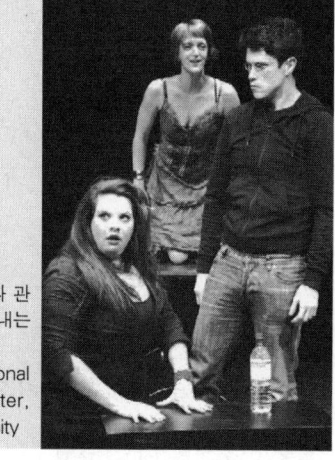

룸메이트간의 갈등과 관
점의 차이를 풀어내는
시민연극의 한 장면
사진 출처: Educational
Theatre Newsletter,
New York University

하고 유지해야 하는 것이다.

4. 마무리하며: 예술성과 조율

이 장을 마무리하며, 나는 시민연극의 teaching artist들이 뛰
어난 조율자들로 성장하기 위해 갖추어야 할 여섯 가지 특성을 정리
해 보고자 한다. 독자들은 여기에 소개된 내용들이 이 책의 서문에서
언급한 내용과 중첩된다는 것을 유념하여야 한다.

1) 비판적 사고

구성된 프로그램을 액면 그대로 받아들이기보다는 시민연극에
힘을 실어 주게 되는 역사적, 정치적, 사회적 맥락들에 대해 조율자는

깊이와 세심함을 갖추어야 한다. 사람들이 제공하는 가치나 태도, 아이디어를 단순하게 "소비하는" 대신 끊임없이 의문을 지녀야 한다. 준비된 teaching artist는 시민연극 프로그램의 각 부분이 어떻게 구성되었고 어떤 대상을 위한 것인지에 대한 이해를 숙지하고 있어야 한다.

2) 모험을 감수한다

군중들을 따르는 것은 혼자 서 있는 것보다 쉽다. 조율자는 지역 공동체를 비판적 탐구의 장이 되도록 활성화한다는 일의 어려움을 인지하되, 다수가 주장하는 주류 담론들에 대해서는 끊임없이 의문을 제기하여 참여자들이 현재 당면한 난관에 대해 바꿀 수 있는 대안들을 찾아내도록 자극하는 것이 자신의 임무임을 잊지 말아야 한다.

3) 이론을 도출해낸다

시민연극 작업 준비과정에서 프로그램의 맥락에 대한 직접 관찰을 통해 조율자는 직접적인 참여관찰에 근거한 수준 높은 프로그램을 개발해야 한다. 이 시민연극 프로그램은 실행 대상이 되는 지역 공동체와의 협력을 통해 구성된다.

4) 열린 사고와 유연성

조율자는 특정 사안에 대한 다각적인 관점을 끌어내도록 한다. 나와 다른 의견들에 귀를 기울여야 하며, 내가 선호하는 의견도 "재고하는" 열린 사고를 지녀야 한다. 새로운 시도 혹은 급작스런 요청에 반응할 때, 누구나 실수를 범할 수 있다. 조율자는 실패에 대한 자각을 통해 성공이 얻어짐을 이해하여야 한다.

5) 공동작업(Collaborative)

조율자는 혼자 일하는 존재가 아님을 인식하여야 한다. 참여자들, 다른 teaching artist들, 주변 동료들, 지원의 주체와 수혜자들, 행정가들, 지역 공동체 전체와 공동으로 합심하여 성공적인 시민연극 프로그램을 창조해내어야 한다. 조율자는 한 지역에서 성공을 거둔 기법들이나 프로그램 내용이 다른 지역에서도 효과적으로 소통되지 않을 수 있다는 점을 명심해야 한다.

6) 스토리텔링(Storytellers)

조율자는 자신의 이야기뿐 아니라 함께 만나는 대상들의 이야기에 귀 기울이고 반응하는 존재이다. 지역 공동체는 이야기를 들려주고(storytelling), 이야기에 반응하고(story-responding), 그리고 이야기를 만들어내는(story-creating) 현장이 된다. 조율자는 프로그램의 탐구를 위해 자신의 이야기를 꺼내는 것을 두려워해서는 안 되지만, 자신의 이야기가 지배하는 것을 경계해야 한다. 모두의 목소리가 전달되어야 한다.

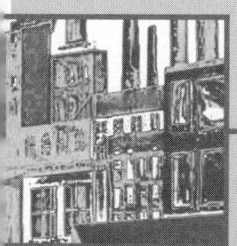

시민연극의 윤리

제4장

우리는 시민연극의 특성과 teaching artist가 갖추어야 할 덕목에 대하여 살펴보았다. 이제 우리는 '시민연극은 도덕적인가?'라고 하는 윤리의 문제를 논의해 보고자 한다. 여기서 내가 '도덕적(moral)'이라고 지칭하는 표현은 시민연극을 지원하는 주최기관과 teaching artist들이 프로그램 선정과 실행의 과정에서 견지해야 할 인간에 대한 근본적 가치관을 의미한다. 이러한 가치들은 의무와 도덕적 필요성에 근거한 것인가? 일부 고위층의 압력에 의해 공동체의 구성원들이 주류의 기준에 순응하거나 혹은 그들이 이미 결정된 정책에 맞게 행동하도록 시민연극이 기획될 수도 있는가? 그 시민연극 프로그램이 강조하는 내용은 누구의 기준에 따른 것인가? 그러한 기준들은 시민연극을 체험하는 지역 공동체와 어떻게 상호 소통되는가?

이러한 질문들은 과연 누가 힘을 쥐고 있으며 그 힘이 어떤 식으로 행사되는가라는 본질적 고민을 제기하는 매우 흥미로운 화두이다. 그 질문들은 좋은 교육자들이 오늘은 어떤 수업자료를 활용할 것이고, 그 자료가 함축하는 가치관은 무엇이며, 또 어떻게 학생들이 그 자료에 흥미를 갖도록 도울 것인지를 고민하느라 매일같이 스스로에게 던지는 질문들과 크게 다르지 않다.

이번 장에서는 시민연극 예술가들이 필연적으로 직면하게 되는 몇 가지의 윤리적 딜레마를 점검해 보고, 서로 다른 도덕적 관점들이 진정 함께 어우러질 수 있는 프로그램을 구성하고 실행하는 방법들을 살펴보고자 한다. 나는 개인적으로 참여자들이 자신의 이야기를 끄집어내어 다른 이들과 함께 나누고 파헤쳐보는 작업을 매우 선호하는 편이다. 일반 사람들의 인생 이야기를 연극적 방식으로 구성해낼 경우, 비밀보호와 신분보장이 필요한 것인가? 만약 그렇다면 정책과 원칙의 관점에서, 시민연극 전문가들은 그러한 보장을 제공하는가? 이러한 프로그램들 안에서 시민연극의 전문가들은 어떤 딜레마를 갖게 되며, 프로젝트를 의뢰한 기관들은 그 고충에 대해 어떻게 반응하는가?

많은 경우 우리는 시민연극이 브레히트와 보알의 업적에 크게 영향 받은 정치적 연극(political theatre)임을 깨닫게 된다. 시민연극은 때로 대립적인 특성을 지니는데, 이는 참여자들이 불공정한 상황에 맞서거나, 자유로이 자신의 의견을 개진하고, 변화를 외치도록 독려하기 때문이다. 시민연극은 평범한 시민들이 함께 모여 행동하고, 성찰하고, 변화를 이끌어내는 공동체 만들기의 가치를 일깨운다. 때로는 시민연극 전문가들이 전위적 작업에서 사용되는 기법들을 도입하여 매우 문제적인 인간관계의 상황을 조명하거나 문제 제기를 하기도 한다. 등장인물들의 말은 앞뒤가 맞지 않고, 이야기 구조는 산만하며, 거북한 이미지들이 드러나거나 세상이 혼란에 빠지기도 한다. 시민연극이 강조하는 연극과 참여자들의 직접적 연계가 이루어지면서 감정이 고양되고, 불안감이 노출되며, 뜨거운 설전으로 이어지기도 한다. 감정을 고양시키는 것이 시민연극의 목적이어야 하는 것인가?

때로 시민연극은 참여자들의 반응을 끌어내기 위해 매우 도전적인 시나리오를 만들어내기도 한다. 동성애 혐오(homophobia)를 다룬 한 프로그램의 경우, 참여자들은 그 혐오 범죄의 희생자—그 지역 사회에서 갖은 괴롭힘과 비아냥을 당하는—역할을 직접 체험해 보았다. 시민연극은 참여자들에게 답을 주기보다 더 많은 질문들을 남기기도 한다. 동성애 혐오 프로그램을 체험한 참여자들이 그런 사건들을 어떻게 예방해야 하는지 혹은 자신이 취한 행동이 적절한 것이었는지에 대해 분명한 지식이나 확신을 갖지 못한 채 프로그램이 종료될 수도 있다. 참여자들이 시민연극 프로그램에 몰입하여 눈앞에 펼쳐지는 극적 상황에 "넋 놓고 빠져" 있을 때, teaching artist들은 참여자들이 연극에 지나치게 감정적으로 몰입되지 않도록 막을 의무가 있는가? 공동체를 방문해 그 구성원들의 산 경험을 기록하는 연구자가 지녀야 할 책임이 있듯이, teaching artist에게도 유사한 책임이 요구되는가? 무엇이 시민연극을 윤리적 연극(ethical theatre)으로 만드는가?

항상 그렇진 않더라도, 보편적으로 시민연극이 지역의 현장으로 찾아가 실행된다고 전제할 때, 대상에 대한 자료 수집과 분석이라는 특성상 teaching artist의 덕목을 질적 연구자의 그것에 비유할 수 있는가? 프로젝트의 평가보고서에 현장의 모습이 정확하고, 진실되게 기술(記述)되었는가의 여부를 어떻게 보장할 수 있을까? 우리는 진정 그 기술된 내용의 신뢰성에 유념해야 하는 것일까? 이러한 질문들은 시민연극 관계자들이 다양한 공동체 집단들의 승낙을 구하는 동의서에 명시되어야 한다. 그 질문들은 또한 이야기들을 나누고, 구체화하고, 탐구하는 전 과정의 완전성을 강조하고 있다. 여러 시민연극 작업의 경험을 보고서로 작성할 때, 저자는 그 프로그램에 참여한 이들로부터 인증 절차를 거쳐야 하는가?

1. 윤리적 과제들

TfD(Theatre for Development)운동의 예를 들어보자. 우리는 지역 주민들에 의해 주도되는 공동체연극 프로그램들이 점차 늘어나고 있음을 알고 있다. TfD의 대표적 특성은 지역 공동체 구성원들이 그 작업의 모든 과정에 걸쳐 적극적으로 내용과 실행에 참여한다고

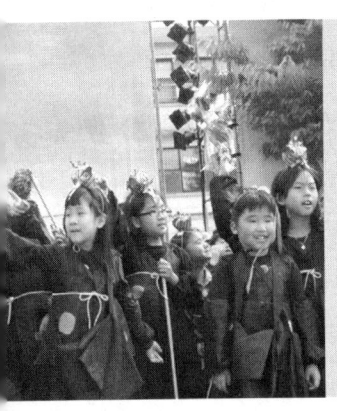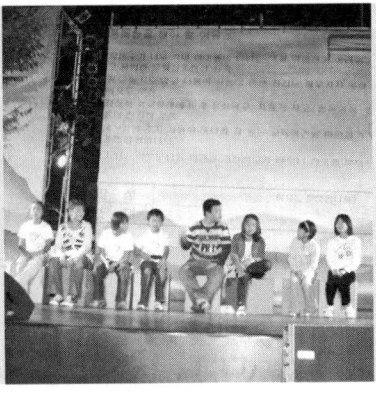

지역주민과 어린이들이 함께 참여하여 세월마을의 과거와 현재 이야기를 가지고 창작한 공동체연극 〈달님과 손뼉치기〉의 공연 장면.
사진제공 : 세월마을학교축제 운영위원회

주장하는 보고서들이다. 그 주장대로라면, TfD의 원동력은 바로 상향식(bottom-up)과정이라고 추정할 수 있다.

TfD는 그 대상들의 사회경제적 현실과 직접적으로 연관된 문제들을 인식하고 다루는 작업이다. 따라서 문화적 적절성을 지니며 적은 비용이 소모된다. 또한 TfD는 공연에서 제기하는 이슈들에 관한 토론과 대화를 독려함으로써 예술가와 관객이라는 경계 구분을 무너뜨린다. 프로젝트 주도자와 수혜자간의 소통의 간극을 메워줌으로써 사람들이 그 프로젝트를 이해하고 수용하게 만드는 것이다.[1]

이 글이 묘사하는 TfD는 공평함과 상호소통이 어우러진 축제이다. 어떤 이들에게는 평등과 정의의 축제가 중요한 요소일 수 있겠으나, 시민연극의 teaching artist들이 반드시 기억해야 할 질문은 바로 '누구를 위한 프로젝트인가?'이다. 프로그램 실행에 관한 자신들만의 기준과 논리를 고집하는 외부 기관이 프로젝트를 의뢰하는 경우, 논제에 관련한 암묵적 충돌이 발생할 수 있다. 일부 TfD 프로젝트들의 묘사에서 발견하게 되는 것은 그 프로젝트의 teaching artist들이 단순히 외부 기관의 목적을 전달하는 도구로서 기능한다는 점이다. 그 teaching artist들은 새로운 작업을 창출해내는 대신, 정부단체나 다른 권위적인 기관의 의견을 그대로 답습하고 있는 것이다.

---

1 Ogolla Nyangore, V., "Listen to Your Mother: Theatre and Health in Village Settings", In Drama for Life, edited by J, O'Toole & M. Lepp, 2000, pp.77~84, Brisbane: Playlab Press, p.79.

오골라 니앙고레(Ogolla Nyangore)가 소개한 한 프로젝트의 경우, 해당 지역의 상수도 관리국이 올바른 위생 지식을 지역 주민들에게 전파할 연극 프로그램을 극단에 의뢰하였다. 그 프로젝트가 확산하고자 했던 주요 메시지 중 하나는 공중변기 사용법과 함께 "변기(latrine)[2] 사용 후에 반드시 손을 씻을 것"을 주입시키는 것이었다.[3] 여기서 우리는 TfD의 teaching artist들이 소위 형식적 지식(formal knowledge), 즉, 의뢰 기관의 관점에서 건강한 공동체 생활습관을 위한 중요한 정보를 전달하고 있음을 확인할 수 있다. 연극은 지역 주민들이 변기를 사용한 후 손을 씻어야 한다는 교훈을 주입하는 수단으로 사용되고 있다. 어떤 이들은 이것이 과연 연극 양식을 가장 적절하게 활용한 것이냐에 대한 의문을 제기할 것이며, 어떤 이들은 연극이 이러한 정보들을 다른 어떤 매체보다 효과적으로 가르칠 수 있다고 주장할 것이다.

여기서 예로 든 프로젝트의 경우, 의뢰 기관인 상수도 관리국이야말로 분명 TfD 전문가들의 입장에서 큰 고민거리가 아닐 수 없다. 낙후된 지역 사회에서의 연극 작업에 부적절함이 있었음을 지적하며, 저자는 다음과 같은 질문을 남긴다: "연극이 지닌 설득의 힘이 그 지역 사회에 별 도움 되지 않는 메시지들을 전하는 도구로 사용되는 것을 어떻게 방지할 수 있는가?"[4] 분명한 것은, 만약 프로젝트를 위탁하는 정부 및 외부 기관들이 가르치는 도구로만 연극의 힘을 이

---

2 수세식 변기가 아닌, 야영장이나 군 막사, 공장 등에 설치된 간이 공중변기. (역자 註)
3 앞의 글, p.79.
4 위의 글, p.84.

해할 경우, 그들은 정치적 선전이나 여론을 호도하기 위한 목적의 프로그램을 연극 예술가들에게 요구할 것이라는 점이다.

거리두기

이번에는 정보 전달이나 특정한 결론을 설교하려는 목적이 아닌 다른 프로그램의 사례를 보자. 지역 사회 봉사(outreach)를 모토로 하는 한 연극 팀은 성폭행에 관한 프로그램을 직접 연구하고 고안하여 실행했다. 그 프로그램의 의도는 어린 시절에 아동 성학대를 당한 경험이 있는 성인들에게 자신들의 고통과 불만, 특히 자신들의 어머니에게서 느낀 배신감을 건설적으로 발산할 기회를 제공하는 것이었다.[5] 이 프로그램의 teaching artist들은 다음과 같은 딜레마에 직면하게 되었다: 이처럼 민감하고 위험 부담이 높은 이슈를 어떻게 안전하고 긍정적으로 다루어낼 것인가? 그 teaching artist들이 다루어야 할 내용은 참여자들의 실제 삶과 직결되는 강렬한 증오심과 충격적인 기억들로 채워져 있었으므로, 그 프로그램이 지나치게 그들의 감정을 자극할 수 있다는 진지한 우려가 대두되었다. 그 teaching artist들은 어쩌면 치료 전문가가 다루어야 할 영역을 자신들이 섣불리 손대는 것은 아닌지에 대해 깊이 숙고하였다. 그들은 참여자들이 직접 역할로 참여하여 자신들이 겪었던 실제 상황을 재연하는 방식 대신, 허구의 상황을 통해 아동 학대라는 이슈를 다루기로 하였다.

---

5 Dobson, W., T. Goode & A. Boyd., "Knowing Who We Are(and That We Are Not Alone)", In Drama Life, edited by J. O'Toole & M. Lepp, 2000, pp. 189~198, Brisbane: Playlab Press.

그들이 선택한 접근은 실제 사례와 유사한 장면을 구성하고, 감정적 거리를 둔 역할을 활용하는 것이었다. 실제 아동 학대 피해 여성들과 수차례의 사전 워크샵을 통해 '그녀들이 엄마에게서 받은 배신감'이라는 주제가 강력하게 부각되었다. 이 주제가 연극 작업의 토대가 될 수 있다고 확신한 teaching artist들은 '타인의 경험'을 통해 강한 반향을 끌어낼 수 있는 시나리오를 구성하였다. 그들이 탄생시킨 캐릭터는 아동 학대의 피해자인 셸리(Shelly)라는 여성이다. 셸리라는 이름은 사전 워크샵 참여자의 실제 이름도 아니며, 그 참여자들 중 어느 한 사람의 이야기를 대변하는 인물도 아니다. 셸리는 많은 피해자들의 이야기를 조합하여 탄생된 가상의 인물이며, 참여자들이 구성하는 여러 짧은 장면을 통해 형성되는, 극적 과정을 통해 만들어지는 인물이다. 셸리가 전체 참여자들의 이야기를 보다 많이 대변할수록 참여자들이 그녀에게 보다 진지하게 몰입하게 된다.

워크샵 형식의 분위기에서 실행되는 이 프로그램은 테디베어 인형의 등장과 함께 시작한다. 이 인형은 안전을 위한 장치이자, 참여자들이 주제의 탐구를 위해 이야기를 구성해 나가는 극적 매개체로써 활용된다. 인형이나 물체의 활용은 치료를 할 때도 환자가 자신의 내적 자아를 발산하고 표출하는 도구로 널리 사용되고 있다. 이 프로젝트에서 테디베어 인형도 실제 사례들을 토대로 구성한 가상의 시나리오를 참여자들이 실연해내도록 하는 유사한 목적을 위해 사용된다.

참여자들은 셸리가 그 곰인형의 엄마가 되어 그 인형에게 이야기하는 장면을 구성한다:

내가 여기 앉아서 항상 너만 끼고 놀아줄 수 없단다. 그러니 너도 혼자 지내는 법을 배워야 해. 저기 저 상자가 네 방이야. 넌 거기서 얌전하고 깔끔하게 있어야 해. 단정하게 잘 씻어야 사람들이 너를 보러 올 거야. 난 네 엄마야. 그렇지만 너를 가끔씩밖에는 챙겨 줄 수가 없어. 나는 요리에 청소에 무지하게 바쁘단 말이야. 게다가 너 말고도 다른 아기들을 챙겨 줘야 한다구.[6]

셸리와 곰인형 간의 이 대화를 통해서 "과거 사실과 허구 사이에 최대 가능치의 감정적 거리"가 형성되어 참여자들이 상실과 배신이라는 이슈의 탐구가 가능해진다. 이 프로젝트를 연구한 저자들은 "피해자들은 자신의 삶에서 경험한 것들을 응축하여 셸리라고 하는 가상의 타인을 창조해낸다"[7]라고 강조하였다. 셸리는 그 피해자들의 복합적인 표상이 되며, 곰인형과의 상호작용을 통해 참여자들이 자신의 삶, 자신의 피해자로서의 의식, 그리고 자신의 생존 의미를 깊게 탐구하도록 인도한다.

곰인형과의 역할극을 통해 참여자들은 자신들의 과거라는 망령에 맞서게 되며, 이를 통해 자신들의 보다 긍정적인 미래를 정리해내게 된다. 또한 이처럼 배신으로 고통 받은 피해자들과의 워크샵이 학대를 다룬 일인극의 토대가 되었음도 알게 되었다. 이 프로그램에서 우리는 teaching artist들이 "자신의 사회적 의무와 책임감에 대한 진지함"에서 출발하여 "학대에 관한 관점을 제공하는 일인 여성극

---

6 위의 글, p.194.
7 위의 글, p.195.

(one woman performance)"[8]까지 창조해내는 과정을 목격하게 된다.

teaching artist들은 '극적 상황을 창조'하며, '보호된(protected) 체험'을 통해 참여자들이 자신의 과거와 현재를 반추하고 긍정적 미래를 설계하도록 하는 연극 예술 형식의 힘을 믿는다. 그들은 프로그램을 구축함에 있어 실제 인물들의 이야기들을 적극적으로 끌어낸다. 다만 여기서 셸리는 허구적인 방법으로 활용되었으며, 그 허구적 인물을 통해 참여자들이 자기 자신을 작품에 투사하게 되고, teaching artist들의 도움을 통해 발견과 치유, 교육의 과정을 경험하게 되는 것이다.

그 참여자들은 이어서 일련의 연극 활동을 경험하게 된다. 이 책에서 이미 소개된 기법들과 매우 유사한 그 활동을 통해 참여자들은 셸리의 잃어버린 어린 시절을 다시 재구성한다. 예를 들어, 보알의 '이미지연극(image theatre)'적인 여러 가지 신체적 재현을 통해 셸리의 꿈과 소망이 표현된다. 이렇게 표현된 셸리의 욕망의 여러 이미지들을 성찰하면서 참여자들은 그 특징과 의미에 대해 논의하게 된다.

셸리의 미래를 만들어보는 활동을 통해 참여자들은 자신 스스로를 위한 이야기를 구축하게 되며, 그로 인해 자신들의 성장기에 겪었던 부정적 경험들로 인한 상처를 어떻게 치유할 수 있는지를 숙고하게 된다. 다시 말해, 셸리는 참여자들이 자신들의 소망을 표현해내게 하는 매개체가 되는 것이다. "참여한 여성들에게 있어서 그 연극 체험은 현실에서는 불가능했던 자신들의 희망과 꿈을 허구의 세

---

8 위의 글, pp.189~198.

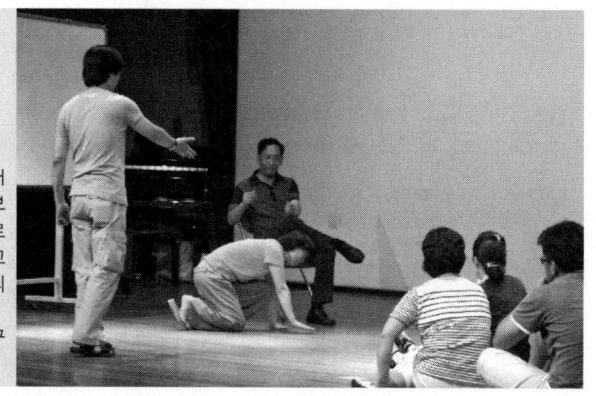

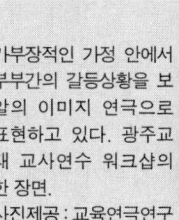
가부장적인 가정 안에서 부부간의 갈등상황을 보알의 이미지 연극으로 표현하고 있다. 광주교대 교사연수 워크샵의 한 장면.
사진제공 : 교육연극연구소〈PRAXIS〉

계 속에서 찾아내게 되는, 굴레에서 해방되는 체험이 되었다"[9] 상상의 세계는 그 참여자들이 현실의 세계를 탐구할 수 있게 하는 강력한 매개가 된다. 시민연극은 현실의 도피처가 되는 것이 아니라, 현실의 경험들 속에 자리하게 된다.

　　이 프로젝트의 teaching artist들이 극복해야 했던 과제는 그 여성 피해자들이 자신들의 과거를 나누고 이를 통해 긍정적인 미래를 구상하도록 하기 위해 어떻게 그들의 고통스런 이야기를 적절히 활용해낼 것인가라는 고민이었다. 이 프로젝트에 기술된 내용만으로는 그 teaching artist들이 어떻게 그 여성들에게 접근할 수 있었으며, 어떠한 동의서·승낙서가 사용되었는지 등의 사안들은 파악하기 어렵다. 그러나 이 사례를 통해 우리는 자신의 고통스런 기억과 관련한 이슈를 참여자들이 스스로 반추하고 탐구하는 시민연극 프로젝트가 어떻게 고안되는지 확인할 수 있다.

---

9 위의 글, p.196.

가까이 다가가기

방금 언급된 프로젝트에서 teaching artist들은 감정적 거리 (emotional distance)가 시민연극에 매우 핵심적이라는 믿음을 갖고 있었다. 시민연극의 teaching artist들은 참여자들의 과도한 감정적 반응을 자제하기 위한 심리적 거리를 유지하는 데 민감한 경우가 많다. 이는 교육연극의 많은 영역에서도 공감하는 관심사이기도 하다. 교육연극에서는 참여자들의 매우 깊숙한 감정을 자극하는 극적 상황을 가급적 회피하고자 하는 경우가 많다. 예를 들어, 연극 교사 혹은 연극 강사가 아동 학대, 근친상간, 성폭행, 혹은 다른 충격적인 범죄 장면을 재연하는 경우는 없을 것이다. 성차별, 연령차별, 인종차별, 동성애 혐오 등과 같은 주제들은 실제 사건을 지나치게 직접적으로 반영하지 않는 역할이나 상황을 통해 더 효과적으로 다룰 수 있을 것이다.

연극 강사(drama educator)들은 참여자들의 거센 감정적 반응이 예상되는 내용을 피하여 프로그램을 진행한다. 참여자들이 심하게 부담스러울 수 있는 장면들은 은유를 사용하거나, 실제 사건들의 간접 관찰 혹은 마무리 토론을 통하는 방식의 '거리를 둔 준거 기준(a distanced frame of reference)'을 활용하여 진행할 수 있다. 우주로 탐사를 떠나 도착한 어느 행성에서는 파란 눈의 사람들이 다른 이들로부터 소외받고 있다는 연극적 설정은 차별이라는 주제를 다루는 프로젝트로 활용될 수 있을 것이다. 또한 엄선된 과학자 그룹이 개를 데리고 복제실험을 실행하는 드라마 작업은 적자생존의 개념을 이해하고, 어떤 혈통이 다른 혈통들보다 더 유용한 것인가를 반추하는 체험이 될 수 있을 것이다.

　　아동을 상대로 잔인한 폭행을 저지른 사건의 범인을 참여적
인 연극의 소재로 사용하는 프로젝트에 연극 강사가 관심을 보이는
경우는 거의 없을 것이다. 그러한 비정상적 사고에 대해 흥미를 지닌
교육자들이라면 아마도 에드가 알렌 포우(Edgar Allen Poe)의 단편 〈고
자질하는 심장(The Tell Tale Heart)〉같은 작품을 사전 자료(pre-text)로
활용할 것이다. 그 소설의 주인공이 어떻게 한 노인의 '악마같은 눈'
을 없애버리고 싶다는 충동을 느끼게 되었는가를 탐구하는 형태로 말
이다. 요즘의 시대 상황과의 비교가 필요하다면 추론을 통하여 대체
할 수 있을 것이다. 거리(distance)와 안전장치(protection)는 연극 교육
에서 자주 강조되는 두 가지의 특징이라 하겠다.

　　그러나 연극을 통해 자신의 정체성과 관련된 이슈들을 탐구
하는 치료전문가나 상담전문가들은 이에 반드시 공감하지는 않는다.
연극치료사와 시민연극 예술가의 접근이 어떻게 다른가를 살펴보는
것은 매우 흥미로운 일이다. 연극치료사는 자아의 재건(rebuilding a
self), 특히 상처받거나 파괴된 자아를 다시 재건하는 것에 관심을 두
며, 참여자/의뢰인이 자기 삶의 주변 상황들에 보다 원활하게 대처하
는 방법을 모색할 수 있게 하는 것이 목적이다. 이 작업에는 치유적
요구가 우선시되며, 연극의 과정들은 대상들의 심리적·신체적 스트
레스를 완화하는 의도로 사용된다. 의뢰인은 바로 이 목적으로 치료
사를 만나는 것이다. 연극치료 분야의 권위자인 로버트 랜디(Robert
Landy)는 연극치료(drama therapy)의 목적을 다음과 같이 정리한다:
"연극치료의 목적은 개인이 지닌 역할(role)의 레퍼토리를 늘리는 것,

그리고 개별의 역할을 보다 자발적이고 효과적으로 수행하는 방법을 습득하는 것이다."[10]

사랑하는 사람의 상실, 정서 쇠약, 마약·알코올 의존, 만성 질병 등 개인적으로 큰 위기를 겪은 이들은 때로 그 문제들과 맞서 싸울 자신감을 상실하거나 자신의 우울증·불안을 어찌하지 못하는 경우가 있다. 연극치료사는 의뢰인들이 정상적인 생활을 영위하는데 매우 부정적인 영향을 준 사건이나 순간들을 다시 재연해내고, 되짚어보고, 규명해내는 방법으로 연극이라는 예술 형식을 사용하는 것이다.

이러한 관심은 의뢰인이 자신의 삶을 반추할 수 있도록 연극적 기법을 활용한 어느 결혼 치료 세션의 예에서 명백하게 찾아볼 수 있다. 수잔(Suzanne)이라는 젊은 여성은 치료사를 찾아와 자신의 2년간의 결혼생활이 위기에 직면하게 된 이유가 무엇인지 알고자 한다. 몇 가지의 질문을 한 뒤 치료사는 수잔에게 그녀의 어린 시절을 재연해 줄 것을 부탁한다. 그녀는 자신이 일곱 살 때 욕조에서 목욕을 하다가 아래층에서 자신의 엄마와 언니가 싸우는 소리를 듣던 순간을 재연한다. 그 싸움 과정에서 아마도 물리적 폭력도 있었던 것으로 추정된다. 수잔이 엄마 역할로, 그리고 또 다른 참여자가 언니 역할로 들어가 그 말다툼의 순간을 재연하자, 수잔의 엄마는 언니에게 고함을 질러댄다: "너 같은 건 애초에 낳지를 말았어야 했어, 이 망할 년. 꼴도 보기 싫어! 꼴도 보기 싫다고!"[11]

---

10 Landy, R., Persona and Performance: The Meaning of Role in Drama, Therapy and Everyday Life, Bristol, PA: Jessica Kingsley, 1993, p.233.
11 Nolte, J., "Re-experiencing Life", In Drama for Life, edited by J. O'Toole & M. Lepp, 2000, pp.209~221, Brisbane: Playlab Press, p.213.

이 역할극을 통해 싸우는 와중에 수잔의 언니가 수잔에게 도움을 요청했었던 사실이 드러난다. 수잔은 설명한다: "난 어찌해야 될지 모르겠어요. 언니는 도와달라고 소리 지르는데 아무도 도와주진 않고. 난 내려가고 싶지 않아요. 내려가면 엄마가 나도 때릴 거예요."[12] 그 치료 세션을 통해 수잔은 자신이 어린 시절에 어떻게 가족들로부터 조종당했는가에 대한 기억을 재연해낸다. 그 세션에서 수잔은 자신의 엄마와 매우 복잡하고 힘든 관계였으며, 종종 엄마와 언니의 싸움에 휘말렸음이 드러난다. 수잔은 항상 자신이 양쪽을 다 만족시키는 중재자 역할을 한다고 느꼈다. 이어서 일곱 살의 수잔이 결국엔 눈물을 쏟아내는 격정적인 장면들이 재연된다. 수잔이 무릎을 꿇고 엄마의 무릎에 머리를 묻는 가슴 찡한 순간, 그녀는 이렇게 혼잣말을 한다:

또 이렇게 되었네. 내 엄마라는 이 여자의 무릎에서 울고 있다니, 속으로는 정말 증오하면서 말이야. 이 여자는 내 엄마도 아니야. 정말 끔찍해. 다른 엄마랑 바꿀 수 있다면 얼마나 좋을까. 난 언니를 살리기 위해 항상 엄마한테 나를 팔아야 해.[13]

이 결혼 치료 세션을 통해 수잔의 어린 시절로 돌아가 혹시 지금 그녀가 겪고 있는 고통을 설명할 수 있는 사건이나 특성들을 찾아보고자 하는 시도가 행해졌다. 치료사는 이제 현재로 돌아와 그녀의 남편과의 행복했던 기억의 순간을 재연하도록 요청한다.

---

12 위의 글, p.214.
13 위의 글, p.215.

두 사람이 한가롭게 식사하는 어느 일요일 아침의 장면이 재연된다. 그 평화로운 분위기는 남편이 그녀에게 저녁에 같이 파티에 참석해야 한다고 말하는 순간 돌변한다. 재연을 통해 수잔의 남편은 그녀의 삶을 일일이 관리하는 일종의 지배광(control freak)임이 드러난다. 그 치료사는 수잔이 자신의 남편을 기쁘게 하려는 욕구 속에서 자신의 어린 시절 기억들을 다시 떠올리고 있으며, 그녀는 아직 혼자 서는 법을 배우지 못했다고 설명한다. 세션은 다시 새로운 역할극으로 이어진다. 수잔은 새로이 깨닫게 된 자신감으로 그녀의 엄마, 언니, 그리고 남편에게 자신은 독립된 인격체임을 주장하는 장면을 표현해 낸다. 분명 이 연극치료는 전에는 직면할 수 없었던 그녀 인생의 한 측면을 스스로 이해하는데 도움을 주었을 것이며, 그 결과 수잔은 자신의 힘으로 보다 밝고 긍정적인 미래를 개척해 나갈 수 있을 것이다.

연극치료의 의뢰인은 자신이 지닌 물리적 혹은 심리적 상처들이 치료될 것이라는 기대를 가지고 참여한다. 시민연극의 작업에서 모든 이들이 이런 기대치를 가지고 참여하는 것은 아니다. 우리가 사는 세상을 변화시키고자 하는 것이 시민연극의 지향점이기는 하나, teaching artist들은 치유적인 관점에서 접근하지는 않는다. 그럼에도, 연극치료사들의 작업에서 주목할 것은 기억이나 상황의 재연을 통하여 감정의 상처들을 직접적으로 다루어내는 능력이다. 치료사는 참여자가 감정적으로 배출해내는 것을 주저하지 않으며, 사실상 이 감정 배출이라는 요소는 치유 작업의 구조적 원칙으로 볼 수 있다.

여기에 소개한 결혼 갈등의 사례에서 치료사는 의뢰인이 직접 실제 상황을 겪어보도록 하는 것이 그전까지 숨겨왔던 삶의 요소들을 자각하는 힘이 되었다고 믿는다. 이러한 감정 배출을 통해 과거에 느끼지 못했던 행동이나 태도, 사물을 바라보는 시각에 대한 인식이 생겨나게 되는 것이다. 랜디는 이렇게 강조한다:

> 세계 평화라는 말이 덧없는 이야기처럼 들리고, 개인이 자기 자신과 전쟁하며 살아가고 있는 이 시대에, 협상이나 의약, 조정과 같은 낡은 해법들은 이미 힘을 잃었다. 연극치료는 그러한 불균형과 계속되는 위협과 같은 낡은 문제들을 해결할 새로운 시도이다.[14]

연극치료는 적지 않은 민감한 윤리적 의문들을 제기하기도 한다. 연극치료사는 어떤 권한으로 과거의 사건과 현재의 딜레마를 연계하는 것인가? 의뢰인이 자신의 충격적인 개인 경험을 다시 재연해낼 때 나타나는 격한 감정적 반응을 치료사는 어떻게 관리해야 하는가? 이러한 특성을 지닌 작업을 기록하는데 있어 치료사는 보고서에 대한 의뢰인의 동의와 승낙을 요청할 의무감을 갖는가? 끔찍한 과거의 재연을 통해 의뢰인들 스스로가 더욱 힘을 얻을 수 있다는 것을 어떻게 확신할 수 있는가?

그러나 시민연극에 있어 무엇보다 흥미로운 것은 강렬한 감정적 상황을 직접적으로 맞닥뜨리는 연극치료사들의 작업이 시민연극 teaching artist들의 작업에 자극제가 된다는 점이다. 치료사들은

---

14 Landy, R., Drama Therapy: Concepts and Practices, Springfield: Charles C. Thomas, 1986, pp.234~235. 국내에는 『억압받는 사람들을 위한 연극치료』(이효원 역, 울력)라는 제목으로 출간되어 있다.

teaching artist들에게 이런 질문을 던지는 듯하다: 왜 감정이라는 요소를 회피하는가? 왜 객관적이고 은유적인 상황만을 활용하는가?

문제 해결인가, 문제 제기인가?

우리는 서서히 시민연극(Applied Theatre)은 비연극적인 환경에서 행해지는 다양한 연극 작업을 묘사하는 포괄적 용어로서 급속히 확산되고 있다는 사실을 이해하게 된다. '비연극적인 환경'이라 함은 대표적으로 교도소, 보건 및 치료 시설, 지역 예술센터, 박물관 및 미술관, 공공 복지 시설, 주택단지 및 산업단지 등을 예로 들 수 있다. 시민연극은 연극이라는 매체를 통해 사람들의 활동에 변화를 이끌어내고자 하는 열망에서 출발한다. 대부분의 경우, 시민연극을 경험하는 사람들은—관객으로 혹은 참여자로 연극을 찾게 되는—연극 양식에 대한 특별한 배경지식이나 관심을 가지고 있지 않은 평범한 시민들이다. 앞선 예에서 볼 수 있듯, 공중 보건 프로젝트의 참여자들은 훈련된 연극 교육가들이 아니며, 아동 학대의 피해자들도 연극 애호가들은 아니다. 시민연극은 외부 기관/단체가 참여대상들의 지속적인 행복과 안정에 중요하다고 판단된 이슈들을 공동체들과의 대화를 통해 함께 고민하고자 그들에게 찾아가는 작업이다. 결혼치료 세션에 참여한 수잔의 경우도 이에 해당한다.

　　많은 경우, 이러한 '이슈(issue)'들은 '문제(problem)'들로 비유된다. 에이즈나 HIV의 인식제고,[15] 인종 편견,[16] 동성애 혐오,[17] 십대 임신, 마약·알코올 중독, 문화적 차별[18]과 같은 이슈들은 지역 공동체내에 존재하는 문제들이기도 하다. 연극치료사들은 이러한 문제들을 개인 속에서 찾아내는 작업을 실행하며, 이는 명백히 치유적 환경에서 시민연극 작업을 실행하는 것이라 하겠다.

여러 측면에서 시민연극은 '연극으로 배우기(Learning Through Drama. 이하 LTD)'운동과 많은 공통점을 지니고 있다. LTD운동은 개략적인 구성 속의 즉흥연극을 통해 교육현장에서 참여자들이 배움을 체험하는 연극활동을 의미한다. 그러나 중요한 한 가지의 차이점이 시민연극과 LTD운동의 특성을 구분짓는다. 시민연극은 주로 teaching artist가 제시하는 공연 형태의 연극 작업을 탐구의 촉매제로 활용한다. 또한, 시민연극은 종종 문제 제기형(problem-posing) 교육으로 인식되는 반면에, LTD운동은 특정 이슈나 의문들이 반드시 전달되어야 한다는 조율자(facilitator)의 인식에 의해 주도된다. 그 자체로도 이러한 문제 제기형 연극은 윤리적 고충을 제공하는 것이다.

(그 연극에서) 해결되어야 할 문제점들은 대체로 외부의 주최 기관이나 단체에 의해 정해지곤 한다. 외부의 주최 기관들은 연극을 문제적 행동의 예방이나 상처의 치유, 또는 사회나 공동체의 문제

---

15 McKenna, T., "A Scenario", Applied Theatre Researcher, 2, 1-6(an electron journal of the Centre for Applied Theatre Research, Brisbane, 2001.
http://www.griffith.edu.au/__data/assets/pdf_file/0008/54980/a-scenario.pdf
16 Schonmann, S., "Jewish-Arab Encounters in the Drma/Theatre Class Battlefield", RIDE 1 (2), 1996, pp.175~188.
17 Garcia, L., "'Finding One's Own Way' Through a Radical Critical Pedagogy", Applied Theatre Researcher (2), 1-10, 2001.
http://www.griffith.edu.au/__data/assets/pdf_file/0009/54981/finding-ones-way.pdf
18 Grady. S., Drama and Diversity: A Pluralistic Perspective for Educational Drama, Portsmouth, NH: Heinemann, 2000.
Winston, J., "Drug Education Through Creating Theatre in Education", RIDE 6 (1), 2001, pp.39~54.

들을 해결하는 도구로 사용하고자 한다. 시민연극 프로그램이 성공하기 위한 핵심 요소는 그 프로젝트의 시초부터 다루어져야 할 이슈에 대해 그 공동체의 의견이 적극 반영되어야 한다는 점이다. 이는 쉽지 않은 도전이기는 하나, 그 지역 구성원들이 관심을 갖고 있지 않은 주제이거나 혹은 특정 관점을 강요한다는 느낌을 받게 될 경우, 프로젝트에 대한 공동체의 관심과 참여는 저조할 수밖에 없다. 시민연극을 문제 해결(problem-solving)로 비유하는 관점의 또 다른 문제점은 그로 인해 연극이 깊숙한 상처의 치유책이라거나, 정치적 불공정을 해소한다거나, 다양한 불만과 사악함을 효과적으로 해결할 수 있다는 오해이다. 이러한 관점들은 앞의 장에서 논의하였던 시민연극의 다양한 목적들을 성취하는데 저해 요소가 된다. 그 다양한 목적들은 바로: 보다 많은 가능성을 열어 내고; 해당 이슈에 대한 비판의식을 향상시키며; 계속적으로 진화하는 담론들을 구축하고; 세상의 문제들을 해결하는 것이 아니라, 문제들을 제기하는 것이다.

2. 윤리적 틀을 구축하기

문제 제기적인 중재자로서 다양한 공동체에 연극을 소개하는 시민연극 teaching artist들의 임무는 매우 세심하게 다루어져야 한다. 중재자라는 존재는 태생적으로 그 문제가 진단된 공동체에 소속된 구성원이 아니다. 중재자는 그 공동체의 이방인이며, 외부에서 초빙된 전문가이다. 나름대로의 작업 방식을 통해 참여자들을 위한 문제 제기적 교육을 주도하는 전문가가 그들이다. 이 단락에서는 이러한 접근이 지닌 잠재적 함정들을 조명하고 시민연극에서 윤리적 틀을 구축하는 작업이 얼마나 협력적인 시도가 되어야 하는가를 살펴보기로 한다.

저소득 가정의 주택문제를 관장하는 한 정부 부서가 teaching artist 팀에게 가정 폭력 문제를 다루는 프로젝트를 의뢰하였다고 가정해 보도록 하자. 가정 폭력 문제는 정부가 보조하는 임대주택 단지에 거주하는 저소득 가정에서 특히 만연하는 사회문제이기도 하다. 그 임대주택 단지는 지극히 피폐한 생활환경을 그대로 반영하고 있다: 실업률은 매우 높고, 편부 혹은 편모 가정이 일반적이며, 청소년들은 밤거리를 배회하며 시간을 보낸다. 그 주택단지는 마을의 중심 지역과 밀접해 있으며, 지역 사회 내에서 매춘, 마약, 인종 공격 등 각종 범죄행위가 빈번히 일어나는 장소로 악명이 높다.

점차 수위가 높아지고 있는 가정 폭력, 특히나 자신의 배우자에게 언어적·물리적 폭력을 자행하는 빈도가 높은 20대와 30대 남성들의 폭력문제와 싸우기 위해 담당 기관에서는 지역 사회 교육 프로그램을 통해 지역 사회의 태도 변화를 목적으로 하는 지원 서비스를 시행한 바 있다. 주된 방법은 가정 폭력의 피해자나 유경험자들이 도움을 받을 수 있는 다양한 기관들을 알리는 안내 책자를 배부하는 것이었다. 이처럼 가정 폭력을 '문제(problem)'로 다루는 상투적인 방법이 소기의 성과를 거두지 못하자, 담당 기관의 실망감은 증폭되었다.

고심 끝에 그 기관은 이 폭력이라는 이슈의 책임을 지역 구성원들에게 돌려 그들이 직접 그 문제를 고민하도록 하는 전략을 수립

한다. 지역 주민들이 적극적으로 자신들의 삶의 질을 향상하고자 노력해야만 변화가 생긴다는 판단을 한 것이다. 이 전략의 대상으로 선택된 임대주택 단지는 기물 파손, 마약과 알코올 남용, 가정 폭력을 비롯한 지역의 수많은 사회문제가 집결되어 있는 장소이다. 그 담당 기관이 프로젝트를 의뢰한 시민연극 팀은 그 지역에서 160킬로미터 가량 떨어진 큰 도시에 근거지를 둔 팀이다. 그 팀에게 부여된 임무는 엄청난 건수의 가정 폭력이 만연한 이 지역 공동체를, 보편적 개념의 가정생활을 영위할 수 있는 조용하고 안락한 지역으로 변화시키는 정부 사업에 조력하는 것이다. 담당 기관은 그 연극 팀에게 해당 지역 공동체가 직면한 여러 문제들을 공론화하고, 그 문제들의 해결책으로 폭력 문제에 대한 지역 주민들의 태도를 변화시킬 수 있는 프로그램을 고안하고 실행할 것을 요구한다.

　　독자들은 이미 이 시민연극 팀이 당면하게 된 딜레마를 눈치챘을 것이다. 그 정부기관은 해당 지역에 문제가 있다고 인식하고, 외부 단체를 지역 공동체 속으로 불러들여 문제를 해결하도록 요구한다. 그 지역 사회의 일원이 아닌 연극 팀은 지역 주민들과 매우 껄끄러운 관계에 놓이게 되었을 것이다. 지역 주민들의 눈에 그들은 가정 폭력이라는 전염병을 치료하러 온 외부의 방문자들이기 때문이다. 담당 기관은 참여적인 형태의 연극에 관심을 갖고 있기는 했지만, 이러한 연극 작업은 그 기관이 지역 공동체 개발을 위해 일상적으로 활용해 온 익숙한 '도구상자(tool kit)'와는 매우 거리가 먼 것이었다. 뿐만 아니라, 그 기관은 보알과 그의 포럼연극에 대해 듣게 되었으며, 그러한 연극이 제공할 수 있는 가능성에 대해 매우 큰 기대를 갖게 되었

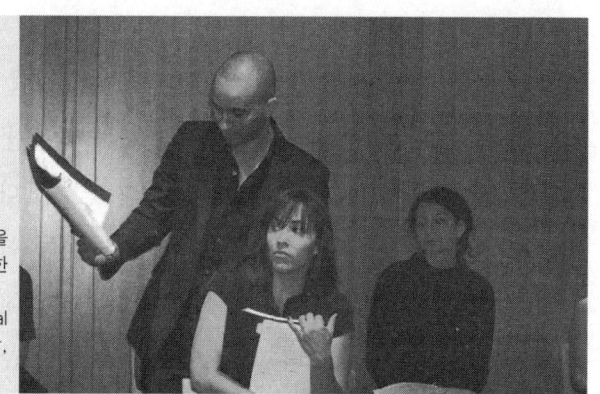

여성의 억압과 갈등을
다룬 시민연극작업의 한
장면
사진 출처: Educational
Theatre Newsletter,
New York University

다. 그렇지만 그 정부기관이 시행해 온 지역개발 정책에 시민연극 작업이 활용되었던 사례는 한 번도 없다. 따라서 teaching artist들은 지역 주민들의 당혹스런 시선을 한 몸에 받으며, 그 기관이 요구한 방식으로 그 구성원들의 문화적 문제를 바꾸어야 하는 오직 하나의 목적만을 짊어진 채 해당 지역 공동체에 들어서게 되는 것이다.

그 기관은 이 빈곤한 공동체를 위한 혁신적인 시민연극 프로그램이 개발될 것을 갈망하며, 그 프로그램이 주민들을 매우 직접적이고 강력한 극적 상황 속으로 끌어들여 그들 스스로가 가정 폭력 문제를 '해결'할 될 것으로 기대하고 있다. 이러한 극적 체험에 참여한 지역의 구성원들이 마치 기적처럼 그동안 자신들의 불만 해소의 일환으로 가정 폭력에 의존했음을 깨닫게 될 것이라는 믿음은 매우 잘못된 것이다. 그 기관은 보알의 참여적 연극 기법이 자신들의 지역개발 전략과 많은 공유점이 있다고 생각한다. 둘 다 지역 사회에 자기 주도적인 변화를 만들어내는 열망에 근거하고 있기 때문이다.

이 정부기관이 변화를 이끌어내는 연극의 힘을 인식하고 있다는 점에서 찬사를 보내지 않을 수 없다. 그러나 문제는 그 기관이 요구한 목표, 즉, 가난한 임대주택 단지의 가정 폭력 발생률을 낮추는 참여적 연극 프로그램을 만들어내야 한다는 엄청난 부담이 teaching artist들의 어깨에 짊어지게 된다는 점이다. 거기에다가 그 기관은 가정 폭력 시민연극 프로젝트가 배우자 폭행, 아동 학대, 가족에 대한 물리적·언어적 폭력 사건이 빈번하게 발생하는 임대주택단지에서 진행되어야 할 것을 종용한다. 그 지역은 가정 폭력 발생률은 엄청나게 급증한 곳이다. 한 마디로 teaching artist들은 사실상의 전쟁터로 들어가 매우 어려운 사회적 이슈를 해결하도록 요구받는 것이다. 이 경우는, 그 정부기관이 자신들이 앞서 시도했던 지원 사업이 성공하지 못했음을 인정하는 셈이 되며, 이제 시민연극이라는 새로운 도구를 한번 실험해 보자는 의도가 된다.

물론 여기서 묘사된 정황은 가상의 시나리오일 뿐이지만, 나 역시 가정 폭력을 주제로 한 시민연극 프로그램을 이 경우와 유사하게 폭력이 급증하는 지역 내 피해자와 경험자들을 대상으로 공연한 바 있다. 어느 기사에서 청소년 다섯 명 중 한 명이 자신의 엄마 혹은 계모가 집에서 신체적 폭행을 당하는 것을 목격했다고 보도한 바 있다. 사회·경제적으로 하류층 가정의 청소년일수록 상류층 청소년 그룹에 비해 이러한 폭력을 목격하는 비율이 더 높았다. "친엄마가 새로운 배우자를 만난 가정의 청소년들일수록 양친과 함께 사는 청소년들보다 폭력을 목격하는 비율이 높았다. 청소년들이 목격한 가정 폭력의 가장 큰 원인 중 하나는 음주로 인한 폭행으로 나타났다."[19]

내가 관여했던 한 프로젝트의 경우, 의뢰 기관에서는 빈민 주택단지의 주민들이 가정 폭력으로 인한 문제들을 인식하고, 그러한 문제들이 발생하게 된 상황들을 탐구한 다음, 더 이상의 폭력을 예방할 수 있는 방법들을 제시하도록 하는 프로젝트를 요구하였다. 만약 그 프로그램이 지역 사회에 반향을 일으키기 위해서는 다른 대상이나 지역에서 성공을 거둔 모델[20]을 벤치마킹해야할 필요가 있다고 나는 판단하였다. 이를 위해 나는 teaching artist들이 지역 공동체와 함께 협력적 관계로 매우 성공적인 교육 프로그램을 고안해낸 사례들을 찾아야 했다. 그 과정에서 비록 가정 폭력이라는 주제를 다룬 프로젝트를 찾는 것은 어려웠지만, 대신 나는 모지스 카우프만(Moises Kaufman)과 텍토닉 띠어터 프로젝트(Tectonic Theater Project) 팀의 멤버들이 함께 만들어낸 탁월한 사례를 찾아낼 수 있었다. 다음에 소개되는 가정 폭력 프로젝트는 바로 카우프만의 동성애 혐오를 다룬 프로젝트에서 자극과 통찰을 받아 만들어진 사례이다.

19 Harris, T., "Young Often See Mothers Bashed", The Australian, April 9, 2001, p.3.
20 Taylor, P., "Afterthought: Evaluating Applied Theatre", Applied Theatre Researcher 3, pp.12~15(an electronic journal of the Centre for Applied Theatre Research, Brisbane), 2002. http://www.griffith.edu.au/__data/assets/pdf_file/0010/54973/after-thought.pdf
Taylor, P., "Musings on Applied Theatre: Toward a New Theatron", Drama Magazinie 10 (2) May, 2003, pp.37~42.

'가정 폭력' 주제의 복합적인 프로젝트를 고안하다

카우프만은 매우 절박한 사회 문제인 혐오 범죄에 대해 관심을 가지고 있었다. 1998년 와이오밍 주의 한 초원에서 스물 한 살의 게이 대학생인 매튜 셰퍼드(Mattew Shepard)가 잔혹한 폭행을 당하고 목장 울타리에 매달려 숨진 채 발견되는 사건이 발생하였다. 이 사건에 충격을 받은 카우프만과 그의 극단 멤버들은 이 끔찍한 사건에 연극 형식을 이용해 어떠한 통찰을 제공할 방법은 없을까 고민하게 되었다:

〈라라미 프로젝트(Laramie Project)〉의 아이디어는 매튜 셰퍼드라는 청년이 왜 살해되었는지, 그 사건이 있던 날 밤에 무슨 일이 벌어졌는지, 그리고 그 라라미라는 마을은 어떤 곳인지 보다 자세히 알고 싶은 나의 갈망에서 처음 출발하였다. 그 지역의 시민들의 이야기를 들어보자는 아이디어가 매우 흥미롭게 다가왔다. 과연 라라미 마을은 다른 곳들과 어떻게 다르며 어떤 점이 유사한 곳인가? (…중략…) 우리 연극 예술가들은 이런 사건에 어떻게 반응할 수 있을까? 그리고 보다 구체적으로, 과연 연극은 진지한 시사 문제를 거국적 토론으로 이끌어낼 수 있는 매체인가?[21]

한 지역 사회에 어떻게 이런 끔찍한 사건이 초래되었는가에 관한 극작가의 관심이 이 프로젝트 탄생의 계기가 되었다는 사실에 나는 주목하였다. 뉴욕 시 출신인 카우프만은 광활한 와이오밍 주의 라라미 마을과는 매우 거리가 먼 인물이었다. 앞서의 가정 폭력 프로젝트 teaching artist들과 마찬가지로 카우프만과 라라미 마을 사이에는 공통분모가 거의 존재하지 않았으므로, 그는 자신의 극단 단원들과 함께 라라미를 방문하여 그 마을에 대해 더 많은 것을 알아보고자 하였다.

카우프만의 연극 〈라라미 프로젝트(The Laramie Project)〉는 라라미 지역의 주민들과의 인터뷰에 근거하여 완성된 작품이다. 그 인터뷰를 통해 기록된 그 지역 사회 주민들의 이야기, 그리고 그 인터뷰를 진행한 극단 배우들의 이야기가 그대로 연극의 대본으로 이어졌다: "처음 시작했을 때 우리가 이 프로젝트에 2년이라는 시간을 바치게 될 줄은, (…중략…) 그리고 200회가 넘는 인터뷰를 하게 되리라고는 생각도 하지 못했다."[22] 카우프만은 이 인터뷰들을 연극 작업의 토대로 활용

21 Kaufmann, M., The Laramie Project, New York: Dramatists Play Service Inc, 2001, pp.11~12.
22 위의 책, p.12.

할 수 있는 방법에 관심을 갖게 되었다. 지역 구성원들 스스로가 하나의 연극 작품을 빚어낸 것이다.

셰퍼드의 죽음을 둘러싼 여러 정황들을 극화하여 무대에 올리는 대신, 카우프만은 일종의 다큐멘터리 연극의 방식을 선택하였다. 이는 연극적 혹은 '축어적 르포르타주(verbatim reportage)'라고도 지칭되는 형식으로, 배우들이 실제 인터뷰의 내용을 대사처럼 암송하는 형식이다.[23] 극 속에서 주인공인 셰퍼드는 등장하지 않는다. 그의 삶은 다른 이들의 관찰과 회상을 통해 구성될 뿐이다. 셰퍼드라는 인물을 내세우지 않음으로써 극작가는 다양한 관점들을 통해 셰퍼드의 삶을 여러 단면들로 재현할 수 있게 되었다. 그리고 참여자들은 자신들의 관점으로 셰퍼드라는 인물을 창조해내게 된다. 이 기법은 내게 가정 폭력 프로젝트를 구성하는데 매우 의미 있는 자극을 주었다.

〈라라미 프로젝트〉는 학교를 포함하여 다양한 장소에서 공연되었으며, 셰퍼드의 사망이 혐오 범죄의 상징적 사례로 조명되면서 최근 들어 다시금 주목을 받고 있다. 이 연극 공연을 통해 지역 공동체가 한데 모여 다양성과 관용에 대해 토론하게 되는 것이다: "이 연극이 교육적 기능을 발휘하게 되는 힘은 그 내용뿐만 아니라 그 형식에도 있다. 배우 한 명이 하나의 인물을 연기하는 것이 아니라, 모든 배우들이 다양한 인

---

23 Albert, J., "Body of Evidence", The Weekend Austrailian (newspaper), March 10−11, 2001, pp.R18~R19.

물들을 대변하며, 때로는 반대의 입장을 지닌 인물들을 표현한다."[24] 이 연극이 교육적 기능을 갖는 또 다른 이유는 관객들이 특정 인물에 몰입하는 것이 아니라 그 상황에 몰입할 수 있기 때문이다.

이와 유사하게 시민연극에서 우리는 참여자들이 여러 역할들을 연기하도록 함으로써, 그들이 주어진 상황을 다양한 관점에서 바라볼 수 있도록 인도하고자 한다:

〈라라미 프로젝트〉는 궁극적으로 두 공동체 간의 만남이다. 화자(話者)인 공동체(라라미 마을의 주민들)와 청자(聽者)인 공동체(인터뷰를 실행한 극단 단원들) 간의 만남이 그것이다. 하나의 연극 작업으로서 이 만남은, 매우 힘겨운 진실들을 이야기하고 이를 존중하며 듣는 상호 소통—모든 사람들이 갈망하지만 이제는 공공의 장 어디에서도, 특히 간단한 촌평들이 깊은 통찰로 간주되고 핏대 올린 자기 주장이 토론처럼 둔갑하는 뉴스 미디어에서는 더 이상 쉽게 만날 수 없는 형태의 소통 방법을 제시한 모델이다.[25]

가정 폭력 프로젝트의 teaching artist들은 황폐한 지방 주택 단지의 삶에 대한 배경지식이 일천하였으므로, 집중적이고 철저한 현장 방문을 통해 그 공동체의 생활과 특히 가정 폭력

---

24 Shewey, D., "A Play Has a Second Life as a Stage for Discussion", The New York Times, December 1, section 2, 2002.
25 위의 글, p.7.

이라는 주제에 관련한 자료들을 수집하고 분석하여야만 했다. 인터뷰는 시민연극 프로젝트를 고안하는 데 있어 매우 풍성한 정보 자료들을 제공한다. 지역의 다양한 구성원들과 대화하면서 teaching artist들은 그 지역 주민들의 생활과 관심사를 서서히 이해하기 시작하는 것이다. 때로는 참여자들에게서 나타나는 전형적인 태도로 인해 난감해지는 경우도 있다.

카우프만이 인터뷰 과정에서 골수 편견주의자들 및 동성애 혐오자들과 마주치게 되었듯, 가정 폭력 프로젝트에서는 남녀의 역할에 대해 편파적인 태도를 지닌 사람들을 만나게 된다. 간혹 자신들이 인터뷰 대상자들보다 더 깨어 있고 더 알고 있다고 생각하는 teaching artist들은 이러한 대상자들의 태도와 충돌하기도 한다. teaching artist들이 반드시 명심해야 할 것은 자신의 개인적 판단을 자제하고 인터뷰 대상자들이 자유롭고 솔직하게 말할 수 있도록 기회를 주어야 한다는 것이다. 일단 자료 수집을 마무리하게 되면, 가정 폭력과 관련된 주제들을 분석하기 시작하며, 인터뷰 대상자들의 인적사항을 드러내지 않는 범위 내에서 프로그램을 구성해 나가는 것이다.

토론의 장 만들기

현장 방문에서 드러난 것은 그 지역의 특정 구역에서 매우 심각한 수준의 파괴 행위가 발생하고 있다는 점이었다. 성가심과 불쾌감은 일상적으로 느끼는 감정이었다. 심야 파티라든가 길거리에서의 마약 행위, 청소년들의 폭력 등과 관련해서 하루에도 수많은 신고가 경찰에 접수되곤 했다. 이웃 간의 경계를 구분하는 울타리가 없어서 청소년들이 앞마당과 뒷마당을 통로처럼 드나들다 보니 주민들의 불만은 날로 악화되고 있었다. 지역의 실업률은 매우 높았고, 지역 내에는 빈민들을 위한 공공지원 주택들이 집중되어 있었다. 우리가 인터뷰한 많은 주민들이 하나같이 가정 폭력을 그 지역의 심각한 문제라고 묘사하는 것으로 보아, 매우 큰 문제인 것으로 보였다.

주민들과의 인터뷰는 여러 가지의 화두를 놓고 진행되었는데, 지역 공동체의 폭력 문제가 그 중의 하나였다. 그 과정에서 단절감이 매우 중요한 테마로 부각되었다. 현장 방문을 마치고 돌아온 우리는 최대한 불완전한 프로그램 각본을 구성하였다. 이 불완전함이 참여자들로 하여금 자신의 이야기나 상황에 대한 자신의 해석을 제공할 여지를 주기 때문이었다. 이런 프로젝트의 경우 teaching artist들에게 자신들이 생각하는 해결법을 제안하지 않도록 하는 것이 매우 중요하였다. 그 지역 공동체에서 충분한 관계를 구축하지 못한 상황에서, 어차피 teaching artist들의 제안이 큰 신뢰를 얻기는 힘들 것이다. 우리는 가정 폭력의 전문가가 아니었다. 우리들 중 어느 누구도 가정 폭력을 직접 경험했던 사람은 없었다. 아니면 그저 그런 사실을 시인하지 않았던 것일 수도 있다. 따라서, 가정 폭력에 대해 지역 주민들이 들려준 이야기들이 우리가 만들어내는 연극이 된 것이다.

길잡이 질문

- 무엇이 가정 폭력 사건을 일으키는가?
- 가정 폭력 사건은 공동체 내에서 어떻게 다루어져야 하는가?
- 가정 폭력에 대해 알게 되었을 때 공동체의 구성원들은 어떻게 하여야 하는가?

시나리오

프로그램이 시작되고, 참여자(관객)들 앞에 브렌다(Brenda)라는 인물이 등장한다. 이 마을의 수다쟁이인 브렌다는 임대 주택 단지에 사는 자신의 삶을 소개한다. 동네의 다른 인종들, 거리를 누비고 다니는 아이들, 툭하면 나타나지만 정작 필요할 땐 없는 경찰 등등. 그녀의 말투나 행동은 다소 과장스럽긴 하지만 순진함에서 묻어나는 진실을 느낄 수 있다. 그녀는 마약 이야기, 음주 문제, 집세를 못내 애를 먹는 사정, 그리고 지역 주민들의 개선만을 요구하는 정부기관 담당자 이야기를 늘어 놓는다. 동네 아이들이 툭하면 자신의 마당을 가로질러 뛰어다니는 바람에 울타리도 없어졌다며 불만을 터뜨리기도 한다. 그녀의 옆집에는 한 달쯤 전에 이사온 가족이 살고 있다. "그 집은 뭔가 수상한 것 같아요." 브렌다는 말한다. "그 집 남자가 늦게 집에 들어오면 꼭 블라인드를 쳐놓더라고요."

이어서 관객은 브렌다의 이웃들을 만나게 된다. 공격적인 남자가 자신의 '여자'를 지배하는 모습을 목격하게 되면서 극의 템포가 바뀐다. 지극히 양식화된 연극적 표현을 통해 참여자들은 자칫 위험에 이를 수 있는 가정 폭력 사건을 목격하게 된다.

관객 참여

참여자들은 먼저 브렌다와의 핫시팅을 통해 그녀에게 질문할 기회를 갖는다. 조율자는 참여자들에게 주변에서 브렌다와 비슷한 사람을 본 적이 있는지 묻는다. 참여자들은 브렌다의 삶을 어떻게 묘사하는가? 브렌다는 그 동네의 삶에 대해 진실을 말하고 있는가? 이웃집 두 남녀의 장면이 끝난 다음 참여자들은 그 여성이 남편과 계속 사는 것 이외에 다른 선택이 있는가에 대해 생각해 보도록 요청받는다. 여러 대안이 제시되면 그에 관한 토론이 이루어지고 그 중 한 가지가 선택된다. 예를 들어, 만약 참여자들이 그 여성이 상담전문가를 찾아가 의논해야 한다고 생각한다면, 참여자들은 자신이 그 상담전문가가 되어 그녀에게 조언을 제공한다. 이어서 그 조언들이 과연 적절한 것이었는지에 대한 탐구가 계속된다. 이 프로그램의 마무리는 극중의 남녀와 같은 사람들이 이 공동체에도 있는지, 그리고 가정 폭력 사실을 알게 되었을 때 공동체의 책임은 무엇인지에 대한 토론으로 끝을 맺는다. 정부기관의 사회복지사가 나와 참여자들이 가정 폭력과 관련하여 이용할 수 있는 각종 서비스들에 대하여 설명한다.

총평

이 프로그램은 4명의 teaching artist들을 필요로 한다: 조율자, 브렌다, 남자, 여자. 이 프로그램은 임대주택 단지의 지역센터에서 "가정 폭력 추방을 위한 주간" 중에 실행되었다. 공연의 첫 장면에 등장하는 브렌다 역할의 임무는 밝은 웃음을 통해 분위기를 조성하고자 하는 의도였다. 이미 참여자들은 이 프로젝트의 주제가 가정 폭력이라는 것을 알고 있었기 때문에, 어떤 이야기가 나올 것인지에 대해 다들 나름대로의 예상을 했을 것이다. 또한 이 행사가 정부의 주택관리 부서에서 주최되었기 때문에, 틀림없이 참여자들은 자신들이 설교를 듣게 될 것이라고 생각했을 것이다.

가정 폭력과 같은 주제들은 매우 세심하게 다루어져야 한다. 이에 우리는 그 문제에 대해 풍부한 경험을 지닌 지역의 상담전문가를 우리의 프로그램에 포함시키기로 결정하였다. 이 상담전문가는 가정 폭력에 관한 정보 책자를 준비하였고 프로그램의 마무리에 어떤 서비스들이 제공되고 있는지를 설명하는 역할을 수행하였다.

남자와 여자가 등장하는 장면은 이 프로젝트의 핵심이었으며, 그 내용은 수집된 인터뷰 자료에 근거하여 고안되었다. 그 남녀는 지역에 살고 있는 실제 부부는 아니지만, 종종 가정 폭력을 스스로 방조하는 그런 관계의 전형을 표현했다. 이 관계 역시 teaching artist들이 수집된 자료를 분석하여 각색한 것이다. 남자와 여자가 서로를 대면하는 이 장면은 참여적 연극의 촉매제가 되었다. 다음의 내용은 두 남녀 사이에 오고간 대화의 샘플이다. 두 배우는 서로 마주본 채 다소 거리를 두고 서 있다. 그들은 그냥 '남자'와 '여자'로 불린다:

여자   나는 야룸바(가상의 마을 이름)에 살아요. 화초 가꾸기와 TV 보기를 좋아하지요. 가끔은 시내에 나가서 아이쇼핑도 합니다.

남자   (한 발 다가서며) 나는 야룸바에 삽니다. 난 월급날이 좋습니다. 친구들과 술집에 가는 건 정말 좋지요. 가끔씩 돈 때문에 노동일을 합니다.

여자   (한 발 다가서며) 난 이 동네에 살아요. 여긴 별로

	할 게 없어요. 난 집을 깨끗이 청소해야 한답니다.
남자	(한 발 다가서며) 난 이 동네에 삽니다. 여긴 아무런 재미가 없어요. 난 친구들과 나가 놉니다.
여자	(한 발 다가서며) 이곳에선, 젊은 아이들이 거리를 배회하고 다니죠. 남편은 친구들과 술집에 가서 시간을 보냅니다. 난 친구가 많지 않아요.
남자	(한 발 다가서며) 이곳에선, 어떤 사람들은 혼자 밖에 나다니는 걸 겁내는 사람들이 있죠. 난 그딴 거 겁 안 납니다.
여자	(한 발 다가서며) 이 집에서, 남편은 술집에서 친구들을 만나고 돌아옵니다. 난 밖에 잘 안 나가요.
남자	(한 발 다가서며) 이 집에서, 난 술집에서 돌아와 TV를 봅니다. 리모컨은 항상 내 손에 있죠.
여자	(한 발 다가서며) 바깥에선, 아마 사람들도 남편이 술집에 갔다가 집으로 돌아오는 소릴 들을 겁니다. 하지만 그 누구도 아무 말도 안 해요.
남자	(한 발 다가서며) 바깥에선, 내가 집에서만큼 힘이 없단 말입니다. (여자의 얼굴을 향해 손을 쳐든다)
여자	난 밖에 잘 안 나가요. (남자가 그녀의 얼굴을 때리고, 그녀는 고개를 젖힌다)

이 시나리오의 대사들은 수많은 의문들로 가득하다. 무엇이 가정 폭력 사건을 일으키는가? 가정 폭력이라는 이슈에서 우

리는 어떤 문제 제기를 해야 하는가? 가정 폭력을 어떻게 극복할 수 있는가? 이 극본은 '남자'가 자신의 물리적 힘을 이용하여 '여자'를 지배하려 하는 힘의 역학 관계를 보여주고 있다. '여자'가 가정에서 겪고 있는 억압은 명백하다. 그녀는 '남자'의 계속되는 억압적 지배를 용인하고 있는 듯 보인다. "난 밖에 잘 안 나가요" 같은 간략한 대사들 안에는 이 '여자'가 처해 있는 진정한 딜레마에 대한 정보가 숨어 있기도 하다. 그녀는 아무런 대안이 없는 것처럼 보이며, 그 관계에서 벗어날 방법이 없다고 느끼는 듯 보인다. 어쩌면 '남자'의 학대에도 불구하고 그녀는 '남자'를 사랑하고 있을 수도 있다. 우리의 연구에 의하면 많은 가정 폭력의 피해자들은 자신의 배우자들에 대한 애정이 매우 크며 일종의 상호의존적 관계로 발전되어 있었다. 이 연극에서 '남자'는 호의적으로 묘사되어 있지 않다. 그는 '여자'를 마치 TV 리모컨처럼 하나의 물건으로 취급하고 있다.

이 시나리오를 상연한 다음, 참여자들은—이 사례의 경우에는 가정 폭력이 빈번한 공동체의 주민들—이 상황이 제기하는 이슈들을 탐구하는 활동에 참여하게 되었다. 우리가 만난 대상들은 잠재적인 가정 폭력의 피해자들이자 연극적 활동의 경험이 전혀 없는 참여자들이기 때문에, 이 시민연극 프로그램이 그들에게 위압적이지 않은 방식으로 진행되어야 하는 것이 매우 중요하였다. 참여자들이 스스로 입을 열고 자신의 의견을 낼 수 있도록 용기를 주는 것이 핵심이었다. 장면을 관람한 다음, 조율자는 그 장면에 대한 참여자들의 반응을 점검하였다. 열린 질문들과 닫힌 질문들을 고루 활용하여 그 '남자'와 '여자'의 이야기를 탐구하였다.

조율자   이 '여자'는 야룸바라는 지역에 산 지 얼마나 되었을까요?

이 두 사람은 부부일까요? 결혼한 지는 얼마나 되었을까요?

'여자'는 이 상황이 정상적이라고 생각할까요?

이런 관계가 지속된 것은 얼마나 되었을까요?

'여자'가 가진 선택들은 무엇이 있을까요?

어떻게 해야 그녀가 이 상황에서 벗어날 수 있을까요?

그녀가 찾아가 도움을 청할 수 있는 사람은 누구일까요?

이와 같은 질문들을 통해 '여자'라는 인물의 정보가 서서히 윤곽을 드러낸다. 참여자들은 자신들이 생각하는 '여자'의 삶에 대해 표현하기 시작하고, 복합적인 캐릭터가 만들어지게 된다. '여자'가 가진 선택의 옵션들과 그녀가 도움을 청할 사람에 대한 마지막 질문은 참여자들이 장면에 개입하여 그녀에게 조언을 제공하는 활동으로 연계된다. 참여자들은 '여자'가 사회복지사나 친구, 혹은 이웃에게 도움을 청해야 한다고 제안할 수 있다. 조율자는 이런 제안들 중에서 하나를 선택하여 참여자들이 그 인물이 되어 대응하도록 안내한다. 이때, '여자' 역할을 연기하는 **teaching artist**는 자신을 돕는 참여자들이 쉽게 해결할 수 없는 어려운 상황으로 인도해 간다. '여자'가 그 조언들을 받아들이려 하지 않거나, 어떻게 그 조언들을 행해야 할지 자신이 없을 수 있다. 그녀는 참여자들에게 자신이 처한 문제 상황을 어떻게 극복해야 하는지 직접 보여달라고 요청할 수도 있다.

조율자   (참여자들에게) '여자'가 등장하면, 여러분들은 그녀가 입을 열게 해야 합니다. 그래서 무슨 일이 벌어지고 있는지를 듣고, 그녀에게 하고 싶은 말을 하고, 그녀가 지금보다 나은 삶을 살 수 있다는 점을 설득하시기 바랍니다. 여러분들이 도와주셔야 합니다. 어쩌면 여러분의 조언을 듣지 않으려고 할 수도 있습니다.

'여자'가 등장한다. 참여자들은 하나의 역할(예를 들면, 상담 전문가)이 되어 그녀와 핫시팅을 진행한다. '여자'는 매우 불안정한 상태이며, 쉽게 대화가 이루어지지 않는다. 그녀가 주로 하는 말은 "난 그 사람을 사랑해요." "난 그 사람을 떠날 자신이 없어요." 혹은 "내가 가면 어디로 가겠어요?" 같은 말들이다. 독자들이 이미 파악한대로, 이 활동의 핵심은 '여자'가 생각해 볼 만한 가능성들을 참여자들이 제시하는 것이다. '여자'의 역할을 연기하는 teaching artist는 참여자들의 의견이나 관심을 차단하지 않되, 최대한 적절하게 방해하거나 혹은 혼란한 상황을 만들어내는 것이다. 시민연극 프로그램의 목적은 대화를 열어내는 것이다. 참여자들이 자신들의 공동체에 존재하는 직접적인 딜레마들에 대하여 귀기울이고 그 상황에 직면하도록 하는 것이다.

이 프로그램의 마무리에 참여자들은 그 '여자'가 가정 폭력의 피해자로서 타당성과 진정성이 느껴지는지 논의할 수도 있다. 만약 다른 의견이 제기될 경우, 자원한 참여자가 자신이 생각하는 '여자'의 입장이 되어 직접 연기해 보고 나머지 참여자들은 앞에서 했듯이 상담전문가 혹은 이웃의 역할로 이에 대응해 볼 수도 있다.

이 프로젝트에서 우리는 명백하게 보알의 실천 방법을 비롯한 다른 시민연극 기법들을 활용하여 변화를 위한 기제로 구

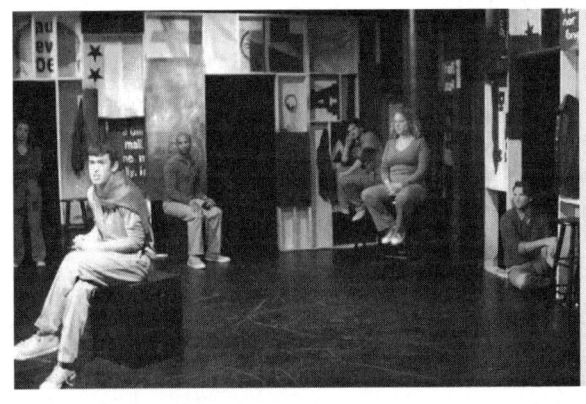

시민연극공연의 한 장면
사진 출처: Educational Theatre Newsletter, New York University

성하고자 하였다. 우리의 목표는 연극 예술 양식을 활용하여 이 프로그램이 제기한 이슈들을 참여자들이 직접 고민하고 해소하는 방법을 탐색하는 것이었다. 다시 한 번 강조하지만 이 작업이 각 단계마다 진화될 수 있었던 원동력은 바로 그 공동체 구성원들의 참여였다. 시민연극에서 제시되는 모든 것들은 그들의 말과 체험인 것이다.

3. 윤리에 대한 고찰

나는 제임스 톰슨(James Thompson)과 그의 교정시설 연극 (Prison Theatre) 작업을 통해 때때로 시민연극의 핵심 원칙은 '확실성과의 분리(break with certainty)'가 되기도 한다는 것을 이해하게 되었다. 도덕적 진부함이나 정치적으로 올바른(politically correct) 메시지를 강조하기보다는, 시민연극 전문가는 모호하고 불완전한 경험의 순간들을 만들어내는 것이다. 톰슨이 강조하기를:

> 만약 연극이 (교정시설의) 보호관찰 대상자들의 사회적으로 올바른 역할수행을 연습시키는 기술훈련 방식에 불과하게 된다면, 우리는 연극 워크샵과 공연 과정이 지닌 역동적이고 어렵지만 풍성한 체험의 순간을 잃게 될지도 모른다.[26]

가정 폭력 프로젝트의 창작 과정에서 참여자들의 이야기와 행동들에 집중할 때, 인간관계가 지닌 복합성이 필연적으로 드러나게 된다. 가정 폭력 프로젝트는 역동적인 시나리오를 구성하여 바로 그 복합성을 조명해내는 것이 목표였으며, 삶의 난해하고 어려운 상황들을 단숨에 해결할 단순명료한 해법이란 존재하지 않음을 제시하고자 하였다. 우리는 이러한 인간 노력의 단면들을 담아내는 일이 연극이

---

26 Thompson, J., "Making a Break for It: Discourse and Theatre in Prisons", Applied Theatre Researcher 1, 1-5(an electronic journal of the Centre for Applied Theatre Research, Brisbane, 2000, p.4.
http://www.griffith.edu.au/__data/assets/pdf_file/0010/54982/making-break-for-it.pdf

지닌 가능성의 영역을 확장시킨다는 카우프만의 주장에 동의한다. 지역 주민들과의 인터뷰를 통해 생성된 이 시민연극 작품은 〈라라미 프로젝트〉와 마찬가지로 "지역 공동체가 자신들이 느낀 바를 이야기할"[27] 기회를 제공함으로써 그들의 이상과 소망을 고취시키고자 하는 목표를 공유한다.

이 프로젝트에 대한 평가는 이미 다른 논문[28]에서 소개한 바있다. 그러나 이 프로젝트의 teaching artist들이 이 사업을 의뢰한 기관, 지역 주민들, 참여자들, 그리고 해당 프로그램의 참관인들을 대상으로 한 후속 인터뷰를 통해 확인한 사실은 이 프로젝트에 관하여 매우 다각적인 관점들이 존재한다는 것이었다. 이러한 지역 공동체에 들어가 작업을 하게 되는 시민연극 teaching artist들이 이방인으로 비추어지는 것은 불가피한 일이다. 외부와 고립된 공동체일수록 시민연극 프로젝트의 목적에 대해 익숙지 않거나 비협조적일 수 있을 것이다. 카우프만과 극단 단원들을 라라미의 주민들이 "처음에는 의혹의 눈초리로" 바라보았듯, 나는 공동체의 구성원들이 우리 시민연극 팀에 대해 어떤 반응을 보일 것인지 매우 궁금했다. 복잡하고 어려운 이슈에 관해 직접적 경험이 없는 teaching artist들이 지역 공동체로 들어가서 구성원들 간에 대화의 장을 열어보고자 하는 시도는 과연 윤리적인 것일까? 하나의 시민연극 프로젝트가 주제에 대한 피상적인 탐구 이상의 성과를 거두는 것이 가능한가? 시민연극의 teaching

---

27 Albert, J., 앞의 글, 2001, R19.
28 Taylor, P., "The Applied Theatre: Building Stronger Communities", Youth Theatre Journal 16, 2002b, pp.88~95.

artist들이 가정 폭력에 관한 토론을 이끌어낼 수 있겠으나, 진정 그들에게 이런 작업을 할 권리나 책임이 있는 것일까? 또한, 어떠한 후속 작업(follow-up work)이 필요한 것일까?

실제 경험을 토대로 구성된 가상의 가정 폭력 프로그램을 통해 참여자들이 체험하는 일회성 가정 폭력 공연이 폭력을 야기하는 여러 요인들을 충분히 파헤치는 지속적인 과정이 되지는 못한다. 앞에서 언급한 가상 사례와 같은 지역 공동체들의 경우, 가용 자원이 매우 부족하며 가계 소득이 적고, 사회적 지원이 절박한 경우가 많다. 이런 공동체들에서 가정 폭력의 원인은 그 가정의 문제라기보다 관습적이거나 사회적 요인에서 기인하는 경우도 많다. 예를 들어, 주택 단지의 거주환경을 관리하는 주택 기관이 담장이나 울타리 설치를 제공하여 주민들의 사생활 보장과 안전을 도모하지 않는다면, 지역 주민들의 불안감과 불만이 생기는 것은 자명한 결과일 것이다. 일자리가 없다면, 배우자의 실업 문제가 가정 불화의 커다란 요인이 될 수밖에 없다.

시민연극 활동가는 자신이 그 공동체의 구세주가 될 것이라고 착각하거나 위장하여서는 안 된다. 한두 차례의 시민연극 공연만으로 우리 삶의 지속적인 변화가 가능할 수는 없을 것이다. 확실한 것은, 시민연극은 토론을 이끌어낼 수 있고, 가정 폭력과 같은 문제들이 생기는 이유와 원인을 고민할 수 있고, 그러한 상황 속에서 어떤 대안과 행동을 할 수 있는가와 같은 임시적인 가능성들을 도모하도록 도움을 준다는 것이다. 그러나 보다 거시적 영향력을 위해서는 더욱 지속적인 공동체의 참여와 노력이 요구될 것이다. 아울러, 시민연극은 이러한 프로그램을 기획하고 관장하는 관계 기관들의 포괄적인 사업들의 한 부분임을 인식해야 한다. 기관들은 사회적 이슈에 대해 자신들이 지닌 책임과 의무를 시민연극 팀에게 떠넘겨서는 안 된다. 사업을 의뢰하거나 투자한 기관들은 시민연극 팀과 동반자적 협력 관계로 합심해야 하며, 설령 그들이 그렇지 못할 경우일지라도 teaching artist들은 프로젝트의 구성과 실행에 있어 그 기관도 포함될 수 있는 방법을 찾아야만 한다.

시민연극 프로그램이 그 시민들의 삶에 어떠한 영향력을 제공하는가를 명확히 알아내기란 지극히 어려운 일이다.

- 시민연극의 예술가들은 사람들의 삶의 지속적 변화를 어떻게 기록하는가?
- 시민연극 활동가들이 그러한 변화를 기록하는데 관심을 지녀야 할 필요가 있는가?
- 사회의 변화를 이끌어내는 것을 자신의 사명으로 생각하는 시민연극 활동가의 신념은 윤리적으로 문제 없는 것인가?
- 시민연극 예술가들이 연극을 미학적 매개로 하여 참여자들이 행동하고 성찰하고 변화하도록 돕는 것 이외에 어떤 도덕적 권위를 공유하여야 하는가?

이러한 의문들에도 불구하고, 이 책에 소개된 여러 사례들을 통해 시민연극은 지역 사회의 시민들이 자신들이 살아온 삶과 그들이 원하는 미래에 대하여 대화와 토론을 이끌어내는 역할을 한다는 것을

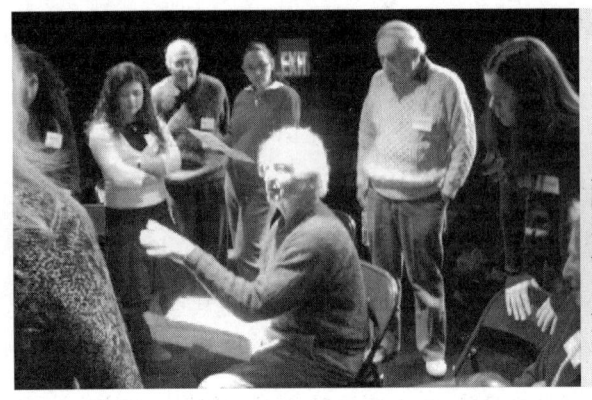

시민연극의 사전 작업. 배우들과 극단멤버들이 지역의 2차대전 생존자를 만나 이야기를 듣고 있다.
사진 출처: Educational Theatre Newsletter, New York University

확인할 수 있다. 시민연극 활동가들이 도덕적 행동을 공표하는 것은 윤리적으로 옳지 않은 일일 것이나, 참여한 시민들이 무엇이 가능하고 무엇이 불가능한 것인지에 대한 토론을 나눌 수 있는 상황들을 만들어낼 능력을 시민연극 활동가들은 갖추고 있어야 한다. 그리고 그 비결은 제시되는 시나리오에 참여자들이 자신의 이해와 삶을 투사할 수 있는 강한 반향을 지닌 연극 작업을 만들어내는 것이다. 영리하게 구성된 연극을 통해 딜레마가 행복으로 귀결되고, 갈등이 해소되며, 새로운 삶이 탄생하는 그런 웰 메이드(well-made) 연극은 어쩌면 그릇된 메시지들을 전달하고 있는지도 모른다.

　　우리의 현실은 이렇다. 삶은 참으로 복잡하고, 사람들은 일관적이지 못하며, 그들의 행동은 모순되기도 한다. 매일 배달되는 신문만 훑어보아도 사방에서 불평등한 일들이 발생하고 있다. 시민연극 활동가들은 이러한 현실들을 인식하고 자신들이 변화를 이끌어낼 수 있는 능력을 가진 존재임을 상기해야 한다. 사실은 그들에게 기회조차 없는데도, 참여자들이 원하면 얻을 수 있다고 믿게 하는 것이 과연 윤리적인 것일까?

여기 묘사된 가정 폭력 프로젝트에서 볼 수 있듯이, 시민연극은 절박한 사회적·도덕적·정치적 사안들을 탐구하고 고민하는 미학적 매체가 된다. 시민연극은 단순히 교육현장에서의 교육 수단으로만 활용되는 것이 아니라, 다양한 지역 사회나 근로 현장으로 들어가 기존 연극에 대한 경험이나 이해가 전무한 참여자들을 만나는 작업이다. 그 연극이 전달하고자 하는 삶의 과제들, 그리고 그 과제들을 탐구하는 변화의 기제로서 연극 형식이 활용되는 방식은 참여자들의 관심을 증폭시키는 원동력이 된다.

시민연극의 핵심적인 특성 두 가지는 '변화를 이끌어내려는 의도', 그리고 '관객의 참여를 끌어내려는 의도'라고 강조한 주디쓰 아크로이드(Judith Ackroyd)의 의견[29]에 나는 깊이 공감한다. 아마도 세 번째 특성을 찾으라고 한다면, 그러한 변화와 참여를 이루어낼 수 있는 연극 양식의 예술성이 그것일 것이다. 이 장에서는 시민연극 활동가들이 겪게 되는 윤리적 책무에 대해 우리가 얼마나 세심하게 접근해야 하며, 참여자들과의 협력을 통해 작품을 고안하는 과정에서의 고충들은 어떤 것이 있는지 점검해 보았다. 우리는 시민연극이 어떻게 예술 양식 속에서 참여자들을 몰입시키고 사로잡고자 하는지 확인하였다. 변화를 추구하는 시민연극은 우리를 가르치려는 교훈적 전통, 혹은 충격을 주고자 하는 선전선동극(agit-prop)적인 전통만 있는

---

29 Ackroyd, J., "Applied Theatre: Problems and Possibilities", Appliead Theatre Researcher, 1, 1-12, 2000.
  http://www.griffith.edu.au/__data/assets/pdf_file/0004/81796/Ackroyd.pdf

것이 아님을 알 수 있다. 진정한 시민연극은 연극양식을 평범한 시민들의 참여와 변화를 자극하는 매개체로 활용하고자 하는 열정에서 출발하는 것이다.

이미 적지 않은 대학에서 시민연극 전공 학과들이 개설되면서 학생들이 학사 및 석/박사 학위과정을 이수하게 되었다. 영국의 엑스터 대학(University of Exeter)과 맨체스터 대학(University of Manchester), 호주의 그리피스 대학(Griffith University), 그리고 미국의 뉴욕 대학교(New York University) 등이 그 예이다.[30] 시민연극 관련 연구를 위한 온라인 학술 저널인 〈Applied Theatre Researcher (http://www.griffith.edu.au/arts-languages-criminology/centre-public-culture-ideas/publications/applied-theatre-researcheridea-journal)〉도 개설되어 있다.[31] 뿐만 아니라, TfD운동 역시 시민연극의 광범위한 목표와 밀접한 관계를 지니고 있음도 확인하게 된다.

분명 더 많은 연구와 작업을 통해 '시민연극(Applied Theatre)'이라는 용어의 유효성을 검증해내어야 할 필요가 있을 것이나, 이미

---

30 여기에 언급된 대학들 외에도 영국과 호주를 중심으로, 이 책이 씌어진 2003년 당시에 비해 현재는 월등히 많은 대학들이 연극 혹은 연극교육 대신 Applied Theatre/Drama로 학과 명칭을 정식으로 변경하거나 개설하였다. 미국의 경우에는 뉴욕대학교와 오랜 파트너십을 맺어왔던 명성높은 교육연극 기관인 Creative Arts Team이 뉴욕시립대학교(CUNY)와 새로이 제휴하여 미국에서는 처음으로 Applied Theatre 석사(M.A.)과정이 2008년에 개설되었다. 아울러 영국에서 발행되는 교육연극 및 연극교육 분야의 가장 권위있는 학술지인 〈Research in Drama Education(RiDE)〉도 2009년부터 〈Research in Drama Education: The Journal of Applied Theatre and Performance〉로 새로이 변경된 점 등을 고려할 때, Applied Theatre라는 용어와 방식에 대한 깊은 관심과 공감이 학술적으로도 반영되고 있음을 확인할 수 있다.(역자 註)

31 대표적인 온라인 학술저널 Applied Theatre Researcher는 원저에 본래 수록된 웹주소가 변경되었기 때문에, 이 책에서는 독자들을 위해 현재 새로이 변경된 웹주소를 수록하였다.(역자 註)

많은 사례를 통해 그 가치가 입증되고 있다.[32] 이 장에서 논의한 내용이 향후 다른 시민연극 프로젝트들과 현장 활동가의 프로그램 구성에 있어서 윤리적 과제에 대한 보다 깊은 토론으로 촉발되기를 간절히 소망하는 바이다.

---

32 O'Connor, P., "The Inaugural Research Institute of the Centre for Applied Theatre Research: A Personal Perspective", Applied Theatre Researcher, 2, 1-3, 2001.
http://www.griffith.edu.au/__data/assets/pdf_file/0005/81797/Oconnor.pdf

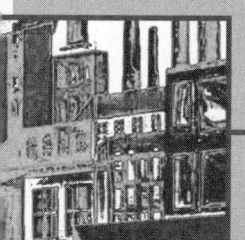

시민연극의 평가

제5장

이제 우리는 시민연극 프로그램을 어떻게 평가하여야 하는가에 대한 과제를 대면하게 된다. 시민연극의 효용성을 논의함에 있어 우리는 어떠한 판단 기준을 적용해야 하는가? 평가는 누구를 위한 것인가? 시민연극의 질적 향상에 평가는 얼마나 도움이 되는가? 프로그램의 향상과 성과에 대한 여러 자료를 분별하는 데 있어 가장 적합한 기법들은 무엇인가? 이러한 질문들은 매우 복잡하며 쉽게 검증해내기 어려운 질문들이다. 어떤 이들은 평가의 과도한 경직성을 지적하며 단지 시민연극을 의뢰한 외부 기관의 목적에만 부합한다고 주장한다. 또 한편에서는 평가는 시민연극의 지속적인 성숙과 생존을 보장하기 위해 필요하다고 주장하기도 한다.

　　만약 시민연극 전문가들이 지속적으로 그들의 실천 작업을 점검하지 않는다면, 그들이 현장에서 미치는 파급 효과에 대하여 면밀하게 고민하였다는 근거를 찾기 어려울 것이다. 나는 시민연극의 teaching artist들이 얼마나 성찰적인가에 주목한다. 성찰이 중요한 이유는 시민연극 전문가들이 작업을 실행하는 매순간마다 지금 무엇을 하고 있는가에 대한 질문을 끊임없이 던지고 있다는 반증이기 때문이다. 좋은 teaching artist는 참여자들이 자신의 프로그램에 얼마나 적극적으로 몰입하고 있는가에 대해 끊임없이 성찰하고 평가할 수 있어야 한다. 성찰은 또한 teaching artist 자신이 얼마나 효과적으로 상호작용을 만들어내고 있는가를 평가하는데 도움이 된다.

성찰은 순환적인 과정을 의미한다. 따라서 성찰은 단순히 프로젝트가 끝난 시점, 즉, teaching artist가 프로젝트를 마치고 현장에서 돌아온 다음부터 시작되는 것이 아니다. 지속적이고 일관된 성찰은 시민연극의 질적 완성에 큰 도움을 주며, 특히 이는 지극히 감정적 영향력이 개입되는 작품일수록 더욱 그러하다.

어떻게 해야 꼭 필요한, 사람들의 삶을 변화시킬 수 있는 시민연극을 만들어낼 수 있을까? 어떻게 해야 시민연극의 참여자들이 적극적으로 개입하여 새로운 방식으로 보고, 듣고, 생각하도록 그들의 생각의 틀을 열어줄 수 있는가? 어떻게 해야 시민연극이 명시된 목표들의 성취 여부를 확신할 수 있는가? 여기에 평가가 지닌 역할이 있다.

나는 시민연극의 제작 과정과 무관한 외부 관계자들이 써낸 평가보고서가 아닌, 시민연극에 참여하는 이들의 순환적이고 반성적인 사고를 강조한 평가보고서에 관심을 갖는다. 시민연극 작업에서 평가가 진정한 목적을 지니려면 teaching artist들이 반성적 사고에 집중하여야 한다. 물론, 그들이 이 과정에서 외부 관리자들로부터 도움을 받기도 한다. 그러나 프로그램 실행의 책임을 지닌 주체들이 능동적으로 시민연극작업을 비판적으로 평가하려는 근본적 시도가 선행되지 않는다면, 평가는 단지 행정 관료들이나 프로젝트 투자자들(funders)의 필요를 충족시키는 것에 불과하다.

시민연극의 teaching artist가 스스로 성장하기 위해서는 자신의 작업을 면밀히 분석하고 자신에게 다음과 같은 중요한 질문들을 제기 할 수 있어야 한다:

- 시민연극 작업의 성공 여부를 나는 어떻게 알 수 있는가?
- 시민연극에 관여한 다양한 구성원/관계자들은 이 작품의 성과에 대해 어떤 이야기를 하는가?
- 나는 어떤 방법으로 발전과 성취를 판단하는가?

이러한 질문에 대한 해답을 통해 시민연극의 teaching artist들은 창작의 순간에 발현되는 아이디어나, 태도, 욕망 등에 대한 이해를 담아낼 수 있는 해석적 연구(interpretive-research)로부터 많은 배움을 얻어낼 수 있다. teaching artist들이 스스로를 시민연극의 효과 안에 포함시켜 바라볼 수 있는 보다 총체적인 평가가 필요하다. teaching artist들이 자신들의 작업을 성찰하는 실천가의 그것으로 받아들일 때, 그 프로그램의 성공에 기여한 다양한 관계자들의 목소리까지 아우르는 신뢰도 높은 평가보고서 창출이 가능할 것이다.

1. 왜 평가하는가?

평가(evaluation)는 해당 현상의 효과성(effectiveness)을 입증하는 정보들의 탐색을 지칭하며, 이는 실제로 평가를 원하는 주체가 누구냐에 따라 여러 가지의 매우 다른 의미를 지니게 된다. 시민연극의 teaching artist들이 바라보는 효과성의 의미는 프로젝트를 의뢰한 관계자가 생각하는 효과성의 의미와 다를 수도 있다. 프로젝트의 의뢰인들은 아마도 참여자들의 이해가 얼마나 성장하였는가에 관한 길고 세세한 사례 연구(case study)를 읽는 데에는 관심이 없을 것이다. 어쩌면 그들은 시민연극이 어떻게 품행의 교정이나 태도의 변화를 향상시켰는가에 관한 통계 자료를 읽기 원할 것이다. 이러한 정보들은 참여자들을 인터뷰할 시간이 부족하거나 연극을 통해 그들이 얻은 것에 대해 설문 조사하기 어려운 외딴 지역 사회에서는 특히나 얻어내기 어려울 것이다. 그럼에도 불구하고, 그 평가가 누구를 위한 것인지를 아는 것은 평가를 실행하는데 핵심적인 요소이다.

평가는 프로그램이 진행되는 어떤 시점에서도 시행될 수 있음에도, 대체로 프로젝트의 마지막 단계에서 시행되거나 산출되는 결과물이다. 나는 평가를 마무리의 척도로 바라보는 이러한 관점에 도전하고자 한다. 대개의 경우 평가는 본래 프로젝트에 대한 부가적인 성격을 지니게 되지만, 시민연극 전문가들은 그들이 설정한 목적과 목표를 성취하고 있는지 끊임없이 점검할 필요가 있다. 비록 평가결과서는 프로그램이 얼마나 잘 진행됐고, 모든 주요 구성원들에게 얼마나 잘 받아들여졌는지에 대해 일반화하고 포괄적 결론을 지향할 수 있지만, 평가에는 프로젝트가 고안되고 실행되는 과정의 어느 시점에 관계없이 다양한 관심 집단의 반응을 담아내어야 한다. 만약 프로그램이 구성되는 과정이라면, 이러한 정보는 시민연극 전문가들에게 있어 무엇과도 바꿀 수 없는 매우 귀중한 자료가 된다.

현실적으로 평가는 서로 다른 여러 가지의 목적을 지니게 되며, 이러한 목적들이 혼재된 경우 의뢰 기관들, teaching artist들, 참여자들 및 시민연극과 관련된 다양한 관계자들을 힘들게 하는 갈등이 발생하기도 한다. 이러한 혼란의 한 사례가 얼마 전에 발생된 바 있다. 한 프로그램의 투자자가 그 연극 프로젝트의 최종 평가보고서에 실망했다는 것이다. 그 투자자는 시민연극 평가보고서가 대상들의 태도를 바꾸거나 혹은 그들의 행동을 변화시키는 연극의 효과성을 제시하는 통계자료를 도출해낼 것으로 예상했었던 것이다. 이러한 자료가 평가보고서에 드러나지 않았기에, 그 투자자는 정식으로 고소하였고, 법적 조치를 취하겠노라고 위협했다.

시민연극을 의뢰하는 기관이나 투자자들은 종종 지속적 투자를 보장하기에 유용한 내용을 담은 보고서를 선호한다. 해당 프로그램에 비판적이거나 문제점을 지적한 보고서에는 우호적이지 않을 것이다. 예를 들어, 예술가 방문 프로그램을 운영하는 단체의 효율성에 대한 보고서를 전문 평가 기관들에 의뢰하는 경우가 많다. 이러한 평가 기관들은 예술 단체의 재원으로 운영되기 때문에, 그 단체의 활동에 대해 찬사를 늘어 놓거나 대단히 우호적인 보고서를 제공해야 한다는 무언의 압박을 받을 수 있다. 이러한 평가보고서들은 해당 단체의 생존에 결정적 영향력을 지닐 뿐 아니라, 향후 재정지원 신청에도 증빙 자료가 될 수 있다.

　　만약 그 평가가 해당 프로그램을 알리고 더 많은 재원을 확보하기 위해 평가보고서를 이용하고자 하는 의뢰 단체를 위한 것이라면, 보고서의 작성자는 관객의 반응을 세심하게 헤아려야 할 것이다. 그와 반대로 만약 평가가 teaching artist들을 위한 것이어서 그들의 구상에서 어떤 점이 성공적이었는지, 또 무엇이 그렇지 않았는지에 대한 지식을 얻게 된다면, 보고서는 보다 실용적인 유익성을 갖는다. 그렇게 되면, 시민연극 팀이 향후 작업을 고안하고 실행하는데 이 자료의 도움을 얻게 된다. 나는 평가의 수혜자는 teaching artist들, 참여자들 그리고 더 넓은 시민연극 공동체가 되어야 한다고 믿는다. 평가는 장기적인 전략 계획에 일조하여야 하는 것이며, 의뢰 기관이 듣고 싶어 하는 말만을 늘어 놓는 서식이 되어서는 안 된다.

　　가장 좋은 평가의 형식은 다층적인 관점의 정보수집 기술들을 활용하여 효과성을 정의하는 것, 즉, 질적인 접근과 양적인 접근을 모두 아우른다. '양적(quantitative)' 접근이란 비교적 수월하게 자료를 수집하고 분석할 수 있는 정보를 의미한다. 이러한 정보는 대체로 간략하고 곧바로 도식화할 수 있는 단답형이어야 한다. 이러한 접근의 한 예가 바로 참여자들이 작성하는 사전 문답 형식—대개 동의/반대를 묻는 일련의 의견 설문—이다.

동의하는 문항에 표시하시오:

☐ 나는 이 발표/공연/활동(presentation)이 재미있었다.

☐ 다루어진 이슈에 대해 많이 배울 수 있었다.

☐ 프로그램에서 제시된 이슈를 극복하고자 하는 여러 제안들에 대해 전에는 생각해본 적이 없었다.

사전 설문 형식은 보기를 활용하는 선다형의 객관식 질문을 포함하기도 하는데, 이럴 경우 참여자들의 반응을 보기 문항의 범주로 제한하는 특성이 있다. 예를 들어 가정 폭력을 다루는 프로그램에서는 아래와 같이 참여자들의 반응을 조사할 수 있다.

당신은 연극 프로그램에 등장한 그 여성에게 어떤 조언을 해주시겠습니까? (하나만 표시하시오)

☐ 그 남자를 떠나야 한다.

☐ 굽히지 말고 자신의 주장을 내세워야 한다.

☐ 지역 상담 기관에서 상담을 받도록 한다.

☐ 친구 집으로 들어가 함께 지내야 한다'.

☐ 기타: 구체적으로 기술하시오.

이처럼 참여자들의 답변이 제한된 가운데 정보를 구할 경우에 나타나는 이 프로그램을 통해서 어떠한 새로운 이해가 생겨나게 되었는지에 대한 통찰이나 성찰적인 이야기는 나오지 않는다는 점이다. 이것이 표본조사나 설문지를 준비하는 데에는 도움이 될 수는 있지만, 시민연극의 참여자들은 이런 질문지를 작성할 시간이 부족하거나 별 관심이 없을 수도 있다. 유동 인구가 많은 지역 공동체의 경우에는 관객 설문조사가 특히 더 어려울 것이다. 그럼에도 시민연극을 의뢰한 외부 기관에서는 이러한 문항조사로부터 도출하여 일반화시킨 결론들에 더 큰 관심을 가질 것이다. 짧은 시간에 대상 관객들의 반응을 읽어낼 수 있기 때문이다.

이에 반해 나는 질적 연구 보고서로부터 얻어지는 자료/증거들에 보다 많은 관심이 있다. 질적(qualitative) 연구보고서는 시민연극에 참여하는 여러 관계자들의 관점들을 통해 심도 있는 이해를 형성하는 것을 목표로 한다. 질적 연구보고서는 시민연극 프로젝트를 둘러싼 다층적이며 가변적인 관점들을 넘나드는 포괄적인 탐구에서 출발한다. 이러한 관점들은 때때로 서로 대립되기도 하며, 이때 질적 연구의 연구자는 그 다각적이며 상충되는 생각들을 보다 세밀한 규명작업을 통해 설명해내고자 한다.

이제 나는 시민연극 관계자들의 성찰적인 실천작업을 강조하는 질적 연구가 얼마나 특별한 장점을 지니고 있는가에 대해 알아보고자 한다. 여기서 나는 특히 '성찰적인 실천 작업(reflective praxis)'—즉, teaching artist들이 여러 관계자들과 함께 시민연극의 발전에 중요한 지식을 창출하기 위해 함께 협력하는 과정—이라고 알려진 연구(inquiry) 형식을 옹호하고 있음을 밝혀 두고자 한다.

2. 증거를 찾아서

내가 생각하는 가장 뛰어난 평가는 현장에서 무슨 체험이 일어났는지를 파악하고, 그 체험이 모든 관련된 이들에게 도움이 되었거나 혹은 중요한 의미가 되었는가를 탐구하고자 노력한 평가이다. 이러한 평가들은 해당 프로젝트에 대한 여러 관점들을 포함하기 마련이며, teaching artist들은 물론, 참여자들, 그리고 프로젝트와 관계 있는 다양한 이해 집단들의 관점들까지 포괄한다. 부실한 평가는 내실 있고 유용한 정보 자료가 부족한 채로 결론이 도출된 경우이다. 이런 평가들은 몇 개의 제한적인 관점에서 수집된 빈약한 자료와 단편적인 증거들에 의거한 결론을 제시하는 경우가 많다. 해당 작업에 관한 논리적이며 일관성 있는 반응을 담아내는 자료 수집 및 분석 기법을 찾아내는 것은 매우 어려운 숙제이다.

시민연극 평가의 기준을 구성할 때, 우리는 그 프로젝트가 성취하고자 한 목표가 무엇인지 다시 상기할 필요가 있다. 이번 장에서는 시민연극이 다음과 같은 길잡이 질문들을 통해 어떻게 방향을 설정하게 되는지 관찰하게 될 것이다.

- 불행한 상황의 생존자들 및 피해자들이 고통스러운 과거를 정리하고 희망찬 미래를 설계하도록 하는 데에 시민연극은 어떠한 도움이 될 수 있는가?
- 참여자들이 보다 진지하고 흥미롭게 해당 이슈를 탐구할 수 있는 시민연극의 기법들은 어떤 것이 있을까?

● teaching artist들은 탐구하고자 하는 갈등상황 속으로 어떻게 참여자들을 인도할 수 있는가?

● 주체적인 공동체의 변화를 위해 시민연극은 어느 수준까지 지역 사회에 힘을 실어 줄 수 있는가?

이처럼 해답이 아닌 질문으로 표현된 시민연극의 목표들이 평가의 우선 순위로 자리해야 한다. 시민연극은 복잡한 문제를 간단한 해결책으로 제시하는 것을 목표로 하지 않는다는 것을 기억하도록 하자. 이 작업이 성취하고자 하는 목표는 참여자들이 주어진 이슈를 더 깊이 성찰하게 하고, 그 이슈에 관한 대화를 어떻게 시작해내느냐를 강조하는 것이다.

시민연극 작업에 대해 좋은 자료를 만들어내는 것은 쉽지 않은 일이다. 이 프로그램들의 특성상 일시적이고, 동일하게 반복되지 않으며, 상대적으로 짧은 기간에 발생하기 때문이다. 그럼에도 불구하고 향후 시민연극 프로그램의 계획과 실행, 평가에 직접적으로 기여할 수 있는 유용하고 적절한 정보의 필요성은 매우 절실하다. 그러나 우리가 경계해야 할 것은 평가를 경험 그 자체보다 더 중요시하여서는 안 된다는 점이다. 시민연극 공연의 시작과 함께 설문지를 나누어 주는 teaching artist들 보다 더 치명적인 것은 없다. 차라리 프로그램이 끝난 후 참여자들과의 토론을 통해 그 프로그램 목표에 부합했는지의 여부를 듣는 편이 훨씬 나을 것이다.

시민연극은 다양한 논제와 관심사, 그리고 가능성에 근거한 인간 중심의 작업이라는 것을 잊어서는 안 된다. 〈라라미 프로젝트〉

를 위한 자료 수집 과정에서 연출자 카우프만이 발견한 것처럼, 지역 공동체는 복합적이고 변화 가능한 관점들로 구성되어 있다. 그가 완성한 극본은 매튜 셰퍼드를 끔찍하게 살해한 살인사건에 대한 다양한 의견과 함께, 그 사건이 라라미 지역 사회는 물론 셰퍼드 이야기를 연극 공연으로 만들어낼 책임을 맡게 된 연극 예술가에 남긴 충격 모두를 포괄하려는 시도가 담겨 있다. 이처럼 시민연극은 정의와 공평을 추구하는 것 못지않게 서로 다른 관점들을 인정하는 철학에 기반을 두어야 한다.

이 책을 쓰면서, 나는 지금 우리가 살고 있는 이 지극히 혼란스러운 시대를 깊이 생각하게 된다. 매일같이 경범죄와 사기죄를 심문하는 정부 조사가 끊임없이 이어지고 있다. 매일같이 일반 시민들을 의도적으로 현혹시키고 음해하는 지도자들의 기사들이 끊이지 않는다. 지각 있는 시민들이 자신의 피고용인들에 대해 신체적, 성적 학대를 자행하게 하는 힘과 특권의 빈번한 악용을 떠올리게 된다. 전쟁을 도발하는 이미지들을 보고, 늘어만 가는 증오의 정치 이야기를 듣고, 인종 청소에 관한 이야기를 읽고, 대량 학살무기라든가 새로운 십자군 전쟁, 복수를 갈망하는 테러리스트들과 전 세계적인 재난에 대해 매일 새로이 알게 되면서, 나는 이 세상에는 단 하나의 진실만이 존재하는 것이 아니라는 사실을 다시 한 번 깨닫게 된다. 세상에는 우리에게 단 하나의 진실을 믿도록 요구하는 이들이 있다. 그들은 '주류의 획일화(mainstream uniformity)'를 강조하며 안락과 위안이라는 미끼로 우리들을 포섭한다. 그러나 또 한 명의 십대 청소년이 총을 들고 교실로 들어가 급우들을 살해하고, 특별한 이유없이 사람들을 살해하는 저격수의 이야기가 들려오며, 부모에게 폭행을 휘두르는 어린 자녀들의 모습을 목격하면서, 나는 하나의 진실이라는 논리에 위안을 느낄 수 없다. 그런 논리에 위안을 받는다면 오히려 정말 위험한 일일 것이다.

복합적인 전체를 이처럼 단일한 형태로 제시하고자 하는 목표를 지닌 평가보고서는 광범위하고 포괄적인 관점들을 제시하는 시민연극의 힘을 대단히 평가절하하는 것이다. 골목마다 가난이 배어있는 지역, 자기 주장 관철은커녕 자기 목소리를 내는 것조차 어려워하는 소수 인종집단들의 공동체, 자유롭게 총기를 구할 수 있는 마을, 굶주린 아이들이 끼니를 때우기 위해 학교에 가는 동네들을 방문할 때, 그리고 이와는 대조적으로 거리에 노숙자가 보이지 않도록 철저히 단속하는 부유한 지역 사회를 마주할 때, 나는 여전히 존재하는 이 거대한 양극화를 다시금 상기하게 된다. 시민연극은 이러한 극단적 상황들을 제시하고 이를 둘러싼 의미 깊은 토론을 조성하는 역할을 해야 한다.

이러한 복합성을 부정하려는 평가보고서는 시민연극의 존재 이유를 인지하는데 실패한 것이다. 평가는 모호한 회색지대를 이해하고 다각적인 관점을 환기시키는 목적이어야 한다. 증거는 하나의 명제를 증명하기 위해 존재하며, 이 법칙에서 예외는 없다고 주장하는 이들이 있다. 다시 말해, 하나의 원인은 하나의 결과로 이어진다는 것이다.

시민연극의 참여자들이 하나의 동일한(homogeneous) 시각을 가지고 행동하는 경우는 거의 없다. 언제나 다른 의견이 공존하고, 대안적인 방법을 시도하려는 다양한 제안들이 존재한다. 평가보고서는 소견이 다르거나 주류 의견에 반드시 부합하지 않는 '부정적 사례 (negative case)'들을 설명해야 할 필요가 있다.

어떤 평가자들은 우리로 하여금 '하나의 진실'이 있다고 믿게 하려하지만, 내가 겪은 경험은 다르다고 말한다. '진실들'은 사람들이 속해 있는 주변 환경 내에서 구축된다. 마치 그러한 환경이 언제든 변할 수 있는 것처럼 진실들 역시 그러하다. 과거에 평가자들이 자료 수집에 임상 실험을 수행하도록 강요되었던 때가 있었다. 질문지들이 채워지고, 신분 보장이 지켜지며, 객관식 질문들을 기계에 넣으면 깔끔한 통계표가 나왔다. 이런 표들은 마치 하나의 진실을 증명하는 듯 보였다. 어떤 평가자들은 실험 집단(treatment group)과 대조 집단 (control group)의 두 집단을 가지고 실험 연구를 수행하기도 했다. 대조 집단은 조사 활동에 참여하지 않았으나 실험 집단은 그렇게 했다. 두 집단 모두 실험의 시작과 종료시에 시험, 주로 지필 시험을 보았으며, 결과는 점수화되어 도표로 나타냈다. 이렇게 자료를 통제하는 양식은 시민연극에서는 불가능하다. 문서화된 자료 수집의 형식이 프로그램의 효과를 언제나 가장 명백하게 보여주는 것은 아닌데다 제공하는 응답들의 질적 요소가 제한될 수 있기 때문이다.

평가자들은 증거를 수집하는 방법이 한 가지만 있지 않다는 점을 분명히 인지하여야 한다. 학습 과정을 측정하는 보고서보다 그 학습의 과정을 묘사하고 기술하는 보고서가 월등히 많은 내용을 조명해내기도 한다. 교육 분야와 사회과학, 그리고 인문학 등의 분야에서 오랜 시간 동안 축적되어 온 질적 연구 전통에 기초한 평가들은 시민연극의 복합성을 파악해내는데 도움이 될 것이다.

시민연극이 어떻게 예술가들과 참여자들, 그리고 작업에 관계된 모든 이들에게 지속적이고 반성적인 실천을 촉진하는가를 밝혀주는 보고서야말로 앞으로의 시민연극의 기획과 발전에 큰 힘이 될 것이다. 시민연극에 참여하는 모든 이들에게 도움이 되는 평가, 그리고 그 작업의 발전에 실제적인 도움이 되는 보고서가 바로 내가 강조하는 평가이자 보고서이다.

3. 보다 성찰적으로 되기

시민연극은 유기적인 흐름 속에서 사람들을 세상과 만나게 하는 반영적인 연극이다. 참여자들에게 이러한 세상을 탐구하고, 성찰하고, 변화를 이루어내도록 자극하고 독려하는 것이 시민연극의 임무이다. 시민연극의 평가는 해당 작업과 그 작업의 가치, 그리고 그 작업이 목표를 성취하였는가의 여부에 대한 보다 심도 있는 대화를 이끌어내는 과정을 기술(記述)한 기록이어야 한다. 평가보고서는 시민연극을 만들고, 참여하고, 성찰하고, 지원하는 모든 이들의 반영적 실천에 도움이 되어야 한다.

그동안 나는 '성찰적인 실천가(reflective practitioner)'라는 개념과 함께 사람들이 자신을 둘러싼 세상에 미치는 영향을 보다 깊이 인식하게 되는 환경에 대하여 많은 관심을 쏟아 왔다. 시민연극이 가장 효과적으로 행해질 때, teaching artist들, 참여자들, 투자자들, 그리고 모든 관계자들은 성찰적인 실천가로 변모하게 된다. 그렇다면 '성찰적인 실천가'는 누구이며, 이러한 입장을 취하는 것이 내가 강조하는 다각적인 비전(visions)의 획득과 진실의 다양성 수용에 어떻게 기여하는가?

'성찰적인 실천가'라는 용어를 처음 접할 때 사람들은 주로 지극히 자기반성적 활동, 혹은 '자기 응시(navel gazing)'를 떠올린다. 다시 말해, 보다 내향적 사고를 통한 평가 접근을 연상하는 것이다. 물론 성찰적인 실천가라는 입장이 즉각적인 상황의 맥락을 날카롭고 면밀하게 파악하는 능력을 필요로 하는 것에는 동의하나, '자기 응시(navel gazing)'라는 단어에는 '자기 속에 길을 잃고 빠져버리다(being lost in oneself)' 혹은 '다른 이들로부터 격리되다'라는 부정적 의미가 함축되어 있다. 따라서 내가 말하는 성찰은 자기 응시와는 다르다. 오히려, 성찰적인 실천가의 자세는 자기 자신의 발견, 즉, 내가 다른 이들과 어떻게 상호작용하고 있으며 이를 통해 그들이 나를 읽어내고 내가 그들을 읽어내는 방법에 대한 인식을 강조한다. 이는 시민연극에서는 이상하게도 그동안 배제되어 왔던 접근법이다. 아마도 그 이유는 그러한 접근이 지속적 연구 실행에 적합한 것인가에 대한 여러 오해와 우려 때문이거나, 혹은 그 접근이 높은 시간적·정신적 헌신을 요구하기 때문일 것이다. 그러나 이 장의 핵심 쟁점은 바로 평가자들이 성찰적 실천가의 연구 디자인이 지닌 가치를 외면하는 것은 시민연극의 생명인 예술적 과정 그 자체를 외면하는 것과 마찬가지라는 점이다.

매사추세츠 공과대학에서 크리스 아지리스와 도널드 숀이 공동 집필한 책[1]은 내가 성찰적 실천가의 개념을 이해하는데 커다란 도움을 주었다. 특히, 전문가로서의 능력이란 자신이 실제 업무 상황 속에서 아이디어들을 시도해 보고, 그러한 실험들을 통해 작업 향상과 자기 발전을 이루어내는 능력에 달려 있다는 그들의 인식에서 커다란 영향을 받았다. 자신의 1983년 저서인 『성찰적인 실천가(The Reflective Practitioner)』에서 도널드 숀은 전문가들이 어떻게 일상적으로 마주하게 되는 여러 의문, 갈등, 문제들을 어떻게 해결하는가를 이해하기 위해 엔지니어링, 건축, 경영, 심리치료, 도시 계획 등 다섯 분야의 전문 직업인을 연구하였다. 비록 그가 시민연극을 대상으로 연구하지는 않았으나 숀은 예술적 과정, 특히 즉흥적 상황 연구야말로 지속적이고 일관된 전문성 향상에 결정적 요소라고 강조하였다. 연구대상이 되는 개개인들의 반성적 실행을 충분히 고려하고 담아내지 못하는 평가는 완전한 평가가 될 수 없다.

요약하자면, 숀은 기능적 합리주의(technical rationality)를 신봉하는 실증주의자들 및 신실증주의자들의 관점에 근거한 관료들과 기술자들의 언어는 곧바로 우리 일상의 실천 상황에 적용될 수 없다고 주장한다. 전문가들이 즉각 해결해야 할 과제와 맞닥뜨리는 순간, 그들은 그 문제 해결을 위해 직관적 지식[숀은 이것을 '행동 속의 앎(knowing-in-action)'이라고 칭한다]에서만 방법을 끌어오는 것이 아니라, 자기 자신과 다른 사람들의 행동 방향을 제시하기 위한 수단으로써 '행동 속의 성찰(reflect-in-action)'이라는 능력도 함께 활용한다는 것

---

1 Argyris, C. & D. Schön, Theory in Practice: Increasing Professional Effectiveness, San Francisco: Jossey-Bass, 1974.

이다. 이러한 즉각적 성찰의 과정은 복잡한 내면의 대화로 이루어지며, 이 내면의 대화는 전문가가 무엇을 관찰하고 그 관찰이 행동에 어떤 영향을 주어야 하는가에 대한 신속한 결정을 촉구한다. 숀에 의하면:

> 어떤 이가 행동속의 성찰(reflect-in-action)을 할 때, 그는 실행이라는 맥락 속에서의 연구자가 된다. 그는 기존의 이론이나 기술의 범주에 의존하지 않고, 그 고유한 사례에 맞는 새로운 이론을 구축하게 되는 것이다. 그의 탐구는 사전 합의된 목적을 창출해 낼 방법을 숙고하는 것에 제한되지 않는다. 그는 문제적 상황에 따라 목적과 수단을 상호적으로 정의할 뿐, 목적과 수단을 따로 분리해 놓지 않는다. 그는 나중에 행동으로 전이되어야 하는 결정을 추론해 나갈 뿐, 행동(doing)과 사고(thinking)를 따로 구분하지 않는다. 그의 실험이 이미 하나의 행동이기 때문에, 실행(implementation)의 요소는 이미 그의 탐구 속에 자리 잡고 있다. 이러한 '행동 속의 성찰'은 불명확하거나 독특한 상황 속에서도 진행될 수 있는데, 그 이유는 기능적 합리주의가 주장하는 이분법에 구속받지 않기 때문이다.[2]

평가보고서에는 시민연극이 얼마나 반영적인 기회가 되었는가에 관한 내용이 포함되어야 한다. 남들이 주장하는 진실의 개념을 맹종하는 대신, 성찰적인 실천가들은 그들이 지닌 진실들의 특성을

---

2 Schön, D., The Reflective Practitioner: How Professionals Think in Action, New York: Basic Books, 1983, pp.68~69.

탐구한다. 우리는 참여자들이 시민연극을 통해 자신의 가치관, 편견, 선악의 개념들과 직면해 보는 기회를 갖게 되길 원한다. 우리는 특히 참여자들이 스스로를 새로운 방식으로 볼 수 있도록 자극이 되는 작업을 만들어내기를 원한다. 이러한 의문/탐구는 하나의 프로젝트 전반에 걸친 실행과정에서 생겨나는 것이기 때문에(happening-in-action), 평가보고서는 해당 작업 과정에서 참여자들이 취하게 되는 입장들에 대해 주목할 필요가 있는 것이다.

물론 숀의 모델에는 시민연극에 쉽게 적용되지 않는 부분도 있다. 문제 해결과 실험적 탐구를 집중 강조하는 그의 이론은 시민연극이 지녀야 할 해석적 패러다임의 특성과 대립되는 측면이 있는 것도 사실이다. 그럼에도 불구하고, 숀이 강조하는 '행동 속의 성찰(reflection-in-action)' 혹은 '그 상황과의 성찰적 대화(reflective conversation with the situation)'[3]는 시민연극이 작동하는 근본 원칙의 하나를 집중 조명하고 있다. 평가보고서는 참여자들과 teaching artist들이 시민연극의 과정 속에서 나누게 되는 성찰적 대화를 담아내어야 한다.

나는 여기서 '행동 속의 성찰(reflection-in-action)'과 '행동에 대한 성찰(reflection-on-action)'은 구분해야 한다는 매우 중요한 차이를 지적하고자 한다. 독자들은 아마도 행동 연구 모델, 또는 영국의 로렌스 스텐하우스(Lawrence Stenhouse)[4] 등에 영향 받은 교사연구 접근법

---

3 위의 책, p.268.
4 Stenhouse, L., Introduction to Curriculum Research and Development, London: Heinemann, 1975.

등을 들어본 적이 있을 것이다. 이러한 모델들은 교사가 자신의 작업을 통제하는 권한을 부여한다는 점에서 교육연구 분야에서 매우 높은 인기를 얻어왔다. 그러나 행동 연구모델(action research model)과 성찰적 실천 연구모델은 매우 큰 차이가 있다는 점에 주목하여야 한다. 행동연구자들은 궁극적 활동으로써 과정보다는 결과를 강조하는 경향이 있다. 예를 들어 행동 연구자는 계획을 짜고, 계획을 실행하고, 그 실행 결과를 반추하고, 다시 계획을 짜는 형식으로 진행한다. 그러나 성찰적 실천 연구자는 행동 속에 성찰이 일어나게 하는 기존 지식과 암묵적 지식(tacit knowledge)의 기반을 이해하고 문서화하는 것을 목적으로 한다. 성찰적 실천가들은 다음과 같은 질문을 던질 것이다:

- 왜 시민연극 참여자들이 그런 방식으로 반응했을까?
- 시민연극의 teaching artist들이 현장에서 즉흥적 변경을 감행한 이유는 무엇일까?
- 참여자들은 그들에게 제시된 딜레마를 어떻게 헤쳐 나가는가?
- 참여자들의 어려운 개입/제안에 조율자는 어떠한 행동으로 대처하는가?
- 투자자들의 요구사항은 시민연극에 어떻게 영향을 끼칠까?
- teaching artist들은 '지금 여기'의 상황 속에서 어떻게 대응하는가?

시민연극 평가자들에게 있어서 성찰적 실천 연구는 커다란 매력을 가진다. 그 이유는 이것이 미학적인 경험을 특징짓는 직관적이고 생성적인 과정들을 존중하기 때문이다. 시민연극의 중심에는 고정된 현실의 경계를 뛰어넘어 가상적 현실로 들어가고자 하는 teaching artist들과 참여자들의 공통된 자발성이 존재한다. 이러한 초월과 개입이 가능해지는 이유는 참여자들이 그 상황에 즉각적으로 몰입하여 자신을 그 상황 속으로 내주었기 때문이다.

스티븐 손드하임의 뮤지컬 작품 〈일요일 죠지와 함께 공원에서(Sunday in the Park with George)〉의 오프닝 장면은 시민연극이 지향해야 할 성찰적인 실천의 특성들을 명쾌하게 보여주는 고전적인 명장면이다. 막이 오르면 그저 휑하기만 한 흰색의 공간에 19세기 프랑스의 신인상주의 화가 조르쥬 쇠라(Georges Seurat)가 등장한다. 그가 캔버스와 이젤을 앞에 놓고 앉자, 상승하는 듯한 일련의 아르페지오 선율이 이 예술가의 손이 움직이도록 재촉한다. 자신의 기술을 자유자재로 구사하여 화폭을 채워가면서 그는 형식에 대한 매우 의미 있는 예술 양식에 관하여 의미심장한 대사를 내뱉는다:

흰색 : 빈 도화지 혹은 캔버스
도전 : 전체에 질서를 부여한다.
디자인을 통해서.
구도.
긴장.
균형.
빛.
그리고 조화.[5]

그가 붓을 두들겨 작은 점들을 찍고 덧칠한 이미지들이 무대라는 세계에 살아나기 시작한다. 쇠라의 하얀 캔버스가 채색된 패턴의 조합으로 변화하는 것처럼, 연극적 작업도 움직임으로 살아난다. 그 예술가가 자기 자신, 자기 작품, 그 작품 속에서 등장하는 사람들과 사물들, 그리고 관객들과 나누는 성찰적인 대화가 바로 그 작품 전체에 생명을 불어 넣는 것이다. 예술가의 행동 속의 성찰이 가상적 세계를 눈앞에 존재하도록 불러낸 것이다.

이렇게 무언가를 존재하게 하는 것은 단순히 예술가의 창작 과정에서 생성되는 창조적 에너지만으로 가능한 것이 아니다. 예술 작품은 하나의 활동 이후에 깊은 성찰의 과정들을 통해서 완성되어 가기도 한다. 그렇다고 내가 성찰적 활동에 반대하는 입장인 것도 아니다. 그러나 예술 작품의 힘은—특히 연극처럼 공연 예술의 경우에는—바로 산 경험(lived experience)에 달려 있다는 점을 인식하여야 한다.

한 예로, 마사 그래험(Martha Graham)이 활동하던 시대, 많은 미국 무용수들은 그녀의 독창적이고 추상적인 이미지를 거부하거나 비웃었다. 그들에게는 한 번의 공연으로 관객에게 남기는 인상이 매우 중요한 가치를 지니고 있었다. 그래험의 무용은 '행동 속의 성찰'이었다. 그녀의 무용은 숀이 강조했던 특성들—형식을 아이디어에 접목시킬 때 그 개인이 지닌 삶의 경험의 지평으로부터 끌어내기도 하고 그 속에 적용하기도 하는 자발적 열의—을 성공적으로 담아내었다. 그래험은 이렇게 말한 바 있다: "오늘날의 삶은 초조하고 날카로

---

5 Sondheim, S. & J. Lapine., Sunday in the Park with George, New York: Applause, 1991(1984), pp.17~18.

우며 갈팡질팡 이다. 때로는 공중에서 그대로 멈춰버리기도 한다……
나의 무용이 그랬으면 한다."[6]

　오랜 세월 연마한 기술이 그래험의 무용에 접목되기는 하였
지만, 관객들을 위한 미학적 경험들은 단지 기술뿐 아니라 그녀의 구
조화된 자발성(structured spontaneity)에 의해 생겨나게 되었다. 형식 속
에서 그 예술 작업이 인식되는 순간, 무용수와 관객은 함께 예술 작업
에 적극적으로 연계되거나 혹은 빠져들게 되는 것이다. 그래험을 포
함한 많은 예술가들에게 있어서 성찰은 단지 공연 전과 후에만 발생
하는 것이 아니라, 바로 그 공연 자체를 의미한다. 시민연극 역시 행
동 중의 성찰에서 힘을 얻는다. 아이디어들이 실행 과정 중에 다시 정
리되고, 참여자들이 어떻게 반응하는가에 따라 기법들이 더 다듬어지
거나 배제되기도 한다.

　행동 속의 성찰이 지닌 특성에 대해서는 거의 알려진 바가 없
다. 우리들 대부분은 다른 이들이 주장하는 전문성을 실행하고 평가
하는 데 지나치게 몰입하느라 과연 어떤 요인들이 나의 전문성으로
연결되는지 탐구할 시간이 거의 없었다. 우리는 스스로를 전문가, 즉,
지식을 갖추고 행동 속의 성찰을 할 수 있는 사람이라고 바라보는 경
우가 매우 드물다. 그러나 즉각적이면서 지속적인 반영적 활동 없이
시민연극이 행해지기는 매우 어려울 것이다.

　하나의 진실이라는 개념과 권위적인 방식들은 우리를 당혹스

---

6 Gardner, H., Creating Minds: An Anatomy of Creativity Seen Though the Lives of Freud,
　Einstein, Picasso, Stravinsky, Eliot, Graham and Gandhi, New York: Basic Books, 1993,
　p.274. 국내에는 『열정과 기질』(임재서 역, 북스넛)이라는 제목으로 출간되어 있다.(역자 註)

럽게 만든다. 확고한 기능과 내용 중심의 양성 훈련을 강조했다는 점
에서, 어쩌면 그래험과 같은 예술가들이 이 같은 혼란에 일조했을 수
도 있다. "몸은 어렵고 명확한 기술에 의해 조절되어야 한다. 그것이
바로 무용 움직임의 과학이다"라고 그래엄은 주장하였다. "그리고 정
신은 경험에 의해 풍요로워진다." 이러한 주장들은 미학적인 순간이
오직 기능과 훈련만으로 이루어질 수 있다는 암시이기도 하다. 그렇
지만, 만약 그래험이 믿었던 것처럼 "니진스키는 감동적인 한 번의
도약을 얻기 위해 수천 번을 도약했다"[7]면, 그 감동적인 한 번을 창조
해낸 그 과정을 분석하는 일은 우리가 무용 작업을 더 깊이 이해하는
데 도움을 줄 것이다.

　　마찬가지로, 자신이 왜 그러한 결정을 내렸는지, 혹은 자신이
어떻게 행동 속의 성찰을 하는지를 보다 철저히 연구하려는 teaching
artist의 능력은 시민연극의 특성이기도 한 복잡하고 혼란스럽게 얽혀
진 체험의 가닥을 풀어내는 출발점이 될 것이다. 실제로 뛰어난 리더
들은 '행동 속의 성찰' 능력을 지니고 있으며 그 방법을 명쾌하게 설명
해낸다. 무엇이 좋은 작업의 특성이며 어떻게 그런 작업을 성취할 수
있는가에 대해 예술성과 설득력을 겸비하여 명확하게 구분해내는 탁
월한 실천가들도 많다. 과연 어떻게 해야 우리가 이러한 설득력과 예
술성을 평가보고서 안에 담아낼 수 있을 것인가? 어떻게 해야 평가가
시민연극의 목적을 올바로 이해하고 명료하게 전달할 수 있을까? 성
찰적인 실천가 연구가 이런 질문들에 적지 않은 도움을 제공한다고

---

7 위의 책, p.298.

나는 생각한다.

4. 개입자(The Interventionist)

숀은 권위 있는 전문가(expert)에 의존한 평가는 전문직업인 (professional)의 지속적인 능력 개발에 치명적이라고 주장한다. 그는 주류 연구 활동의 고충을 강조하며, 대학교수나 연구원이 권위적인 전문가로 현장에 나타나는 것을 예로 들며 주류 연구 활동의 어려움을 강조하였다. 비록 그들이 흥미로운 행동 연구 모델을 제시할 수 있 겠으나, 그것이 얼마나 실제적으로 현장에 도움을 줄만한 성찰적 실천이 될지는 불확실하다는 것이다. 숀은 전문성 개발을 설명하면서 다음과 같이 기존의 전통적 계약관계와 성찰적인 계약관계의 개념을 구분하였다.[8]

전통적인 계약관계	성찰적인 계약관계
나는 나 자신을 전문가의 손에 맡기고, 이렇게 함으로써 나는 전문가에 대한 믿음에 기초하여 안전하다는 느낌을 얻는다.	나는 나의 사례를 이해하는 데에 있어 전문가와 함께 한다. 그리고 이렇게 함으로써 나는 더욱 자발적인 참여와 행동이 향상되는 것을 느낀다.
나는 훌륭한 사람들 손에 맡겨져 있다는 데에서 편안함을 느낀다. 나는 단지 그의 조언에 따를 뿐이고 그렇게 하면 모든 것이 잘 될 것이다.	나는 그 상황에 일정 부분 통제력을 행사할 수 있다. 나는 전문가에게 전적으로 의존하지 않는다; 그 전문가는 오직 나만이 해낼 수 있는 정보와 행동에 의존하게 된다.

전통적인 계약관계	성찰적인 계약관계
나는 최고의 인재에 의해 도움을 받아서 기쁘다.	나는 그 전문가의 능력에 관한 나의 판단을 시험해 볼 수 있어서 좋다. 나는 그의 지식과 그의 실습에서 나타난 현상, 그리고 나 자신에 대하여 새롭게 발견하는 것들에서 많은 쾌감을 느낀다.

시민연극에서 우리는 전통적인 계약 관계를 추종하는 평가연구의 문화를 주입해서는 안 된다. 시민연극 전문가들은 외부 기관에 의존하기 보다는 적극적으로 자신들의 평가에 참여해야 한다. 외부 기관 혹은 외부 개입자(interventionist)들은 시민연극의 연구에 있어서 그 프로젝트의 구성과 실행 과정에 참여하지 않았으므로 상당한 불이익을 지닐 수밖에 없다. 숀이 정리한 전통적 계약관계에서는 시민연극은 외부 개입자의 평가에 의존하게 된다. 그러나 성찰적 계약관계에서는 teaching artist들과 참여자를 포함한 폭넓은 시민연극 공동체가 평가보고서에 직접 참여하게 되는 것이다.

시민연극은 많은 교육 연구의 전철을 답습해서는 안 된다. 자신의 연구 관심사를 충족시키기 위해 교실을 마치 실험실처럼 사용하는 방문 연구가들에 끌려다니는 것이 그것이다. 교육학자 엘리엇 아이즈너(Elliot Eisner)는 이런 접근을 "교육 특공대의 침입"이라고 지칭하며 외부 평가자들은 최대한 짧은 시간 동안만 교실에 들어와 오직 "자신들이 원하는 자료만 수집하고 떠나버린다"[9]고 지적하였다. 외부

---

8 Schön, D., 1983, p.302.

전문가들은 주로 대학들에 의해 고용되는데, 대학에서의 업무 능력 평가는 연구원들의 연구 실적에 달려 있다. 반면에 학교 교사들의 지속적 업무 능력 평가는 그들의 교수 능력이나 사무 능력과 같은 전혀 다른 기준에 달려 있는 것이다. 시민연극의 teaching artist들은 그들을 둘러싼 제반 환경을 탐구하고 성찰하는 능력을 통해 성장하게 된다. 외부에서 개입하여 시민연극의 프로그램 구성에 대해 이래라저래라 하며 가르치려 드는 외부 전문가들을 경계할 필요가 있다.

전문가들은 경영, 연출 그리고 평가 활동까지 수행하는, '모든 것을 아는(all-knowing)' 개입자들로 인식된다. 개입자(interventionist)들은 행동 연구 모델에서는 아주 흔히 볼 수 있는 존재들로서 연구를 위해 현장 조건에 전권을 지니기도 한다.[10] 대부분의 경우, 시민연극의 teaching artist들은 자신들의 그런 개입자의 역할을 수행할 수 있다고 생각하지 않는다. 그들은 외부인, 즉, 현장의 이방인이 평가 기능을 수행해 주기를 기대한다. 나는 teaching artist들이 참여자들과 함께 자기 탐구의 과정에 합류하는, 보다 참여적인 형식의 평가가 절실하다고 믿는다.

개입자들이 성찰적 실천가의 연구 안에서 연계할 때, 숀은 개입자들이 멘토(mentor)의 역할을 함으로써 모든 관계자들의 재능이 해당 연구에 기여할 수 있다고 파악한다. 참여자의 주인의식과 함께, 각자가 보다 효과적인 실천작업에 중요한 기여를 할 수 있다는 믿음

9 Eisner, E., The Art of Educational Evaluation, Philadelphia: Falmer, 1985, p.143.
10 Orton, J., "Action Research and Reflective Practice: An Approach to Research for Drama Educators", International Research Issue, NADIE Journal 18 (2), 1994, pp.85~96.(a publication of the National Association for Drama in Education, Australia)

에서 힘과 통제가 생겨나는 것이다. 외부 전문가가 개입하여 해당 프로젝트를 안내하고 지원함으로써 시민연극작업이 혜택을 받을 수도 있다. 다만, 그 외부 전문가가 teaching artist들 위에 군림하는 독재자가 아닌 함께 돕는 조력자로서 그들과 협력하여야만 할 것이다. 나는 teaching artist들이 그러한 개입자의 역할을 수행할 능력이 부족하다는 의견—다시 말해, 그들이 자신의 의문을 작업 속에 접목시켜 풀어낼 통찰력이 없다는 지적—에 대해 전적으로 동의할 수는 없다. 그러나 적어도 손이 주장한 성찰적 계약 관계(teaching artist들과 외부의 개입자들이 함께 협력하는)는 매우 소중한 교육적 경험을 얻어낼 것이라고 믿는다.

5. 평가자들을 위한 해석적 기반의 패러다임

teaching artist들과 참여자들 개개인의 목소리와 경험이 능력과 효과성의 중심이 되는 이런 성찰적 계약 관계를 형성하였다면, 서술적(narrative) 연구 전통 속에서 자료 수집과 분석의 방법론을 찾는 것이 유용하다는 점은 자명하다. 대학에 소속된 이들이 학교를 좌지우지하려는 교육 연구의 관행에 대해 아이즈너는 람보 스타일의 특공대 침입에 비유하며 우려를 표명한 바 있다. 나 역시 마찬가지로 인간 경험을 수치로 환산해내는 실험들을 엄격하게 '수행'하려는 현실에 대해 우려를 금할 수 없다. 아이즈너도 이에 동의한다: "교육 실천 (educational practice)이란 돌발적 상황들로 가득 찬 엄청나게 복잡한 사안으로서, 통제는커녕 예측조차도 지극히 어려운 일이다." 이와 유사하게 시민연극이 벌어지는 현장 환경 역시 깔끔하게 통제될 수 없는 복잡한 공간들이다.

이처럼 예측이 불가한 시민연극의 특성상 사전에 고안된 프로그램 계획을 실행 과정 속에서 끊임없이 재평가하여야 할 필요가 생긴다. 예측 불가능성과 불확실성은 단일 진실의 세계에서 우리를 해방시켜 다중적 현실과 다각적인 비전 속으로 뛰어들게 만든다. 이러한 다양성이 성찰적 실천 연구의 중심이라고 할 수 있다. 그렇다면 이 다양성을 가장 잘 평가하는 방법은 어떤 것인가?

이 책에서 옹호하는 성찰적 실천이라는 접근법은 문화기술(文化記述)학의 여러 기법들을 활용할 때 큰 통찰과 효과를 얻을 수 있다는 점은 그리 놀라운 일도 아닐 것이다. 문화기술학(Ethnography)의 역사는 문화인류학(cultural anthropology)에서 그 뿌리를 찾을 수 있으며 프란츠 보아스(Franz Boas), 브로니슬라브 말리놉스키(Bronislaw Malinowski), 마가렛 메드(Margaret Mead), 그리고 클리포드 기어츠(Clifford Geertz)와 같이 고립된 지역 사회에 들어가 그들 삶의 문화적 단면을 담아낸 현장 연구가들의 작업에서 그 예를 찾아 볼 수 있다. 그들의 '두터운(thick)' 혹은 풍성한 묘사는 실증주의(positivist) 혹은 신실증주의(neo-positivist) 학파들에 의해 임상 측정의 목적으로 훼손되지 않은, 지극히 자연 그대로의 상태에 기초하여 관찰한 내용이다. 기술민족학자들은 인간의 사회적 삶의 우선적 특성은 개인들이 지속적으로 자신들의 세계를 해석하고 이해하는 것이기 때문에, 그 세계에 대한 탐구는 그 사람들의 자연스러운 일상생활과 연계되어 해석해

야 한다고 주장한다.[11]

　예술 분야에서는 이처럼 예술적 과정들에 종합적인 통찰력을 제공하는 기술민족학적 연구를 활용한 수많은 작업의 예들이 있다. 앞서 카우프만의 〈라라미 프로젝트〉에서도 보았듯이, 사람들 삶의 이야기들을 연극적 형식으로 표현하는, 다시 말하자면 보고서 대신 공연으로 보고하는 새로운 문화기술학의 형태인 'Performed Ethnography'에 대한 관심도 매우 높아지고 있다. 이러한 시도들은 우리 시민연극에서 행해지는 작업이기도 하다. 앞서 4장에서 소개된 가정 폭력 프로젝트가 그 대표적 사례이기도 하다. 우리는 여러 사람들의 삶의 경험을 토대로 연극적 순간을 재구성하였고 그것을 관객들이 함께 고민하고 탐구하도록 하였다.[12]

　이브 엔슬러(Eve Ensler)의 연극 〈버자이나 모놀로그(The Vagina Monologues)〉에서, 우리는 여성들의 섹스와 성 정체성에 대한 경험을 포착해낸 연극 텍스트의 한 예를 확인할 수 있다. 그 작품 속의 여자들이 성장하면서 성(性)에 관련한 여러 호기심 어린 실험을 해보기도 하고, 그들의 성기와 관련된 다양한 금기사항들을 감내해야 했던 그들의 삶을 회상하는 과정을 통해, 극작가는 오래된 상처들이 치유되고 더 커다란 관용의 세상이 곧 다가오기를 소망한다:

　　그러나 〈버자이나 모놀로그〉는 부정적인 태도로 가득했던 과거를

---

11 Hitchcock, G. & D. Hughes, Research and the Teacher, second edition, London: Routledge, 1995, p.28.
12 Goldstein, T., Teaching and Learning in a Multilingual School Community: Choices, Risks and Dilemmas, Mahwah, NJ: Lawrence Erlbaum Associates, 2003.

정화하는 것에서 멈추지 않는다. 그 작품은 매우 개인적이고 몸에 배어 있는 방법을 통해 미래로 나아갈 것을 제안한다. 나는 남녀를 불문하고 독자들이 이 희곡을 통해 자기 자신은 물론 서로에 대해 더욱 자유로움을 느끼게 될 것이라 생각한다. 뿐만 아니라, 여성적/남성적, 신체/정신, 성(性)/영(靈)과 같이 우리의 신체적 자아를 "우리가 말해도 되는 부위"와 "우리가 말해선 안 되는 부위"로 갈라 놓는 낡은 가부장적 이원론을 극복할 대안을 찾아내기를 희망한다.[13]

이 작품은 여전히 전 세계에서 성황리에 공연되고 있는 작품이기는 하나, 여성들이 오랜 시간 동안 감내해야 했던 학대를 노골적이고 때론 충격적으로 묘사한 탓에 모든 이들의 기호에 맞지는 않을 수 있다. 어느 해인가 내가 학부 입학 심사에 오디션용으로 이 연극의 한 장면을 제안하였다가 논란을 빚은 기억이 있다. 대학에서 시민연극을 전공하고자 하는 지망자들을 심사하는 오디션이었음에도 불구하고, 그 극본에 여성의 '성기(vagina)'라는 단어가 언급된다는 이유만으로 위험하다는 의견이 대두되었던 것이다. 그럼에도 불구하고, 연극에서 여성들이 풀어 놓는 이야기들은 그들의 삶과 시대에 대한 성찰적인 회고이다. 그리고 이러한 이야기들을 통해서 우리는 삶의 의미는 무엇인가를 고민하는 상황 속으로 더 깊숙이 빨려든다.

시민연극을 평가함에 있어서, 우리는 인간사에 대한 서술적

---

13 Ensler, E., The Vagina Monologues, New York: Villard, 1999, p.xvi.

인(narrative) 이야기들을 통해 사람들이 스스로 구축해 놓은 진실들을 밝혀내고 탐구하여야 한다. 평가서가 누구나 부담 없이 읽을 수 있는 스타일로 쓰여져야 시민연극에서 어떤 일들이 일어났는가를 보다 많은 사람들에게 공개할 수 있다. 우리는 시민연극의 정신을 전달하는 데 도움이 되지 않는 고압적이고 난해한 논문을 멀리 해야 한다. 시민연극의 기술(記述)은 가장 적절한 문구와 마음을 움직이는 은유, 그리고 산 경험을 예술적으로 포착해내는 흥미로운 서술 형식 등의 노력이 없이는 독자에게 매우 지루한 글 읽기가 되기 쉽다.

영국 연극의 예를 들어보자. 앤써니 셰어(Anthony Sher)의 〈왕의 해(Year of the King)〉[14]는 로얄 셰익스피어 컴퍼니의 셰익스피어 극을 연습하면서 그가 어떻게 리차드 3세라는 역할로 변모해 가는지에 대한 매우 흥미진진한 이야기이다. 셰어의 이야기는 그가 자신을 역할 속에 투사하고 리허설 과정에서 그가 개입한 주요 내용을 그의 독자들과 함께 공유하는 과정을 통해 성찰하는 실천가의 방식을 취한다. 20세기 초 모스크바 예술 극장의 콘스탄틴 스타니슬라브스키의 작업을 통해 우리는 사례 연구(case study) 속의 열정을 볼 수 있었고, 리허설 과정의 강렬한 묘사들을 통해 어떻게 예술가의 기술과 예술성(artistry)을 고스란히 드러내 보일 수 있는가를 확인할 수 있었다. 이러한 작업에서는, (연구 대상이) 적으면 적을수록 더 큰 의미를 갖는다. 문화기술학의 연구들을 발표할 때 사례 연구 방법이 널리 사용되는 이유가 여기에 있다.

---

14 Sher, A., Year of the King, London: Methuen, 1985.

그것을 직접 경험한 사람들의 이야기를 포함하지 않은 채 시민연극의 평가서를 쓰기는 어려울 것이다. 그 이야기들은 보고서를 보다 구체화하는 기능을 한다. 공연을 통한 문화기술학(Performed Ethnography)이 그렇듯, 성찰하는 실천가는 현실은 다층적이고 가변적이며, 진실은 시간과 함께 진화하고 변화한다는 것을 인식한다. 시민연극의 평가자들은 미리 상정한 가설을 시험하는 데에는 큰 관심이 없다. 오히려 그들은 자료들로부터 하나의 가설이 도출되는 것에 더 큰 관심을 가질 것이며, 이는 매우 중요한 차이점을 지닌다. 의문, 갈등, 불확실성은 과정 속에서 진화할 수 있다. 손드하임의 뮤지컬에서 주인공인 조르쥬 쇠라가 창조성의 경험을 통해 자신의 캔버스 위의 이미지들을 발견하듯이, 시민연극의 평가자들은 변화된 세계에 열려 있어야만 한다.

평가자들은 다음과 같은 광범위한 질문들에 관심을 가지게 된다.

- 시민연극은 이 공동체에 어떻게 이야기를 전달하는가?
- 시민연극 프로젝트의 참여자들은 제시된 딜레마들, 쟁점들, 화두들에 대해 무엇을 이해하였는가?
- 시민연극이 이러한 화두들을 탐구하는데 얼마나 성공적이었는가?
- teaching artist들은 어떻게 참여자들이 작품에 몰입하도록 하였는가?

이러한 평가 질문들은 일단 관찰이 시작되면 불가피하게 바뀔 수도 있다. 특히 평가자가 시민연극 작업을 형성하는 다양한 상호작용들에 열려 있다면 당연히 그렇게 되어야 할 것이다.

내 경험에 비추어 보면, 질문이 넓으면 넓을수록 평가자가 자료를 수집하고 분석하기 위해 정해둔 범주(category)와 코드(code)에 맞춘 일정 계획표의 사용이 적어지게 된다. 이러한 계획표가 위험한 이유는 평가라는 과정을 자칫 가설 검증이나 문제 연구로 국한시켜 버리게 되고, 그로 인해서 현장에서 발생할 수 있는 다양한 현상과 사건들에 열려 있어야 할 가능성마저 차단하게 될 수 있기 때문이다.

행동 연구 모델은 내가 이 장에서 제안하고 있는 것과는 상당히 다른 명제로 선회할 수도 있다. 오튼(J. Orton)에 따르면:

> 행동 연구는 한 개인 혹은 집단의 사람들이 실습에서 겪게 되는 문제로부터 출발한다. 그 문제는 대개 비효율성의 문제로 보인다: 실천가는 Y를 획득하려는 의도로 X를 시행한다. Y가 발생하지 않는다. Non-Y, 즉, Y가 아닌 것(실제 발생한 것)은 받아들여질 수 없다. 실천가는 그러므로 Y를 얻으려 했으나 Y가 아닌 것(Non-Y)을 어떻게 생산하는지만 알게 되었다는 딜레마에 직면한다.[15]

나는 teaching artist들이 그들의 현장 환경 안에서 문제를 탐색하는 것의 중요성을 폄하할 생각은 없으나, 이러한 문제들을 비효

---

[15] Orton, 1994, 앞의 책, p.86.

율성과 연계시킬 때 발생하는 어려움은 바로 인간 경험을 단순히 원인-결과로 보는 관점으로 전개된다는 점이다. 가설의 시험은 다른 가설 생성의 가능성을 억제하게 되기도 한다. 한 예로, 비록 시민연극 프로젝트는 아니지만 내가 제기하는 우려들을 조명하는 교실 연구를 살펴보자.

초등학교 2학년과 3학년 학생들의 서술적 글쓰기 능력에 크리에이티브 드라마(Creative Drama)가 효과적이었는가를 시험하는 것이 목적이었던 미국 유타 주(州)의 한 연구에서, 연구자들은 자신들의 평가 계획이 지닌 제약으로 인해 난관을 맞게 된다. 그 실험이 지닌 제약은 연구에 매우 심한 경직성을 자아내었고, 어떤 경우에는 참여자들의 흥미를 짓누르기도 하였다. 학생들이 정해진 시간 내에 끝내야 하는 일련의 과제들을 제시받았다는 사실, 그리고 그 과제에 대해 사전에 예측된 결과가 존재했다는 사실은 그 연구자들의 관찰이 하나의 이론을 측정하는데 갇혀 있었음을 의미한다. 그 연구자들이 후회하며 반성하기를, "이러한 관찰들이 제시하는 바는 자연적인 조건하에서 연극 수업은 보다 더 성공적인 계획 활동이 되었을 것이다"라고 맺음하였다.[16] 경험주의적 디자인에 대한 관습적인 이해에 근거한 그들의 연구는 가설 검증에만 의존함으로써, 자연스럽게 상황이 펼쳐지도록 허용하고 담아내야 할 그들의 능력이 왜곡되는 결과를 낳게 되었다.

즉각적인 문제에 견고한 해결안을 제시하는 데에 전념하는

---

16 Moore, B.H. & H. Caldwell., "The Art of Planning", Youth Theatre Journal, 4(3), 1990, p.18.

행동 연구는 본연의 의도와 다르게 '갈등은 해소될 수 있고, 진실은 발견될 것이며, 삶은 통제할 수 있다'는 관점을 심어 줄 수도 있다. 여기서 내가 우려하는 것은 아마도 '문제(problem)'라는 단어일 것이다. 나의 주된 관심사는 문제를 시험해 보는 것이 아니라, 평가가 어떻게 가능성을 탐색하고 논제를 제기할 수 있는가이다. 이런 점에서 나는 맥신 그린의 의견에 동의하는 바이다: 만약 예술가가 평범함 속에서 비범함을 드러내는 존재라면, 평가에는 예술 작품이 종종 제기하는 불편한 질문들도 포함되어야 한다. 예술가들이 익숙함을 어떻게 변형시키는가에 그린이 주목하였듯, 나는 성찰적인 실천가들이 어떻게 그들의 세계를 읽어내는지를 탐구해 보고 싶다. 어떻게 그들이 중요성과 가치에 대한 결정을 내리고, 어떻게 그들이 모호함과 반목에 대처하느라 씨름 하는지, 그리고 그 씨름을 수집하고 분석하고 제시하는 논리적 과정을 어떻게 확인하게 되었는지를 말이다. 그러므로 나는 시민연극 평가에 존재하는 인간의 차원에 관심이 있으며, 이것이 평가 계획에 제기하는 질문들에 주목하게 된다.

6. 평가의 기술(The Art of Evaluation)

이 장에서, 나는 가장 효과적인 평가자들은 성찰적 실천가들로도 기능하는 이들이라고 주장하고 있다. 나는 또한 teaching artist들이 직접 시민연극의 평가에 개입할 것을 권장하고 있다. 성찰적 실천가들의 서술적인 이야기를 포함하는 연구는 인간 경험을 수치적인 표현으로 환산해낸 보고서에 비해 명확성이 부족할 것이라는 말은, 끊임없이 반복되는 근거 없는 신화이다. 겉보기에 숫자는 사람들과 그들의 작업에 대한 묘사보다 더 신뢰도를 지닌 것으로 여겨진다. 성찰적인 실천가의 연구 계획은 다음 두 가지의 주된 방법으로 이 신화에 도전한다: 먼저, 성찰적인 실천가는 자료를 매개하는 데 있어 가장 중요한 연구 도구(instrument)이다; 또한, 연구된 작업에 대한 다양한 관점들은 이제는 결정화(crystallization)라고 일컬어지는 방법을 통해 연구결과의 신뢰성을 확증한다.

인간 도구(The Human Instrument)

연기의 기술에 대한 가장 매혹적인 설명 중 하나인, 『캐릭터 구축(Building a Character)』에서 스타니슬라프스키는 예술에 대한 그의 이해를 설명할 때, 연기 기술의 특징들을 분리하여 나열하는 대신, 꼬스챠(Kostya)라는 가공의 학생의 일기를 펼쳐보는 방식으로 하였다. 꼬스챠의 일기는 연출가 토르초프(Tortsov)와 함께 하는 배우들의 경험에 대한 소설 형식의 방대한 기록으로, 스타니슬라프스키가 헌신적인 배우들의 가슴과 머리를 통해 캐릭터 구축(characterization)의 세계를 규명하는 것을 가능케 했다.

> 우리 수업이 시작할 때, 나는 우리 학교의 감독인 토르초프에게 말했다. 내 스스로 안에서 인물(character)을 창조하기 위해 필요한 요소들을 주입하고 훈련하는 과정을 머릿속으로는 이해하겠는데,

어떻게 그 인물을 신체적인 표현으로 구축하는 것을 어떻게 해야 하는지 아직 나는 잘 모르겠다. 왜냐하면, 만약 당신이 당신의 몸과, 당신의 목소리, 말하고, 걷고, 움직이는 방식을 사용하지 않는다면, 만약 이미지에 걸맞은 성격 묘사의 형식을 발견하지 않는다면, 당신은 아마도 다른 사람들에게 그 인물의 내면에 살아 있는 체계를 전달해 보여줄 수 없을 것이다.[17]

스타니슬라프스키가 의도하는 핵심은 이 장에서 다루는 초점을 넘어선다. 그러나 성찰적인 실천가 연구 디자인과도 연결되는 그의 작업에서 되풀이되는 주제는 정보의 수집, 분석, 표현에 있어서 인간 도구가 중심적 역할을 한다는 것이다. 배우들이 인간적인 조건을 탐색하고 어떻게 몸이 가장 힘차게 그 조건을 표현해내는가를 규명하듯이, 성찰적인 실천가들 역시 인간과 인간사에 대한 그들의 이해에 근거하여 관찰하고 성찰한다.

성찰적인 실천가들은 자신들을 도구로 활용하여, 연구의 질문을 도출하고, 이 질문들을 어떻게 조사할 것인지를 정리하고, 생성되는 발견들이 그들 일생 동안 해온 작업에 어떻게 영향을 미치는가에 대해 숙고한다. 질적 연구 디자인과 마찬가지로, 현장 연구 과정은 평가 활동에 참여하는 이들의 "소망, 두려움, 욕구불만 그리고 추론 등을 고르게 고찰하는 것"[18]이라고 인식한다.

성찰적인 실천가들은 근본적으로 외부적 요인에 의해 제시된

---

17 Stanislavski, C., Building a Character, New York: Methuen, 1987(1949), p.3.
18 Burgess, R., Field Methods in the Study of Education, London: Falmer, 1985, p.2.

의제를 거부한다. 시민연극의 평가는 teaching artist들이 구성한 이슈 (issue)들을 실행한 결과로서, 현장으로부터 생성되어야 한다. 성찰적인 실천가 연구에서는 우리의 작업과 우리 삶의 경험이 산 체험을 탐구하는 주요 기제가 된다.

일지/업무 일지(Logbooks)

만약 인간 도구가 성찰적인 실천가 연구에서 논제를 제기하는 데 우선적인 매개체(medium)라면, 그 논제들이 기록되는 곳이 바로 일지(logbook)이다. 이런 관습은 인류학에서 유래한 것으로 현장 기록과 헌신적인 일지 작성이 자료 수집과 분석에서 중추적인 성격이 되었다. 일기, 저널(journals), 혹은 포트폴리오(portfolios) 등은 예술의 실천 작업에서 오래전부터 구축된 전통이다. 오랜 시간에 걸쳐, 자신의 작업이나 과정에 관한 기록을 통해 경험을 이해하고자 하는 예술가의 필요는 문화적인 표현에 있어 없어서는 안 될 부분이었다. 예술가의 기록은 글로 남겨진 복합물뿐 아니라 다양한 매체(media)를 포함할 수도 있다.

　나는 루돌프 라반(Rudolf Laban)이 자신의 춤을 그린 복잡한 디자인이 떠오른다. 그로 인해 그는 자신의 테크닉을 시각적 형태로 구성할 수 있었다. 앤써니 셰어가 그린 거미줄과 두꺼비의 이미지는 그로 하여금 리차드 3세가 생각하는 방식을 이해하게 하며 그 캐릭터의 묘사에 이르는 길을 안내했다. 하워드 가드너(Howard Gardner)는 마사 그래험의 창조적인 삶은 매일 저녁을 꼬박 바쳐야 했던 그녀의 성실하고 집착에 가까운 목록 작업(cataloguing)에 의해 가능하였음을 상기시켜 준다. 그래험은 일지가 어떻게 성찰적 실습과 상호작용할 수 있는지를 보여 주는 좋은 사례이기도 하다. 가드너는 묘사하기를 "마사 그래험의 스승이었던 안무가 세인트 드니스는 언제나 짧은 글이나 시, 아니면 메모라도 끄적이는 습관이 있었으며, 그러한 메모들에서 그녀의 무용이 탄생되었다"라고 하였다. 만약 드니스에게서 영감을 받은 포트폴리오의 기록을 시작하지 않았더라면 그래험의 시적 상상의 산물들이 온전히 무대 위에 구현되었을지는 아무도 모를 일이다. 그래험은 다음과 같이 묘사하였다:

> 나는 아이디어를 떠올린다. 그리고는 적는다. 나는 어떤 순간 나를 자극하는 아무 책에서나 많은 인용구들을 베껴서 보관한다. 그리고 나는 출처를 적어 놓는다. 그런 다음 실제 작업을 하게 될 때, 나는 각 단계를 완전히 기록한다. 나는 내가 하는 모든 춤을 적어 놓는다. 나는 특별한 표기법(notations)이 없다. 나는 그냥 그것을 적어 놓고 그 의미를 안다. 그 단어들의 의미, 또는 그 움직임의 의미, 어디로 움직이고 무엇을 하고 하는 바와 당신이 어디로 가고 당신이 무엇을 하는지 말이다. 그리고 아마도 여기저기에 간단한 설명을 적기도 한다.[19]

그래험, 셰어, 그리고 라반을 통해 본 각각의 사례에서 우리

---

19 Gardner, H., 앞의 책, 1993, p.299.

는 일지가 어떻게 특정한 현상에 대한 이해를 진화시키는 도구가 되었는지를 확인하였다. 일지는 자료집(source book)이 되고, 자신과 작업과의 진화적인 관계를 되새겨 준다.

이런 종류의 평가를 위해서 일지를 작성하는 방법에 왕도가 존재하지는 않는다. 여러 훌륭한 질적 연구자들이 이 기법은 물론 그 근본이 되는 해석 기반(interpretive-based) 연구 디자인에 대해 이미 저술하였으므로[20] 나는 여기서 그 세세한 부분을 반복하지는 않겠다. 그러나 내 경험을 통해 보면, 자신의 일지를 제 시간에 지속적으로 작성하지 못하는 평가자들은 자료 분석과 집필 단계에서 매우 큰 불이익을 갖게 된다. 며칠, 몇 달, 심지어 몇 년 전에 있었던 시민연극 작업의 관찰을 분석하는 것은 고사하고, 그저 기록하는 일조차도 매우 어렵다. 이를 피하는 요령은 그래험의 방식을 따르는 것이다. 자신의 연구에 열정을 갖고 공개적인 기록으로 그것을 남기는 것, 그리고 세밀하게 점검하는 과정을 거쳐 향후 행동의 방향을 제시하는 것이다.

해석기반 연구에서 사용되는 두 가지의 추가적인 방법들은 인터뷰(interview)와 저널(journal)이다. 그 두 가지가 시민연극 평가에서 어떻게 활용될 수 있는지를 살펴보겠다.

---

20 질적 연구에 관심 있는 독자는 다음의 책들을 참고하기 바란다.

Ely, M., M. Anzul, T. Friedman, D. Garner & A. M. Steinmetz., Doing Qualitative Research: Circles Within Circles, London: Falmer, 1991.

Eisner, E., The Enlightened Eye: Qualitative Inquiry and the Enchantment of Educational Practice, New York: Macmillan, 1991.

Hitchcock, G. & D. Hughes, Research and the Teacher, second edition, London: Routledge, 1995.

Lincoln, Y.S. & E.G. Guba, Naturalistic Inquiry, Newbury Park, CA: Sage, 1985.

인터뷰와 저널

시민연극에 대한 피드백을 구할 때, 평가자들은 참가자들이 그 작업에 어떻게 반응하였고 그 작업을 어떻게 해석했는지 확인하기 위해 참가자들과 인터뷰를 하거나 대화를 나누려고 노력한다. 때로는 시민연극에 참여했던 사람들과 인터뷰를 하는 것에 동의를 구하는 것이 어려울 수도 있지만, 그들의 경험을 포함하지 않는 평가보고서는 세세한 부분을 놓치기 마련이다. 참여자들로부터 필요한 절차의 승인을 얻어내는 것은 평가자들이 그들의 말과 묘사를 보고서에 사용하는 것의 허용을 의미한다. 평가보고서가 때로는 시민연극 관련 서적이나 논문의 형식으로 출판되기도 하기 때문에, 참여자들이 자신이 말한 내용이 전문적인 영역에서 어떻게 사용되는지를 아는 것은 매우 중요한 일이다.

인터뷰는 특히 정보 수집을 풍성하게 해주는 방법인데 그 이유는 인터뷰가 평가자들의 직관을 확인하고, 복합적인 내용을 면밀히 규명하며, 어떤 특정한 행동의 이유를 이해하도록 도움을 주기 때문이다. 때로는 참가자들이 시민연극을 하는 중에 왜 그러한 방식으로 반응했는지 즉석에서 명확하게 드러나지 않으며, 충격 혹은 놀람의 표현을 teaching artist들이 잘못 읽어낼 수도 있다. 단순히 참여자들의 행동을 묘사하는 것으로는 충분하지 않다. 특히 그러한 행동들이 시민연극 중간에 의미심장하게 보였다면 말이다.

어떤 면에서, 평가자는 참여자들과 teaching artist들의 머릿속으로 들어가려고 노력해야 한다. 무엇이 특정한 행동, 제스처, 입장을 취하게 하는가를 이해하는 데 도움이 될 것이다. 인터뷰는 그 작업에 대한 또 다른 관점을 개발하는 데에 도움이 된다. 다른 관점의 시민연극 관찰을 요청하는 것—그 경험에 대한 또 다른 통찰 혹은 의견을 구하는 것—만으로도 우리는 평가보고서가 산출할 수 있는 발견과 제언의 신뢰성(authenticity)에 한 걸음 다가서게 되며, 그 안에서 자신감을 얻게 될 것이다.

어떤 사례들을 보면, 인터뷰가 상당히 많은 것을 밝혀내는 힘을 갖기도 하는데, 이는 특히 인터뷰를 하는 사람(interviewer)이 인터뷰의 대상(interviewee)들의 신뢰를 획득하였을 경우이며, 또한 다음과 같이 열린 질문들을 던질 때 가능해진다.

- 당신은 시민연극에 대해 어떤 흥미로운 점을 발견했나요?
- 어떤 것에 어리둥절했나요?
- 당신을 놀라게 한 것이 있었나요?
- 어떤 점이 잘 안 됐나요?
- 어떤 전략이 당신 생각에 가장 효과적이었나요? 가장 비효과적이었던 것은?
- 만약 이 프로그램을 수정한다면, 어떤 제안을 하시겠습니까?
- 만약 당신이 이 프로그램을 평가한다면, 어떤 기준(criteria)을 사용하시겠어요?

시민연극에 대한 참여자들의 반응을 기록한 연구는 거의 드물다고 봐도 좋을 것이다. 과거에는 그런 기록 자체가 희귀했고, 시민연극에 대한 글들의 대부분은 teaching artist들의 시선으로 쓰인 것이었다. 독자들은 이러한 연구의 저자를 신뢰해야만 했고, 그 관찰들을 신빙성 있는 것으로 추정해 왔다. 그러나 만약 이러한 관찰들이 시민연극의 발전과 방향을 형성하는 유일한 관점이 된다면, 그 연구의 결론이 편향되거나 혹은 지나치게 가치를 함축적으로 변하게 할 가능성이 있다. 평가보고서를 읽는 독자가 그 결론을 도출해낸 증거들이 충분히 설득력 있다고 신뢰할 수 있어야 한다.

시민연극의 참여자들이나 다른 관련 인물들을 인터뷰하는 일은 일종의 거리두기(distancing) 기법과도 같다. 평가자는 정보로부터 떨어져 나와 새로운 시각으로 보게 된다. 브레히트가 전통적인 연극 형식에서 팽배했었던 감정에 지배된 호소를 두려워했던 것과 마찬가지로, 평가자들은 오직 하나의 관점만 가지고 접근해서는 안 된다. 좋은 인터뷰의 기술은 오랜 시간을 요하는 과정며, 여기서 내가 일일이 언급하는 것은 적절하지 않을 것이다. 그렇지만 나는 시민연극의 평가자들은 매우 효과적인 인터뷰 기술을 연마하여야 하며, 해석기반 연구를 구축한 다양한 질문의 기술들을 고민해야 한다고 믿는다.[21]

인터뷰를 꼭 일 대 일로만 해야 할 필요는 없다. 음성 녹음 혹은 비디오 녹화가 가능한 포커스 그룹 인터뷰도 참가자들이 작품을 통해 경험했던 주요 주제들을 생성해내는 데 도움이 된다. 다만 그러한 정보를 수집하기 전에 그 대상들로부터 승낙을 받아내야 한다는

---

21 Lofland, J. & L. Lofland., Analyzing Social Settings: A Guide to Qualitative Observation and Analysis, Belmont, CA: Wadsworth, 1984.
Minichiello, V., R. Aroni, E. Timewell, & L. Alexander, In-depth Interviewing, Melbourne: Longman, 1991.

것을 기억해야 한다. 포커스 그룹은 시민연극의 참여자들 및 관계자들이 경험한 주요 요점들이 무엇인지를 브레인스토밍(brainstroming)하기도 하며, 이런 브레인스토밍은 보다 심도 있는 연구의 토대를 제공한다. 아래는 그러한 질문들의 예이다:

- '핫시팅' 기법에서 가장 인상적이었던 것은 무엇인가요?
- teaching artist가 연기한 그 인물이 얼마만큼 믿음이 갔나요?
- 포럼연극 기법에 대해 어떤 점이 놀라웠나요?
- 포럼연극을 하면서 당신은 어떤 점들을 발견했나요?
- 당신이라면 이 프로그램에서 무엇을 변경하시겠어요?
- 이 프로그램이 지역 공동체에 어떤 도움이 될 수 있을까요?

　　포커스 그룹의 장점 중 하나는 시민연극에 대한 복합적인 관점들을 얻을 수 있다는 점이다. 참여자들은 때로 여러 사람들과 함께 있을 때 더 쉽게 열리기도 한다. 이야기 혹은 스토리텔링(storytelling)의 전통이 강하게 남아 있는 지역 공동체의 경우에는 포커스 그룹도 그러한 전통을 따라 그 지역 사회에 익숙한 이야기 형태로 진행되기도 한다. '풍성한' 이야기는 아이디어들을 다듬어내고 다양한 대상들의 참여는 여러 관점들을 효과적으로 집약해낸다.

　　때로는 참여자들에게 시민연극을 관찰하는 동안 그들에게 인상적이었던 이미지나 장면, 행동, 발견 등에 대한 그들의 관찰 내용을 메모하거나 기록해 달라고 요청하는 것도 큰 도움이 된다. 물론 이는 언제나 가능한 일은 아니며, 특히 글을 쓰는 것에 대한 거부감이 강한

294

공동체의 경우는 매우 어렵다. 그렇더라도, 관심을 가진 사람들을 선정하여 시민연극이 얼마나 효과적이었는지에 대해 더 배우게 되는 기회를 요청하는 일이 불가능하지만은 않다. 자신이 제공하는 정보가 실제 이 작업을 실행하는 이들과 시민연극의 향상에 큰 도움이 된다는 것을 깨닫게 되면, 참여자들은 대체로 흔쾌히 협조하고 저널을 기록하기도 한다. 나의 경험을 예를 들어보면, 나는 연극이 어떻게 교과과정에 활기를 제공하였는가에 관한 교실연구를 할 때, 학생들에게 그들의 관점이 매우 필요하고 중요하므로 나의 협력 평가자들이 되어줄 것을 요청하고, 그들은 대부분 기꺼이 정보 수집에 협조한다. 다시 한 번 강조하지만 이러한 정보들을 평가보고서에 활용하고자 한다면 참여자들의 서면 동의를 반드시 얻어야 함을 잊지 말도록 하자.

　　참가자들이 기록한 저널[22]은 처음의 아이디어가 더 발전되기 위한 성찰의 기회를 제공한다. 참여자들이 공책 위에 작품의 특정 부분에 대한 반응을 정리해내는 과정을 통해, 글로 남기는 저널은 깊은 사색과의 만남이 되는 것이다. 평가자들이 참여자들이 생각해 볼 질문들을 제시할 수도 있고, 참여자들이 스스로 지닌 질문들에 대해 성찰하도록 허용할 수도 있다. 혹은, 의식의 흐름과 같은 형태로 글을 쓰게 하기도 한다. 저널은 자칫 무계획적인 방식으로 마구 사용될 수도 있으며, 때로는 그다지 유용한 정보를 제공하지 못하는 경우가 있는 것도 잘 알고 있다. 그러므로 관건은 이러한 방식으로 연구를 돕는

---

22 질적연구의 대표적 자료 수집 기법인 저널(journal)과 logbook은 우리말로는 둘 다 비슷하게 '일지'라고 번역되기도 하는데, 이 책에서 저자는 journal은 조금 더 구체적으로 연구 대상들이 작성하는 기록으로, 그리고 logbook은 연구자가 포괄적이고 심도 있게 기술하는 '연구일지'의 의미로 구분하여 사용하고 있다. (역자 註)

것을 즐겨할 만한 적합한 참여자들을 잘 찾아내는 것이다.

　저널을 기록한 참여자들에게 사례를 지불하는 것에 대해 윤리적 문제를 제기할 이들도 있겠고, 실제로 참여자들이 저널에 들인 시간과 수고에 대한 보상으로 예산을 책정하는 teaching artist들의 경우를 나도 알고 있다. 그러나 금전적인 보상은 그 저널의 내용에 상당한 영향을 미칠 수 있다. 그 이유는 참여자들이 저널을 작성하는 것에 대해 수고비를 받을 경우 그들은 해당 프로그램에 우호적이어야 한다는 부담을 느낄 수도 있기 때문이다. 이는 외부 평가자들이 그 시민연극을 후원하고 투자한 기관에 의해 평가를 의뢰받을 때와 똑같이 직면하게 되는 딜레마이다. 외부 평가자들이 돈을 받고 의뢰자의 프로젝트를 평가한다면 그 평가가 과연 중립적일 수 있을 것인가?

　저널은 그 작업에 대해 또 다른 관점을 제공하는 강력한 장치가 될 수 있다. 인터뷰와 마찬가지로, 저널은 참가자들이 작업과 어떻게 관계를 맺어 가는가를 보여주기도 한다. 일례로 중국계 미국 학생들과의 프로젝트에서 나는 그들에게 나의 연구일지(logbook)를 공유하고 난 다음 그들에게 저널을 쓸 것을 독려했다. 내 일지는 교실 현장에서 벌어진 일들을 나의 관점에서 기록하였기 때문에, 내가 그들의 관점들을 읽게 되면 큰 도움이 될 것이라고 말해 주었다. 나의 관찰 내용은 분명 그들의 것과는 매우 다를 것이라는 점도 주지시켰다. 어떤 주제이건 그들이 흥미롭게 생각하는 내용을 자발적으로 쓰도록 하였다―학생들은 저널 작성을 강요받지 않았으며, 저널은 성적 평가에 합산되지 않았다.[23]

　참여자들을 인터뷰하고 그들의 일지를 통해 통찰을 얻어내는 것에서 볼 수 있듯, 평가자는 보다 깊은 이해를 얻기 위하여 세심한 노력을 추구하여야 한다. 작업일지에서의 관찰(observation)은 이러한 노력의 한 부분이며, 종종 인터뷰 자료와 다른 수집된 자료들이 함께 여기에 포함되어 평가에 필요한 기록을 완비하게 된다. 더 많은 탐구의 문을 두드릴수록 더 많은 관점들을 열어 볼 수 있으며, 이로 인해 더 폭넓은 정보와 신뢰성을 갖춘 결론이 도출될 수 있을 것이다.

나는 여기서 두 가지의 정보 수집 방법에만 주목하였다. 점차 널리 사용되고 있는 음성영상(audiovisual) 자료들이나 시민연극 평가에 활용할 수 있는 컴퓨터 기술의 적용에 대해서는 여기에서 언급되지 않았다. 그 부분들에 대해서는 독자들이 각자에게 적합한 다양한 기술과 기법들을 연구하고 찾아내어 자신만의 방법들을 발견해내야 할 것이다. 그러나 이러한 발견들 역시도 참여자들의 신분 보장의 필요성과 권리에 대한 분명한 인식이 전제되어야 할 것이다. 현장에 들어가서 그 지역 공동체에서 일어난 일들을 아무런 서면 동의 없이 기록하던 시대는 이미 오래 전에 지나갔다. 이러한 협의에는 관찰내용이 어떻게 분석되고 제시될 것인지에 대해 모든 관련된 참여자들(미성년자의 경우 보호자를 포함)의 동의를 얻어내는 것이 일반적이다. 시민연극의 참여자들은 제안된 연구를 거부할 권리가 있으며 연구 내용이 일반에 공개되기 전에 기술된 내용에 대해 긍정적이든 부정적이든 자신의 의견을 피력할 기회를 제공받을 권리가 있다.

그러나 이러한 정리 절차 및 윤리적 사안들에 대한 부담으로

---

23 Taylor, P., Redcoats and Patriots: Reflective Practice in Drama and Social Studies, Portsmouth, NH: Heinemann, 1998.

인해 우리의 성찰적인 여행을 스스로 옥죄어야 할 필요는 없다. 오히려, 그러한 절차들이 성찰하는 실천가들을 자유롭게 하여 더 넓은 공동체와 연계하여 탐구하도록 하는 것이다. 더 많은 사람들이 주인의식을 가질수록 더 많은 변화가 가능해진다. 우리의 동기를 공유하고 우리의 희망을 밝게 드러내며 우리의 좌절을 탐구할 때, 분명 거기에 완전한 자유가 있을 것이다.

7. 결정화의 기술(The Art of Crystallization)

그 평가보고서가 신뢰할 수 있는 문헌인가의 여부를 판단할 때, teaching artist는 자신의 관찰과 기록이 정말 진실성이 있는가를 확인하는데 정성을 쏟아야 한다. 많은 사람이 확인하였다고 해서 그 관찰이 반드시 신뢰성을 갖지는 않는다. 관건은 수집된 자료가 내적 논리를 갖고 있는지, 그리고 현장에서 있었던 내용이 신뢰성 있는 이야기로 전달되었는지를 확인하는 것이다. 한 사람이 그 시민연극이 "훌륭했다"고 말한다고 해서 그게 꼭 참가자들 전체의 진실을 담보한다고 할 수 없기 때문이다. 게다가, 평가자는 "훌륭하다"는 말의 의미를 더 깊이 규명할 필요가 있다. '훌륭하다'는 표현은 사람에 따라 다른 의미를 지닐 수 있다. 그 연극에서 탐구되었던 개념들은 중요한 것이었는가? 그 연극을 통해 참여자들이 기존에 지니고 있던 생각들에 변화가 있었는가? 그 연극은 "훌륭하게" 무대화 되었는가? 노래는 어땠는가? 등등. 평가자는 무엇이 참가자들을 그런 식으로 반응하게끔

동기 부여되었는지에 대해서 숨어 있는 이면까지 이해하고자 하여야
한다.

때로는 군중들에 반대하는 외로운 목소리가 다른 누구 못지
않게 날카로운 관찰을 해내는 경우도 있다. 그러한 개인들의 목소리
가 보고서에 포함되어야 한다. 그 이유는 관찰에 균형과 신뢰성이 부
여되기 때문이다.

어떤 평가자들은 특정 관점의 정확성 혹은 신뢰성을 확인하는
확증(corroboration)의 과정을 위해 연구결과를 삼각검증(triangulation)[24]
할 것을 강조하기도 한다. 그러나 나는 근본적으로 연구의 진실성을
획득할 수 있는 다른 방법들을 찾는 것이 더 중요하다고 생각하며, 단
순히 "음, 세 사람이 그렇게 말했으니 분명 맞는 말일거야!"라는 식의
접근을 신봉하지 않는다. 로렐 리차드슨(Laurel Richardson)의 '결정화
(結晶化, crystallization)' 개념이 이런 점에서 특히 큰 도움이 된다.

삼각검증(triangulation)에서, 연구자는 인터뷰·통계 자료·문서
등의 '다른 방법들'의 배치를 통해 연구 결과의 '타당성을 입증'하고
자 한다. 문제는 이러한 방법들 역시 동일한(마찬가지의) 영역의 가
정(assumption)들을 수반한다는 점이며, 거기에는 삼각측정이 필요
한 '고정점'이나 '대상'이 있다는 가정도 포함된다. 포스트모던적인
혼합 장르의 텍스트 안에서 우리는 삼각검증을 하지 않는다. 우리는

---

24 질적 연구에서 사용되는 신뢰도 검증 방법의 하나로서, 한 문제를 해결하기 위해 둘 이상의
관점, 척도, 상황, 시간, 공간들을 활용하거나 고려함으로써 연구의 타당성과 신뢰도를 높이
는 방법이다. (역자 註)

결정화(crystallization)한다. 우리는 세상에 접근하는 데에는 '세 개의 면(three side)'보다 월등히 많은 방법들이 존재한다는 사실을 인지한다.[25]

'결정(結晶, crystal)'은 매우 적절한 은유이다. '결정'은 "대칭과 실체"를 지니고 있음과 동시에, 굴절과 반사를 통해 서로 다른 다양한 모양과 패턴을 지니기 때문이다. "우리가 무엇을 보는가는 우리의 안식각(angle of repose)[26]에 달려 있다"고 리차드슨은 주장한다. 우리의 세상을 보는 시각은 우리가 앉아 있는 자리에서 생겨나는 관점, 우리가 통해 보는 렌즈에 의해 조작(manipulate)된다. 우리가 하나의 결정체를 손에 들고 그것을 유심히 관찰할 때 "우리는 세상에는 항상 더 알아야 할 것들이 있음을 알게 된다"[27]라고 리차드슨은 덧붙인다. 각각의 시각은 새로운 전망, 세상을 읽어내는 또 다른 방식을 펼쳐 보인다. 결정화의 개념이 특별히 설득력을 지닌 것은 그것이 우리에게 새로운 가능성을 보는 방법, 새로운 앎의 방법을 열어 주기 때문이다.

우리는 언제나 새로운 발견의 여정 속에 있다. 지금의 이 여정은 무엇이 시민연극을 움직이는가에 관한 여정일 것이다. 인간 행동에 대한 우리의 직감이 정확한지 우리는 절대 확신할 수 없다. 참여

---

25 Richardson, L., "Writing: A Method of Iniquiry", In Handbook of Qualitative Research, second edition, Edited by N. Denzin & Y. Lincoln, pp.923~948; Thousand Oaks, CA: Sage, 2000, p.934.
26 모래나 자갈 같은 가루 형태의 분체를 쌓아 올릴 때 그 분체가 쌓이는 밑면과 분체의 경사면 사이의 각을 지칭하는 것으로, 쌓여진 분체가 무너지지 않고 안정을 이루는 경사각을 의미한다. (역자 註)
27 Richardson, L., 앞의 책, 2000, 같은 쪽.

자들은 다른 공연에서는 또 다르게 반응할 수 있다. 한순간 명백해 보였던 것이 다음 순간에는 명백하지 않기도 하다. 시민연극을 둘러싼 다양한 관점들을 결정화하고자 할 때, 평가는 teaching artist, 참여자, 그리고 프로그램 관계자들이 지닌 다각적이고 가변적인 관점들을 모두 고려해야 할 것이다. 평가는 인터뷰 자료, 일지 작성, 행동의 기록, 참여자들로부터 나온 이야기, 투자자의 기대와 희망을 모두 포함해야 한다. 평가보고서는 모든 이의 의견을 수용하되 특히 침묵한 이들의 의견까지도 담아내고자 하는 복합텍스트의 서술이어야 한다.

최고의 평가자는 다각적인 관점으로 말할 수 있는 '참여관찰자(participant-observer)'여야 하며, 연구하고자 하는 프로그램을 '함께 경험하면서 동시에 따로 분리된 존재'여야 한다. 적절한 거리를 유지하는 것은 필수적이다. 그래야만 평가자가 한 발 물러서서 보다 깊이 응시할 수 있기 때문이다. 거리를 두는 것은 익숙한 사안에 관해 새로운 관점을 가지게 하며, 우리 안에 각인되어 있는 생각을 다시 재고해 볼 수 있게 한다. 결정화는 익숙한 것을 낯설게 만든다. 그것은 평가자가 생생한 체험의 중심에서 잠시 물러나 다른 목소리들과 새로운 얼굴들을 통해 이 복합적인 경험을 포괄적으로 이해해내는 소중한 기회를 제공한다.

낯설게 하기(defamiliarization)는 시민연극에 있어 생소한 개념은 아니다. 친숙한 것을 낯설게 만드는 것이 바로 시민연극 작업이며, 이를 통해 참여자들은 새로운 시각에서 인식 가능한(recognizable) 사건들을 탐구하게 되는 것이다. 결정화 역시 같은 원리로 작동한다. teaching artist들은 친숙한 사안의 새로운 변주, 아이디어를 표현하고 시도하는 또 다른 형식의 실험을 영원히 추구할 것이다.

연극의 역사를 돌아봐도 앙토냉 아르또(Antonin Artaud), 해롤드 핀터(Harold Pinter), 사무엘 베케트(Samuel Beckett)와 같이 많은 극작가와 연출가들은 기존의 관습을 거부하고, 연극의 형식과 내용간의 독창적인 관계를 탐구하였다. 우리는 그들의 작업을 성찰적 실천(reflective praxis)에 비유할 수 있을 것이다 ─예술가들이 스스로 의제를 설정하고, 자신들의 예술적 능력을 통해 깊고 진지한 탐구를 해내는 것 말이다. 그 연극 예술가들이 관객을 예술 작품으로부터 소외시킴으로써 관객들이 더 그 작품을 잘 이해할 수 있도록 하는 연극적 기법을 추구했던 것처럼, 해석적 연구에서 결정화는 신뢰성을 검증하고자 하는 평가자를 자료로부터 소외시키는 효과를 제공한다.

위대한 연극 천재 베르톨트 브레히트는 배우와 관객 모두 자신의 연극이 담고 있는 견해들을 이해할 수 있는 연극적 장치를 찾는 실험 속에서 이러한 '낯설게 하기'와 '결정화'의 개념을 도출해낸 대표적 인물이다. 그의 서사극(Epic Theatre) 개념 및 연극 형식을 통해 공연으로부터 관객을 분리시키는 방법에 대한 다각적인 시도에 대해서는 이미 많은 연구가 행해져 왔다. 브레히트는 인생의 문제들에 대해 단순하고 달콤한 해결책만을 제시하거나 관객들의 몽환적 참여만을 허용하는 전통적인 연극을 비판하였다. 그의 초기 작품에서는 의도적으로 극장의 기계 장치를 관객에게 노출시켜 관객들이 작품에 빠져들어 자신들의 생각을 잃지 않도록 하기위한 시도를 엿볼 수 있다.

무대 위 우리에게 조명 불빛을 좀 주시게, 전기기사 양반.

어떻게 우리 작가와 배우들이

우리의 세계관을 이 어두컴컴한 곳에 내놓았는지.

흐릿한 불빛이 잠을 부르네.

그러나 우리가 원하는 것은

관객들이 깨어 있는 것, 심지어 주의 깊게 지켜보는 것……[28]

시민연극은 참여자들이 지닌 생각의 힘을 작동시킬 수 있는 방법에 대한 브레히트의 관심과 꿈을 함께 공유하는 실천가들로 가득하다. 브레히트와 마찬가지로 베케트 역시 관객이 그의 텍스트와 관계를 맺기 위해서 많은 노력을 해야만 하는 황량하고 황폐하면서도 때론 유머러스한 세상을 묘사한 장인(匠人)이었다. 그들의 연극 작업은 몽상적인 상태에서 빠져나오도록 관객들을 흔들어 깨우고, 그들이 살고 있는 세상과 그 속의 자신들을 보다 주의 깊게 자각하도록 독려하는 시민연극 예술가들의 열망과 맞닿아 있다. 이러한 자각의 상태, 맥신 그린이 지칭한 참여자들의 '널리 깨어 있음(wide-awakeness)'의 상태는 시민연극을 평가하는 이들에게도 마찬가지로 해당되어야 한다.

시민연극에서 평가는 매우 중요한 과정이며, 반드시 올바른 이유와 완전성을 갖고 실행되어야 한다. 허술한 자료 수집과 분석은 어떤 평가에서도 용납될 수 없다. 평가는 프로그램이 끝난 후가 아니라 프로그램 실행 중에 시작되어야 하며, 프로젝트가 진행될수록 자

---

28 Willet, J., The Theatre of Bertolt Brecht: A Study from Eight Aspects, London: Methuen, 1977, p.161.

료 취합을 위한 응집된 노력이 필요하다.

　　프로그램 실행 중의 평가는 우리 의식의 흐름과 다시 만나도록 우리를 인도한다. 평가를 통해 어쩌면 처음으로 다른 사람의 관점에서 바라보게 되고, 특정 대상에게 효과적인 기법은 무엇인가를 이해하면서, 우리는 우리의 필요와 참여자들의 필요에 귀기울이게 된다. 뛰어난 성찰적 실천가들이 그러하듯, 평가자는 보고서 작성 시에 전문성이라는 숨 막히는 구속에서 벗어나 권위에 대한 관습적인 이해를 새롭게 써낼 수 있다. 평가자는 자신이 날마다 마주하는 진실들을 탐구하며, 현장에서 가능한 것과 가능하지 않은 것, 그리고 있을 법한 것들을 상상할 수 있다. 시민연극의 평가에 있어 '성찰적인 실천가' 접근이 제기하는 도전보다 더욱 가치 있는 연구 접근 방법은 없을 것이다.

해설

Applied Theatre와 교육연극의 한국적 적용과 전망[1]

김병주

1. 들어가며

'교육연극'이라는 새로운 개념이 우리나라에 들어와 자리를 잡기 시작한 것은 그리 길지 않다. 초기 소개 단계부터 '교육연극'은 전통적인 연극 양식은 물론이거니와, 연극을 가르치는 연극교육적 접근과도 차별성과 유사성이 공존하는 존재론적 모호함으로 다가왔다. 또한 그 다양한 세부 영역별 명칭 및 개념에 대한 혼란과 저마다의 해석 등으로 인해 이론가와 활동가를 막론하고 끊이지 않는 논란과 오해가 파생되기도 하였다. 전통적인 교습법의 틀이나 기존 연극 작업의 한계를 넘어 '교육'과 '연극'을 접목하고자 하는 '교육연극'에 대한

---

1 이 글은 2006년 6월 역자가 한국교육연극학회 정기 학술세미나에서 발제한 논문으로, 당시 국내에는 처음 소개되기 시작한 시민연극(**Applied Theatre**)의 개념과 우려들을 정리한 것이다. 가급적 당시 논문의 원본 내용에 충실하였으며 부분적 보충 설명이 필요한 곳에는 주석을 달았다. 이 논문이 시민연극 및 교육연극에 대한 독자들의 거시적 이해에 작은 도움이 되기를 희망해본다.

관심과 열정을 공유하는 교사 및 활동가들이 급증하고 있음에도 불구하고, 이들을 연계하는 구심점이 없다. 대부분 개별적이고 산발적인 연구와 학습, 현장 작업 등으로 뿔뿔이 흩어져 있는 우리 교육연극계의 현실이 이를 반증한다. 그 세부 장르들의 특성과 종류만큼이나 '교육연극'의 포괄적인 정의는 물론이고, 그 분류와 접근법에 대한 이해와 적용이 다양하고 상이(相異)한 탓이다.

흥미로운 것은, 우리 나라는 교실연극(D.I.E., Creative Drama, 연극만들기 등을 포함한)이나 T.I.E., Youth Theatre, 사회 참여극, 아동·청소년극, 연극치료 등 다양한 세부 장르들을 총체적으로 아우르는 하나의 '우산 용어(umbrella term)'로서의 '교육연극'이라는 포괄적 명칭을 사용하는, 전 세계에서 거의 유일한 나라이다. 여전히 '연극교육'적 관점이나 '교육적 연극'과 혼동되는 경우가 비일비재하지만, 도입 초기의 많은 개념적 혼란과 영역 간의 다툼을 벗어나서 우리나라에서 '교육연극'은 이제 전술(前述)한 여러 하부 장르를 통칭하는 대표적 명칭이자 고유명사로서 자리잡아 가고 있다.

흔히 교육연극의 선진국으로 인식되는 영국이나 미국, 호주, 캐나다 등 영어권 국가들에서는 여전히 우리의 '교육연극'에 해당하는 하나의 포괄적인 명칭이 존재하지 않는다. 자연히 교육연극에 해당하는 작업과 연구를 행하는 전문가들 사이에 용어 및 개념의 혼재와 논란이 계속해서 진행되며, 기존의 개념을 극복할 새로운 명칭을 찾고 있기도 하다. 내용상·형식상으로 지극히 유사한 작업임에도 주체나 대상, 혹은 목적에 따라 서로 다른 명칭과 용어를 주장하는 경우도 많을 뿐더러, 계속적으로 새로운 용어가 탄생하거나 기존의 용어를 새롭게 재해석하기도 한다. 예컨대, 과연 D.I.E.(Drama-in-Education)와 Process Drama는 전혀 다른 것인가? TfD(Theatre for Development)와 Participatory Drama는 어떻게 다른 것인가? 또, Theatre of the Oppressed와 Theatre for Social Change, Popular Theatre는 각각 어떤 차이가 있는가? 이처럼 끊임없이 새로운 용어와 명칭이 생겨나는 이유는 바로 현대의 교육연극이 계속적으로 다변화, 세분화의 형태로 발전되면서 기존의 명칭이나 분류 아래 규정되기보다는 보다 더 명확하고 적절한 표현을 통해 기존 장르와의 차별화를 도모하고자 하기 때문이다. 역설적으로, 교육연극은 그만큼 빠르게 변화하며 성장하고 있는 젊은 학문이자, 변화와 적용의 가능성이 무한한 작업이라는 반증이기도 하다.

　　20여 년에 불과한 결코 길지 않은 시간 동안 교육연극이 우리나라에서 하나의 새로운 영역으로 관심을 모으며 자리를 잡아가기 시작하는 오늘이 있기까지 교사를 중심으로 한 학교 현장의 뜨거운 관심, 그리고 이 새로운 형태의 연극적 활용을 통해 학생들이나 교사들과 만나고자 한 연극인 출신 전문가들의 노력과 애정이 함께 어우러지며 이루어낸 공헌이 초석을 형성했음은 주지의 사실이다. 그러나 여전히 아쉬운 점은 교육계와 연극계를 막론하고 '교육연극'이라는 모호함과 복합성을 지닌 '경계(境界)적' 학문에 대한 포괄적 이해와 경험을 지닌 전문 인력이 아직도 많이 부족하다는 것이다. 그 가장 큰 원인의 하나로는 이러한 전문 인력을 체계적으로 지도·양성하고 이론을 연구할 대학 및 대학원 과정이 아직도 개설되어 있지 않다는 점이다.[2] 자연히 함께 병행하여 발전되어야 할 실천 작업과 연구는 물론 교육연극의 거시적 개념과 목표에 대한 인식 등도 여전히 상대적으로 부족한 현실이다. 심지어 교육연극을 실행하고 가르치는 활동가들 사이에도 종종 편중되거나 왜곡된 관점, 개인의 관심사나 이해관계에 따른 굴절된 접근법으로 혼란과 오해를 야기하는 사례들이 간혹 발생하기도 한다.

어찌 보면 초기의 혼란한 개념과 복잡한 용어들의 도입과정을 거쳐, 이제서야 어느 정도 새로운 도약과 가능성 확산의 전환점에 선 우리 '교육연극'계에, 또다시 현대 교육연극의 조류와 변화를 반영하는 새로운 용어와 개념이 소개되고 있다. 그 중 대표적인 것이 바로 Applied Theatre/Drama라는 용어이다.

2. Applied Theatre라는 용어와 개념

직역하면 '응용연극' 혹은 '실용연극'으로 불릴 수 있는 Applied Theatre/Drama는 1990년대에 시작되어 2000년대에 들어서면서 영국과 호주, 미국의 교육연극 연구자와 활동가들을 중심으로 점차 그 세력을 확장하고 있는 용어이다. 한마디로 급속히 변화하는 현대 교

---

2 현재 국내에서 그나마 가장 유사한 형태의 정식 과정으로는 한국예술종합학교 연극원 전문사 과정의 아동·청소년 전공, 경기대학교 문화예술대학원 연극교육 전공, 그리고 서울교육대학교 대학원 교육연극 특별과정(1년) 정도이다. 2008년부터 서울교육대학교 대학원에 교육연극 전공 석사과정이 개설되었다는 점은 고무적이나, 현직 초등교사로 입학 자격이 제한되어 있다는 아쉬움이 있다. 저마다 차별화 및 특성화를 소리 높여 강조하는 대부분의 국내 대학 연극학과 및 관련 학과의 지향점과 교수진, 커리큘럼이 거의 유사한 반면, 교육연극이나 시민연극을 학습하고 전문인력을 양성해낼 전공 커리큘럼이 전무하거나 심지어 관련 과목 하나 개설되지 않은 곳이 대부분인 점은 참으로 아이로니컬한 현실이다.

육연극의 흐름과 방향의 특성을 대변하는 여러 장르의 총칭적 개념으로 이해할 수 있다. 이 명칭의 생성 과정과 개념적 정의에 관해서는 전문가들 사이에서 여전히 찬반이 엇갈리고 있다. 이를 반영하듯 국제적 권위를 자랑하는 교육연극 국제 학술지 Research in Drama Education³ 2006년 호는 Viewpoints 섹션을 통해 현재 급속히 성장, 확산되고 있는 Applied Theatre의 명칭과 정의를 주제로 온라인 토론을 통한 학자들 및 활동가들 간의 활발한 의견 교류⁴를 게재하였다.

　요약하자면, Applied Theatre/Drama는 전통적 교육연극의 주된 무대인 학교 중심, 학생 대상의 연극활용 수업들과 차별화한 것으로서, 다양한 장소에서 여러 계층의 사회 구성원들을 대상으로 개인 및 사회의 변화, 공동체 의식의 함양과 계발 등의 진보적이고 참여적인 제반 연극 활동을 지칭한다. 다시 말해, 전통적인 연극무대(극장 등) 혹은 수업의 장(교실, 학교 등)이라는 공간적으로 고정된 틀을 벗어나 마을 회관, 교회당, 공원, 문화센터나 미술관, 재활센터나 교정시설 등과 같은 시민공간 혹은 공공시설 등에 이르기까지 다양한 공간에서 '적용 가능'한 특성을 지니고 있다. 또한 그 대상으로는 교육연극 작업이 주력해 온 어린이와 학생, 청소년들의 언어 능력 및 학습효과 향상, 자아와 사회성 개발, 창의적 표현능력과 연극적 체험, 세상에

---

3 영국에서 발행되는 학술지로서 교육연극 분야에서 가장 영향력이 높은 RIDE(Research in Drama Education)는 2009년부터는 그 명칭을 Research in Drama Education: The Journal of Applied theatre and Performance로 변경하면서 기존의 교육연극과 함께 시민연극(Applied Theatre)을 아우르고 발행 횟수도 확대하였다.
4 Research in Drama Education. 11(1), pp.90~95에 실린 Viewpoints 섹션의 내용은 영국을 중심으로 하는 대학 연극 전공 분야 국제 온라인 학회인 SCUDD(Standing Conference of University Drama Department) 공개 게시판을 통해 인터넷상에서 토론한 내용을 정리한 것이다.

대한 보다 넓은 관점과 깊은 이해의 도모 등등의 교육연극 작업에서 보다 구체적으로 심화되는 형태를 취한다. 다시 말해, 학생과 어린이에 국한되지 않고, 사회의 일반 구성원들, 특히나 사회적·문화적 소외계층(빈곤층, 노인층, 장애인 및 소수자 계층 등)을 비롯한 구체적인 공동체나 지역 사회, 관심 집단들을 대상으로 인식과 이해, 그들이 겪는 문제점이나 고민 등을 함께 나누고 돕는 작업을 주된 목적으로 한다. 한마디로 Applied Theatre는 '연극을 통한 교육'으로, 교육과 연극의 접목이라는 민감하고 절충적인 영역을 개척해 온 기존의 교육연극 작업을 한 단계 발전시켜 '연극을 통한 개인과 사회의 변화'라는 보다 넓은 영역과 주제로 확장한 것으로 이해할 수 있다.

단순 교과교육뿐 아니라 사회적 이슈 등을 적극 활용하는 교육연극의 여러 접근법들과 유사하게, Applied Theatre는 해당 대상과 지역 사회, 공동체 등에 대한 치밀한 사전조사를 통해 주제를 선정하거나, 혹은 해당 프로젝트를 의뢰한 주최 측에서 미리 제시한 주제를 지역과 대상의 특성에 근거하여 철저하게 연구한다. 따라서 Applied Theatre의 주제들은 청소년 자살률이 급증한 특정 지역의 주민과 청소년이 되기도 하고, 가정폭력이나 노인 학대 문제가 만연하지만 그 사안에 대한 문제의식에 무관심하거나 문제 제기를 감히 하지 못하는 그 공동체의 구성원들이 되기도 한다. 중요한 것은 단순히 제기된 이슈를 공론화하고 문제점을 노출시키는 것에서 그치지 않고, 대상 지역과 구성원들이 공유하는 문화적·사회적·경제적·정서적 요소들을 폭넓게 조사하거나 인터뷰하는 과정을 통해 보다 근본적인 원인이나 배경, 그리고 그 구성원들의 의식과 행동 변화에 작용할 수 있는 여러 변수와 가능성들을 충분히 고려하여야 한다는 점이다. 그러한 철저한 사전 연구를 통해 각 프로젝트마다 해당 대상과 주제를 가장 적절하게 탐구할 수 있는 '특화된(customized)' 연극 활용 프로그램을 구성하며, 그 프로그램의 대상이 되는 참가자들의 '적극적 참여'를 근간으로 프로그램을 실행한다. 사전연구에 근거하여 Applied Theatre의 전문가들이 전체 프로그램을 구성하기도 하지만, 대부분의 경우 지역 구성원이나 참여 대상들의 이야기와 인터뷰, 조언들을 통해 '자신들의 이야기' 형태로 구성하는 경우도 많다. 그 내용과 구성은 때로는 교육연극에서 활용하는 다양한 역할극의 기법이나 핫시팅, 즉흥극, 보알의 Forum Theatre 기법, 인형이나 마스크의 활용 등 다채로운 방법으로 주제와 대상에 가정 적절한 형태로 구성된다. 그리고 그 프로그램 실행 과정과 효과, 반응 등을 세밀히 기술하고 평가함으로써 프로그램의 성과 및 한계와 향후 개선방안 등을 체계적으로 정리하는 과정으로 마무리한다.

　　Applied Theatre운동을 주도하는 학자들은 전통적 연극의 담론과 차별화되는 미학적 관점은 물론, 1970~1980년대를 거치며 다양하게 변화했던 사회 참여적 형태의 교육연극운동들과도 구분되는 새로운 용어의 필요성을 강조하며 그 대안으로서 Applied Theatre를 제시하고 있다. 즉, 기존 연극 공연의 필수 장소인 극장이나 무대, 또 기존 교실연극 수업과 달리 교실과 학교라는 공간적 틀에 얽매이지 않으면서 보다 다양한 대상을 상대로 사회적 변화와 인식의 전환을 도모하는 새로운 대안으로서의 특징을 강조하는 것이다.

　　영국의 경우, 이미 여러 대학에서 기존의 연극학과 혹은 교육연극 관련 학과의 명칭을 Applied Drama/Theatre로 변경하기도 하였다. Centre for Applied Theatre Research를 운영하고 있는 맨체스터 (Manchester)대학의 Tony Jackson과 James Thompson의 경우, '비(非)전통적 공간(non-traditional settings)'에서의 연극 작업이라는 측면, 그리고 사회적 소수자 혹은 소외계층과의 작업을 강조하면서 "연극을 통한 공공복지, 교육, 사회정의, 지역문화유산 개발 등 사회 및 문화 정책 간의 긴밀한 제휴"[5]를 Applied Theatre의 핵심 특징으로 정의한다. 호주 그리피스대학의 Applied Theatre 연구센터와 학술활동을 지휘하다 현재는 미국 뉴욕대학교에서 Applied Theatre의 전파와 연구를 주도하고 있는 Philip Taylor 역시 이 정의에 동의하되, 연극이라는 예술 형식은 참여자들과 예술가들로 하여금 미학적 체험의 과정을 겪으면서 궁극적인 개인의 인식과 행동의 "변화"의 힘을 이끌어내는 "변화의 촉매제(transformative agent)"가 된다고 역설한다.[6]

Research in Drama Education의 편집주간인 Helen Nicholson 은 "개인의 계발과 공동체(community)의 형성, 그리고 사회적 변화"[7] 라는 핵심 개념들을 Applied Theatre가 대변하는 특성으로 규정한다. 한 발 더 나아가, 그녀는 이러한 Applied Theatre의 개념이 대학의 교육 관련 학과들보다는 연극학과들을 중심으로 급속히 확산되고 있음에 주목한다. 이는 과거 교육연극의 주된 지지기반이었던 교육 분야

---

5 Thompson, J. & A. Jackson, Research in Drama Education, 11(1), 2006, p.92.
6 Taylor, P., Applied Theatre: Creating Transformative Encounters in the Community. Portsmouth, NH: Heinemann. 2003, pp.xx
7 Nicholson, H., Research in Drama Education, 11(1), 2006, p.90.

가 궁극적으로는 학교와 교과과정, 교사훈련이라는 제한된 관심영역에만 집중될 수밖에 없기 때문이라는 것이다. 이러한 틀을 넘어서서 사회복지시설이나, 박물관, 병원, 교도소, 기업 등 보다 넓은 영역으로 확장, 적용할 수 있는 가능성을 Applied Theatre를 통해 확인하고 있다고 지적한다.

3. Applied Theatre에 대한 우려의 시각

그러나 모든 학자들이 Applied Theatre라는 새로운 개념의 등장을 반기는 것은 아니다. 첫째는 그 용어에 대한 논란이 적지 않기 때문인데, 우선 새로운 용어들의 범람을 부정적으로 보는 시각이 많다. 앞서 언급하였듯, 우리나라의 '교육연극'과 같은 하나의 총체적 명칭이 없는 외국에서는 각자의 신념과 작업 스타일, 개인의 취향에 따라 다양한 형태의 명칭으로 통용되다 보니, 끊임없이 용어의 정의와 개개인의 이해, 특성 등이 명확지 않고 오해나 혼란이 가중된다는 불만과 지적이 제기되어 왔다. 시대적 조류나 성향에 따라 기존 용어들의 의미가 퇴색되며 보다 새롭고 명확한 구분을 위한 용어가 필요한 것도 사실이나, 많은 연구자나 활동가, 혹은 대학에서 공부하는 학생들에게는 너무나 빠른 용어의 변화와 서로의 견해에 따라 전혀 다른 의미해석이 내려짐으로 인해 학문적 정착과 연구에 오히려 걸림돌이 된다는 것이다. 이들에게 있어 Applied Theatre는 이미 적잖이 혼란스러운 교육연극 분야 용어에 또 하나의 새로운 용어가 등장한 것에 불과할 수 있다.

특히나, TfD라던가 Social Theatre, Theatre in Education, Community Theatre, Theatre of the Oppressed, 심지어 agitprop 형태의 정치사회극 등 사회적 이슈와 목적, 대상, 공간적 특성 등 Applied Theatre와의 유사성이 많은 기존의 여러 형식들을 지칭하는 용어들과의 차별화 문제도 제기된다. Applied Theatre가 강조하는 개인적·사회적 인식의 변화는 위의 용어들에 공통적으로 해당하는 덕목이기도 하다. 그 세부 접근법이나 특성 등을 어떻게 명쾌히 구분하고 차별화할 것인가에 대한 의문이 제기된다.

Franc Chamberlain(2006)은 Applied Theatre라는 용어는 기존의 사회연극운동, 즉, TfD 작업이라든가 Community Theatre, 보알의 포럼 연극 작업과 유사한 형태의 연극 프로젝트들을 정부나 민간 주도의 공공복리 및 사회복지 사업들과 연계하는데 매우 유용한 '마케팅 용어(marketing term)'라고 평가하며, 특히 기존의 교육연극 (Educational Drama/Theatre)이라는 용어가 지닌 의미와의 차별성을 명확히 하는 장점이 있다고 지적한다. 그러나 한편으로는 'Applied'라는 단어가 지닌 대상 및 목적에 대한 모호함에 대한 지적과 함께, 기존의 복합적인 연극 프로젝트들을 '응용(applied)'과 '순수(pure)'로 양분하는 의미를 내포하고 있다는 점에 우려를 표하기도 한다.[8] 이에 대해 지지 론자들은 Applied Theatre는 소위 '순수한' 연극 작업과 구분되는, 특정 프로젝트에 맞게 '적용된' 형태의 작업임을 천명한다. 또, 영국을

---

8 Chamberlain, F., Research in Drama Education, 11(1), 2006, pp.90~92.

중심으로 특히나 아프리카와 아시아 등 제3세계 개발도상국들에서 활발히 진행되었던 TfD운동과의 내용적 유사성을 인정하면서도, 'Theatre for Development'라는 용어가 내포한 계몽적이고 미묘한 서구 우월주의적 태도와 차별화되는 개념임을 강조한다.

한발 더 나아가, Taylor(2003, 2006)는 앞서 열거한 여러 형태의 사회연극은 물론, 최근 들어 특정 커뮤니티에 대한 문화인류학적 접근과 그 연구 내용을 연극의 형태로 구성하는 'Performed Ethnography'[9]와 같은 작업 양식도 Applied Theatre의 장르에 포함될 수 있다고 주장한다. 이를 토대로, 그는 Applied Theatre라는 용어야말로 예술과 교육 분야는 물론이고, 사회 복지 단체, 정부 기관, 지역 공동체나 직장, 기업 등 광범위한 대상과 장소에서 참여자와 진행자들이 연극이 지닌 힘을 통해 참여하고, 서로 협력하며, 의식과 행동의 변화를 이끌어내는 연결고리가 되는 작업들을 총칭하여 아우르는, '우산 용어(umbrella term)'의 가치가 있다고 주장한다.[10]

그러나 Applied Theatre를 비롯한 참여적 사회운동과 연결된 연극작업에 우려를 표하는 이들은 무엇보다도 이 논란 많은 용어만큼이나 이러한 작업 혹은 연구가 야기하는 주제의식과 내용, 메시지 전달 등의 과정에서의 본질적인 '윤리적 문제들(ethical issues)'에 주목하고 있다. 이는 Applied Theatre의 옹호자들도 매우 조심스럽게 강조하는 부분이기도 하다.[11] 교육연극과 마찬가지로, Applied Theatre는

---

9 미국 아리조나주립대(ASU)의 Johnny Saldana 같은 학자는 이를 더욱 확장시킨 Ethnotheatre/drama라는 용어로 지칭하기도 한다.
10 Taylor, P., Research in Drama Education, 11(1), 2006, p.93.

프로젝트를 실행하는 예술가들의 작업과 이를 연구하는 연구자들의 연구가 끊임없이 상호보완적으로 이루어지는 'praxis'[12]의 과정을 통해 고민하고 반추하면서 발전하는 작업이다. 그러한 이론과 실천, 극적 표현과 체험된 실제, 윤리와 행동주의(activism)의 유기적 교류 및 상보적 조화는 교육연극 작업을 실행하고 연구하는 이들에게 지극히 핵심적인 화두이자 지침이 아닐 수 없다. 특히나 현실과 가상의 경계를 넘나들면서, 참가자들의 지극히 감정적인 표현과 참여를 주요한 매개로 하는 Applied Theatre 작업의 경우, 윤리의 문제는 현장에서 활동하는 예술가와 이를 연구하는 연구자뿐만 아니라, 그 참여의 대상이자 주체인 참여자들(participants) 간의 복잡하고 지속적인 협상과 절충, 소통과 이해의 과정을 요한다.

　　과연 어떠한 근거로 Applied Theatre와 같은 작업을 행하는 예술가들이 주제와 대상에 대하여 개입하며, 해당 프로젝트의 필요성을 제고하게 되는가? 이런 작업을 주도하는 예술가들이나 연구자들은 참여 대상이나 해당 커뮤니티에 대한 편향된 인식, 혹은 사상적 우월감을 지닌 채 '계몽적' 관점에서 접근하지는 않는가? 연극 프로젝트를 통해 특정한 주제에 대한 문제의식을 이해시키고 참여 대상들의 인식과 행동의 변화를 일으킨다면, 그것은 이미 프로그램의 실행자들이 사전에 의도한 방향에 맞는, 그들만의 가치들을 주입하는 것과 어

---

11 실제로, 2005년도 Research in Drama Education 10(2)의 이슈는 처음으로 시도한 특정 주제 중심의 특별판이었는데, 그 첫 주제를 Applied Theatre의 '윤리'로 선정할 만큼 이에 대한 중요성과 관심이 높음을 시사한다.

12 Freire, P., Pedagogy of the Oppressed, Trans, by Myra Bergman Ramos, New York: Continuum, 1999.

떻게 다른 것인가? **Applied Theatre** 작업에서의 주체는 참여자인가, 아니면 진행하는 예술가들인가? 사회단체나 정부기관 등의 지원을 받아 이루어진 프로젝트일 경우, 과연 어느 시점까지 참여자들의 목소리에 귀를 기울일 것이며, 어느 시점에서 외부인의 관점이 개입되어야 하는가? 그러한 결정의 주체는 누구인가? 기존의 교육연극 접근법이 강조하듯 **Applied Theatre** 역시 참여자 중심의 작업이라면, 그 대상들과 공동체가 공유하는 독특한 문화와 가치관들이 어떠한 근거와 과정을 통해 외부인인 예술가나 연구자들에 의해 평가되고, 수용되며, 재구성되는가? 그렇게 실행된 프로젝트의 평가와 파급 효과는 누구에 의해, 어떻게 측정되어져야 할 것인가?

      이와 같이 다양한 질문이 제기될 수 있는 **Applied Theatre**에서의 윤리(Ethics)는 단순한 선과 악의 구분의 문제가 아닌, 옳고 그름에 대한 각자의 판단 기준과 가치, 그리고 선택이라는 극도로 복합적이며 유동적이고, 때로는 모순되기도 하는 인간 행위의 명제이다. 연극과 같은 예술 행위를 통해 강조되는 '주관성(subjectivity)'과 '객관성(objectivity)'의 대립, 많은 진보적 교육연극 연구자들이 강조하는 '다원주의(pluralism)'와 '보편주의(universalism)'의 윤리적 경계, 진실(truth)의 '절대성'과 '상대성'의 관점 등, 윤리적 판단과 결정을 구성하는 요소들은 끊임없이 개인, 집단, 사회, 문화, 그리고 궁극적으로는 정치에 이르기까지 거미줄처럼 복잡하게 얽혀 있다. 따라서 교육연극은 물론이요, **Applied Theatre**의 작업과 연구는 이렇게 실타래처럼 뒤섞인 관계들 속에서 서로의 의견과 입장을 공유하고 수용하며 협상하는 과정이며, 이는 충분한 윤리적 고려와 이해를 전제하여 세심하게 접근해야 할 것이다. '적용된' 연극 작업을 통해 Applied Theatre를 실행하는 예술가들은 결국은 '방문자'[13]일 뿐이며, 따라서 그 대상이 자 주체가 되는 사람들의 삶이나 공동체의 문제들에 대한 개입은 해당 작업의 맥락과 반향에 따라 적절하고 세심한 '반응과 책임'을 고려한 윤리적 실천이 함께 수반되어야 한다.[14]

Thompson(2003)이 강조하듯, Applied Theatre의 윤리적 고려는 "적극적이고, 참여적이며, 대화와 협상"을 통한 실천과 연구 작업이 병행되어야 한다.[15] 이와 관련해 Taylor(2003)는 Applied Theatre가 지닌 질적 연구와의 유사성을 강조하면서, 연구와 평가를 위할 뿐만 아니라, 구성과 실행과정에서도 윤리적 토대를 구축하여야 함을 강조한다. 그는 특히나 연구자나 예술가들이 특정 이념이나 결론을 미리 전제하고, 그러한 방향으로 접근, 유도하는 것을 경계한다. 그는 "우리가 살고 있는 실제의 삶은 매우 복잡하고, 사람들은 종종 모순적이며, 상반된 행동을 일삼는 것이 현실"[16]이라고 강조한다. 따라서 Applied Theatre는 단순한 교육 현장에서의 학습도구로 이용되는 것에 머물기보다 더 광범위하고 다양한 (때로는 전통적 의미의 연극을 전혀 접해본 적도 없는) 대상들을 만나 연극이 지닌 미적 체험을 통해 복잡 난해한 삶의 여러 관점과 갈등들을 이해하고, 그러한 연극적 체험을 삶 속에서 어떻게 적용·변화시킬 수 있는가를 돕는 변화의 기

---

13 Thompson, J., Applied Theatre: bewilderment and beyond, Bern: Peter Lang, 2003, p.20.
14 Fisher, A.S., "Developing an ethics of practice in applied theatre: Badiou and fidelity to the truth of the event", Research in Drama Education 10(2), 2005, p.247.
15 Thompson, J., 앞의 책, 2003, p.177.
16 Taylor, P., 앞의 책, 2003, p.100.

제임을 상기해야 한다는 것이다.

4. Applied Theatre의 한국적 적용

교육연극이라는 분야가 여전히 전파와 정착의 과정에 머물러 있는 우리나라의 현실에서 이제 막 새롭게 떠오르는 Applied Theatre 라는 개념과 용어, 그리고 그 한국적 적용에 대해 전망하는 것은 매우 조심스러운 일이 아닐 수 없다. 특히나 교육연극이 서구 영어권 국가들의 이론과 철학, 실천론에 상당 부분 근거하고 있다는 점에서 유독 '한국적'이고 '우리 것'에 대한 관심과 애정이 각별한 우리의 정서상 신중한 접근과 비판적 수용의 필요성은 절대적일 것이다. 그러나 주지할 것은 Applied Theatre/Drama는 기존의 교육연극과 별개의 전혀 새로운 작업이자 학문으로서의 새로운 사조라기보다는 용어나 개념적인 관점에서의 차별화와 특성화를 기한, 대안적이고 총체적 개념의 성격을 띤다는 점에서 그 의미와 가능성을 찾을 수 있다는 것이다.

　　Applied Theatre의 핵심적 특성을 대상의 '참여'와 '변화'로 정리할 수 있는데,[17] 이는 교육연극이 지향하는 궁극의 목표나 특성에 맞닿아 있음을 확인할 수 있다. 보다 명확하고 효과적이며 건설적인 Applied Theatre의 한국적 적용을 가늠하기 위해서는 다음의 논제들을 함께 고민하고 논의할 필요가 있을 것이다.

---

17 Ackroyd, J., Applied theatre: Problems and Possibilities. Applied Theatre Researcher, Vol.1, 2000. http://www.griffith.edu.au/__data/assets/pdf_file/0004/81796/Ackroyd.pdf

1) Applied Theatre라는 용어를 어떻게 수용할 것인가?

필자는 이 글에서 의도적으로 Applied Theatre/Drama라는 원어를 그대로 사용하였다. 이 용어의 한국식 번역은 앞선 외국에서의 논란과 마찬가지로 매우 민감하고 신중하게 선택되어야 할 문제이기 때문이다.[18] '실용연극' 혹은 '응용연극' 등의 우리말 표현이 지닌 어감과 파생 의미, 타 분야와의 연계성, 무엇보다도 Applied Theatre/Drama가 지닌 특성과 목적, 접근법 등을 최대한 효과적으로 표현해낼 수 있는 적합한 용어의 선택은 앞으로 매우 중대한 과제일 것이다. 전통적 순수학문의 독자적 영역이 점차 좁혀지고 간학문적 (interdisciplinary) 연계가 확산되는 추세를 반영하듯, 타 학문의 경우, '응용 수학'이니 '응용 심리학'처럼 직역된 용어를 사용하는 사례도 있으나, 아직 교육연극이라는 대표적 용어조차도 온전히 정착되지 않은 시점에서의 새로운 용어의 수용은 좀더 많은 시간과 충분한 고려를 통해 학자와 활동가들 간의 공감대를 통하여 결정되어야 할 것이다.

앞선 Applied Theatre라는 용어에 대한 논란에서 우리가 주목할 것은 우리보다 교육연극이 월등히 보편화된 외국의 경우, 학교와 연계된 교실연극 형태의 작업과 연구가 이미 상당 궤도에 올라 있는 교육 관련 분야가 아닌 연극 관련 학과들이 Applied Theatre라는

---

18 이 글에서도 밝혔듯이 Applied Theatre라는 용어의 한국적 적용은 필자에게 오랜 고민과 과제였으며, 뒤의 역자 후기에 밝혔지만 언어의 사회적 의미 및 함의를 배제한 용어 번역의 의미보다는 작업과 철학의 개념을 가장 잘 전달할 수 있는 형태의 우리 용어를 선택하고자 하였다. Applied Theatre/Drama가 지향하는 여러 특성과 정신을 숙고하여 이 연극 작업이 만나고 평범한 사람들이 결국은 연극의 주인이자 세상의 주체라는 점이 이 연극 작업의 핵심이며, 그러한 고민을 거쳐 최종적으로 '시민연극'이라는 용어를 제시하게 되었다.

용어와 개념의 확산에 훨씬 적극적이라는 점이다. 이는 '교육'에의 강조가 지나쳐 때론 교과 수업의 '도구'로 전락한 일부 사례들에 대한 반작용으로 해석될 수도 있다. '연극'의 고유한 특성과 힘에 무게를 싣는 작업을 강조함과 동시에, 연극의 다양한 활용 가능성을 제고함으로써 영역의 확장을 위한 현실적 필요성 때문이기도 하다. 한마디로, 이는 복합장르로서 끊임없이 교육/연극, 교사/예술가, 감정적 체험/논리적 비판 등 서로 다른 개념과 특성 간의 적절한 조화와 균형의 '줄타기'를 해야 하는 교육연극의 태생적 특성을 대변하기도 한다. 우리나라의 경우 여전히 이러한 모호함과 복합성을 단점이 아닌 장점으로 전환하여 활용할 수 있는 전문적 연구와 실천, 전문 인력 양성을 위한 학문적·실천적 터전이 거의 전무한 점은 교육연극에 대한 날로 높아지는 관심이 무색할 만큼 안타까운 일이다.

때로는 '연극' 영역의 일부로, 때로는 교육 영역의 일부로, 특정 영역의 상황과 필요에 따라 부침(浮沈)과 진퇴(進退)가 반복되어 온 것이 우리 교육연극의 현실이다. 교육연극이 우리나라에서 올바로 자리잡기 위해서는 새로운 용어 및 개념의 정리와 보급도 중요하지만, 교육연극이 지닌 경계성(境界性)의 접경 위에 두 발을 딛고 서서, 그 복합성(複合性)을 한계가 아닌 고유한 장점으로 적극 활용하여 접점을 선으로, 면으로, 그리고 독자적 영역으로 확대해 갈 전문 인력 양성과 연구가 더 시급하다.

2) 우리나라에서 Applied Theatre와 교육연극은 어떻게 구분 할 것인가?

앞에서 필자는 서구의 다른 나라들과 달리, 우리나라는 '교육연극'이라는 총체적 우산 용어를 사용하는 특성을 지녔음에 주목하였다. 다양한 장르와 접근법을 아우르는 그 용어가 주는 통일된 편의성 못지않게, 하부 장르들의 저마다의 특성을 모두 충분히 표현하기에는 부족한 제한성도 존재한다. 특히나 '교육'이라는 단어는 많은 이에게 학교와 교실, 교사와 학생, 그리고 수업이라는, 물리적 배경과 대상, 매체의 폭을 제한해 버리는 한계로 작용하기도 하는 것이 사실이다. 수업 활용의 도구나 교과목에의 적용뿐 아니라, 보다 넓은 사회문제와 현실의 문제, 혹은 좀더 연극적인 힘과 장점을 강조한 새로운 시도를 요하는 작업들의 경우, '교육연극'이라는 용어로는 그 특성과 대상을 적절히 표현하지 못할 경우도 많다. 그 이유는 여전히 대다수의 사람들에게 '교육=가르침=학교=공부=시험과 같은 공식으로 인식되어지기 때문이다.

　　Applied Theatre 는 앞서 논의하였듯이, 학교와 교과수업에 직접 연계되는 작업이나 활동과 구별하여, 학교라는 대표적 교육 현장이 아닌 '대안적 교육현장'에서 연극의 특성을 적극 활용, 사회 이슈들과 접목한 작업과 연구를 총칭하기 위한 일종의 '전략적 개념'의 용어로 이해할 수 있다. 여기서의 대안적 교육 현장은 사회·문화적 특징을 지닌 집단이나 지역 공동체이며, 연령과 성별, 학력과 경제 수준을 초월한 다양한 대상을 지칭하게 된다. 결국 Applied Theatre 는 서로 개성과 주안점은 조금씩 다르지만, 거시적인 목표와 철학이 상통하는 여러 장르들을 묶어서 통칭함으로써 하나의 구심점을 구축하려는 시도이며, 한국의 '교육연극'에 상응하는 우산 용어(umbrella term)로서의 모색이다. 따라서 이는 우리나라에서도 최근 늘어나고 있는 사회 소외계층, 교정시설, 직업 훈련이나 공공복지 시설 및 대상들과 함께하는 연극 활용 작업이나 연구들을 지칭하는 용어와 개념으로서 적용 가능성을 지니고 있다.

다만, 고려할 점은, 우리나라에서 행해지는 대부분의 교육연극 작업들은 학생들이나 교사들을 중심으로 진행되어 왔으며, 이들이 여전히 교육연극의 발전과 정착의 중요한 기반이라는 점이다. 대안적인 형태의 Applied Theatre/Drama적인 작업의 사례나 전문가들, 그리고 그런 형태의 작업과 연구에 대한 전문성은 물론 관심과 인식마저 아직은 부족한 상황에서 섣부른 용어나 개념적 구분은 자칫 교육연극의 올바른 정착과 확산마저 저해할 위험성이 있음을 유념해야 할 것이다.

3) Applied Theatre는 우리나라에서 필요한 분야인가?

Applied Theatre와 같은 사회적 이슈나 메시지를 다루는 연극 작업을 통해 참여 대상의 변화를 이끌어내는 작업은 서구에서는 이미 다양한 Social Theatre나 Community Theatre, Theatre of the Oppressed, T.I.E, TfD, Popular Theatre 등의 작업을 통해 축적되어 온 연극의 사회참여 형태로 이해될 수 있다. 이론적·실천적 토대를 제공한 브레히트나 보알 같은 인물들의 영향을 받아 현장에서 수많은 대상들과 함께 작업을 해온 실천가들, 그리고 그들의 작업과 이론적·실천적 특성 등을 연구하여 정리하고 알린 학자들이 함께 일구어 낸 기반인 것이다.

Applied Theatre에 다소 유보적인 입장을 취하는 일부 교육연극전문가들 중에는—특히 영국의 경우—그 용어가 정부 주도의 각종 사회문화 프로젝트에 연극을 활용하는 사례들을 지칭하는 용어로서 활용되었던 점을 지적하기도 한다. 한마디로 정부 혹은 기업 주도의 목적성 사업에 연극이 이용되는 것에 대한 우려이기도 하다. 물론 그 중 상당수의 프로젝트들은 정치성과는 별개로 공공복리 내지는 사회복지와 후생 등의 공익적 효과를 위해 예술과의 접목으로 시행되고 있고, 이는 진보적 학자들이나 예술가들도 선호하는 지점이기도 하다. 정부와의 연계와 별도로, 다양한 형태의 재정 지원이나 제휴를 통하여 대부분의 Applied Theatre 프로젝트가 행해진다. 다만, 영국의 경우 일부 학자들은 현재 Applied Theatre 프로젝트의 확산에 가장 큰 요인의 하나로 평가되는 현 노동당 정부 주도의 많은 예술교육사업이나 정부 주관 사회복지 사업들이 과연 블레어 정권 교체 후에도 지속될 것인가에 주목한다. 이는 향후 Applied Theatre의 미래를 가늠할 수도 있는 일이기 때문일 것이다.[19]

---

19 실제로 영국의 블레어 체제가 마감된 이후 일부의 우려대로 정부 주도의 예술교육 및 예술확산 프로그램들이 축소되고 있거나 기능연마 중심으로 회귀한다는 지적이 제기되고 있기도 하다. 우리나라의 경우도 마찬가지로 참여정부시절 도입된 여러 문화예술교육 정책 및 사업들이 2008년 이명박 정부의 취임이후 축소될 수 있다는 우려가 지속적으로 제기되고 있다. 특히 사회복지 분야에서는 이미 상당 부분 예산이 삭감되었다는 점에서 소외·취약계층을 위한 문화예술 프로그램들에 어떠한 파급효과를 미치게 될지도 주목할 부분이다.

우리나라의 경우를 생각해 보면, 최근 몇 년 사이 문화예술교육법과 문화예술교육진흥원이 생기고, 지역 자치단체나 각급 문화재단 등에서 여러 형태의 문화예술교육사업과 지원사업들을 확산시키고 있다. 그동안 많은 관심과 지원을 받지 못했던 다양한 계층과 대상들에게도 문화적 혜택과 사회적 관심이 확산되고 있다. 아직 명확하게 Applied Theatre적인 특성을 지닌 작업의 수는 적지만, 2006년도 문화예술교육진흥원의 사회취약계층 대상 문화예술교육 지원사업의 경우 총 138건의 노인·장애인·기타 취약계층 대상 사업의 절반 가까운 사업들이 교육연극이나 연극놀이, 연극만들기 등과 연계된 내용을 담고 있을 만큼 교육연극에의 관심이나 이해, 가능성에 대한 인식과 요구가 증가하고 있음을 확인할 수 있다. 우리나라에서도 이제 한정된 계층만 향유하던 예술과 문화의 담론에서 보다 넓고 다양한 대상으로, 그리고 여러 형태의 작업으로 변화·발전하고 있는 것이다. 여전히 관련 정책의 방향성, 지원의 기준과 형태, 장르별 안배와 효과적인 연구 및 평가 등 많은 과제들이 남아 있으며, 영국의 예와 마찬가지로 현재의 문화예술교육, 또 교육연극 작업에 대한 많은 관심과 지원도 정치환경이나 정책변화에 따라 어떠한 변화가 나타날지 예측할 수 없는 것도 사실이다. 그럼에도 교육연극에 대한 꾸준한 관심의 확산, 그리고 더불어 Applied Theatre/Drama 형태의 작업에 대한 관심과 그 필요성에 대한 인식이 제고되고 있는 점은 분명하다. 따라서 이러한 작업을 실행해내고, 연구와 평가를 통해 확산 보급시킬 전문 인력 양성의 시급함은 이미 절실히 요구되고 있다.

4) Applied Theatre의 윤리와 평가는 어떻게 접근해야 할 것 인가?

앞서 언급하듯 교육연극이나 Applied Theatre의 윤리는 매우 민감하고 신중한 접근과 논의, 실행을 필요로 한다. 연구나 실천 작업의 초기 단계부터 개인 및 대상의 권리 보호에 많은 무게와 고려를 선행하도록 훈련과 규정이 발달되어진 서구에 비하여, 우리나라는 그동안 상대적으로 이러한 연극 작업이나 연구과정에서의 윤리에 대한 고려가 소홀했던 점이 사실이다. 교육연극의 주체는 진행하는 교사나 예술가가 아니라 참여하는 학생이듯이, Applied Theatre 작업과 연구의 주체 역시 외부인인 예술가나 진행자가 아닌, 대상이 되는 지역·집단의 구성원들인 것이다. 그들이 진정한 연극 작업의 주인공이자, 제시된 주제나 상황과 관련한 최종적인 선택권을 가진다. 그들을 '계몽'하거나, 나의 견해나 사상을 '주입'하여 내가 의도하는 변화와 결과를 이끌어내고자 하는 접근법은 그 순수한 열정과 노력에도 불구하고 (보알적인 관점으로 설명하자면) 또 다른 형태의 '억압'이자 '힘'의 행사일 것이다.

　　Applied Theatre 작업은 다양한 세상의 관점과 가능성, 그리고 선택의 폭을 넓혀 주고, 그 선택의 결과들까지도 탐구하는 체험적 사고의 장을 마련하는 것이고, 참여자들 간의 대화와 토론, 소통의 장을 마련하는 것이다. 문화적 특성, 특히나 유교적 전통이라든가 세대 간 관점과 소통방식 등이 서구 국가들과는 차이가 날 수밖에 없는 우리나라에서는 대상과 주제에 대한 접근법은 사전단계에서부터 진행 및 마무리까지 매우 신중한 고려와 섬세한 조율을 필요로 할 것이다. 우리만의 보편적 문화나 정서, 대상이 지닌 고유한 특성들을 고려하지 않은 채, 서구적인 논리와 합리주의만을 강요한다면 그 역시 또 다른 형태의 문화적 침략이자 식민화와 다를 바 없기 때문이다.

Applied Theatre와 같은 현대의 연극 활용 작업들은 상당부분 사회과학적인 학술연구, 특히 사람과의 만남, 접촉, 관찰과 대화, 그리고 이해에 이르는 세부 과정에 주목하는 질적 연구와 많은 유사성을 공유한다. 그리고 많은 연구들은 그 실천 작업과 함께 병행하면서 서로 상보적인 교류를 지속한다. 문화기술학적 접근, 세밀하고 장기적인 사례 연구, 관찰과 인터뷰 등을 활용한 기술(記述)적 연구들을 통해 대상들의 문화나 특성, 관점과 의식의 변화 과정을 세밀히 기록하고 분석하는 것이야말로 교육연극이나 Applied Theatre와 같은 복잡하고 비(非)단선적(non-linear)이며, 계량적 측정이 용이치 않은 작업을 올바로 이해하는 데 적합한 연구이기 때문이다.

작업과 연구가 분리되고, 연구자와 실천가가 양분되는, 즉 이론과 실천을 별개로 보는 이분법적 사고 대신 일원론적 접근이 교육연극에서 중요하게 선호되는 이유도 여기에 있다. 참여적 연극 작업의 독특한 진행 과정과 특수한 관계 형성, 문화적·사회적 배경, 참여자들과 진행자 간의 역학, 순간적이고 찰나적인 미학적 교감의 체험과 그 감정적 교류 등에 대한 이해와 훈련이 충분치 못한 외부 연구자의 소위 '객관적', '과학적' 평가가 포착해낼 수 없는 지점이다. 이는 교육연극의 작업과 연구에서 종종 제기되는 '교육적 효과'에 대한 평가나 그 연극 '미학적 가치'에 대한 평가가 현장과 이론 사이에서 겉돌고

있는 이유의 하나이기도 하다. 참여자와 진행자가 함께 구축해내는
미학적·교육적 체험과 감정적/이성적 연계의 과정이 교육연극 혹은
관련 장르의 특성임을 감안할 때, 그러한 특징과 목표, 철학적·미학
적 관점과 접근법에 대한 충분한 이해와 고찰을 통한 기준이 아닌, 교
육연극과 본질적으로 다른 외부 영역에서 바라보는 관점과 잣대에 근
거한 평가가 주를 이루기 때문이다.[20]

　　외국의 경우 실천작업은 물론 연구 작업의 사전단계에서부터
윤리적 측면에 대한 훈련과 이해, 연구 대상에 대한 보호나 적합한 절
차 등을 명시한 연구/실천 작업 가이드라인과 기준 등을 수립하여 연
구자나 실천가들에게 제시하고 있다. 또한 연구의 실행이나 논문 발
표, 워크샵 공연 작업 등 각 경우에 따라 참여자와 대상, 맥락과 주제
등을 고려하여 적절한 윤리적 방안에 대한 논의와 지침의 필요성도
계속적으로 제기하고 있다.[21] 우리나라의 경우, 교육연극 작업에 대한
높은 관심에 비해 그 대상과 과정에서의 윤리적 고려, 그리고 시행된
작업의 평가 부분에 대해서는 관심과 우려에 비해 정작 본질적 현장
연구와 연결되어지지 못하는 경우가 태반이다. 또한, 이와 관련한 다
양한 질적 연구 방법론의 훈련과 학습 자료, 적용 등을 위한 학술적
논의와 교류, 훈련 역시 전무하다시피 한 것이 현실이다. 교육연극 작
업에서의 윤리와 평가의 부분은 불변적이고 절대적인 결론의 도출과

---

20 Erven, E., Community Theatre: Global Perspectives, New York: Routledge, 2001,
　　pp.251~252.
21 McCammon, L., "Ethical Issues in Drama/Theatre Education Research and Practice",
　　IDEA/AppliedTheatre Research Journal Vol. 5, 2004.
　　http://www.griffith.edu.au/__data/assets/pdf_file/0008/54953/ethical-issues.pdf

수행이 아닌, 지속적인 논의와 교류, 사회적·문화적 맥락 속에서 변화 발전하며 공감대를 형성해 나가는 것이다. 현장에서 실천하는 활동가와 예술가, 교육 및 예술 행정가, 연구자와 이론가가 함께 머리를 맞대고 고민하고 협력함으로써, 제약과 구속의 걸림돌이 아닌 보다 안전하고 올바른 작업과 연구, 평가를 위한 틀을 구축해야 할 것이다.

5. 맺으며

정치·사회적으로 서구 국가들에 비해 역사의 발전 과정에서 많은 차이점을 지닌 우리나라에도 점차 '학생 중심'이니, '과정 중심', '참여'와 '변화' 같은 개념에 대한 관심과 인식이 널리 제고되고 있으며, 그 상당 부분은 교육연극의 철학과 실천의 전파로 파생된 공헌임도 부정할 수 없다. 그 대상과 목표, 접근법의 차이는 있을지언정, 교육연극과 Applied Theatre가 공통적으로 주장하는 핵심은 연극의 힘을 매개로 하여 궁극적으로 보다 폭 넓은 관점과 깊은 이해를 지닌 사람, 균형잡힌 사고와 의식, 행동이 뒷받침되는 그런 사람들의 세상으로 변화하자는 것이다. 그 목표와 지향점의 공감대가 실천과 학술의 현장에서 형성된다면, 새로운 개념의 등장과 장르의 변화, 한국적인 수용이나 적용의 문제는 자연스레 순리처럼 따라 정리되리라 믿는다.

연극에 관련한 독자들의 보편적인 관심과 이해는 전통적인 하나의 공연예술로서의 특성 또는 문학적 가치를 지닌 텍스트로서의 관점, 이 두 가지가 대부분입니다. 그것을 저는 Theatre와 Drama적인 특성으로 구분합니다. 이와 같이 연극을 정의하는 두 가지 대표적 특성 사이에서, 연극과 교육이 접목하는 '교육연극'이라는 학문은 어디에도 쉽게 귀속되지 못하고, 늘 모호하며 중간자적인 위치에서 더 이상 심화 성장하지 못하고 있다는 냉정한 쓴소리도 있습니다. 또한 그동안 국내에 이 분야의 전공자나 전공과정이 거의 없었던 관계로 진지한 전문서나 학술적 연구가 널리 소개되거나 발전하지 못했다는 지적도 일정 부분 인정해야 할 현실입니다. 넓게 보면 연극이라는 영역과 교육이라는 영역의 틈바구니에서 표류하기도 하고, 예술과 사회와의 접목을 꾀하기도 하며, 실천 작업과 이론적 연구 사이의 간극을 좁혀보고자 하는 그간의 여러 시도가 이 작업이 근본적으로 지닌 복합성의 장단점을 대변하는 것이겠지요. 그럼에도 저는 여전히 이분법적

시각에서 하나의 영역에 귀속되어 안정을 찾기보다는 멀리는 아리스
토텔레스가 그러하였고, 가까이는 듀이가 강조했던 통합적이고 일원
론적 세계관에서 그 해법을 찾을 수 있으리라 믿고 있습니다.

우리나라에서 문화예술교육이라는 화두가 점차 폭넓게 전파
되면서, 기존의 단순한 문화예술 체험 및 학교 교과와의 연계에서 벗
어나 보다 다각적이고 진지한 시도와 실험이 본격화되고 있습니다.
특히, 학교나 공연장, 전시장 등과 같이 기존의 문화예술 공간에 국한
되지 않고, 교정시설, 사회복지시설, 병원, 군부대 등과 같은 현장에
서 취약 및 소외계층을 포함한 다양한 대상들과의 적극적 소통과 교
류를 도모하는 문화예술교육 프로그램들이 확대되고 있지요.

이러한 문화예술교육의 다각적 변화는 과거 중앙정부 및 관
주도의 확산사업이 아닌, 지역을 기반으로 하는 문화예술가와 지역
사회 간의 적극적 결합의 중요성 및 필요성에 대한 높아진 자각에 기
반하고 있습니다. 다시 말해 지역 사회의 구성원이 수동적인 교육 대
상이 아니라, 주체적이고 능동적인 참여자로서 지역 및 문화 공동체
를 형성하도록 안내하고 독려하는 것이 최근의 문화예술교육 프로그
램 및 활동가들의 주된 관심사인 것입니다. 미술, 무용, 연극, 음악,
국악, 미디어 등의 예술 장르들은 점차로 탈장르적이고 통합된 형태
로서 지역 사회 및 구성원들의 이슈를 담아내는 매개체로 활용되고
있습니다. 이미 많은 해외의 문화예술교육 역시도 지역 사회
(community)와 긴밀하게 연계한 참여적이고 통합적인 방향으로 변모
하고 있지요.

이런 시대적 변화와 관심에도 불구하고, 아직 우리나라에서

는 문화예술 활동가들이 자신들의 작업과 역할을 성찰하고 문화예술 교육을 통한 지역 사회의 결속과 변화라는 명제를 다각적이고 심도 있게 발전시켜 낼 수 있는 훈련 프로그램이나 관련 서적, 참고할 만한 교재가 태부족한 것이 현실입니다. 대부분의 경우, 지나치게 학술적인 담론 혹은 단편적인 기법/사례 나누기로 양분되다시피 한 지금의 자료 기반만으로는 문화예술교육의 주축인 지역 문화예술교육가 및 관련 전문 인력들의 자기 개발과 성장을 기대하기 어렵습니다.

따라서 이 책 『시민연극』은 아직 '시민연극' 혹은 'Applied Theatre'라는 용어에 익숙하지 않은 대부분의 독자들도 너무 어렵지 않게 이 낯선 개념의 개괄적 소개 및 이해를 제공하고자 하는 의도로 기획되었습니다. 앞의 해설에서도 지적하였듯 해외에서 급속히 확산되고 있는 Applied Theatre라는 개념을 어떻게 이해하고 어떻게 소개할 것인가에 대한 고민이 참 많았습니다. 단순한 용어의 번역이 아닌, 이러한 연극 작업의 개념과 특성, 그리고 지향점을 총체적으로 담아낼 수 있는 용어의 선택은 가장 어려운 과제였습니다. 결국 이 책을 통해 저자가 주장하는 연극의 개념과 철학을 우리 정서와 사회적 맥락 속에서 가장 잘 담아낼 수 있는 용어로 저는 '시민연극'이라는 개념을 제안하고자 합니다. 연극이라는 예술 양식에 근거하여 사회와 개인, 보다 구체적으로는 지역 공동체와 그 구성원들이 주인이 되어 연극을 통한 개인과 사회의 변화를 지향한다는 철학에서 이 연극은 뛰어난 연극 예술가나 사회운동가의 것이 아닌, 평범한 일반 시민의 연극이기 때문입니다. 일찍이 아우구스또 보알이 주장하였듯, 연극의 기원은 평범한 일반 사람들의 것에서 시작되어 왔으며, 그렇기에 다

332

시 그들이 다시 연극의 주인이 되어야 한다는 의미일 테지요. 그것이 시민연극을 비롯한 교육연극, 그리고 여러 사회 참여적 형태의 연극들이 지닌 공통분모이자 철학입니다. 예컨대, 교육연극의 지향점은 학생이 주체적으로 연극적 체험을 통해 능동적으로 사고하고 행동하며 스스로 배우고 교사와 함께 성장하는데 있듯이 말입니다.

분명 '시민연극'이라는 용어에 동의하지 않는 분도 계실 것입니다. 그럼에도 제가 감히 이렇게 제안하는 이유는, 이 책이 보다 많은, 보다 깊은 논의를 앞으로 이끌어내는 기폭제가 된다면 그것이야말로 진정한 의미와 가치가 된다고 믿기 때문입니다. 보다 많은 관심과 토론을 통한 합의가 이루어질 때, 그 명칭과 용어가 무엇이 되건 우리 모두의 것이 되겠지요. 저는 그저 그 논의의 물꼬를 트고자 하는 사람일 뿐입니다.

이 책의 원저 Applied Theatre가 출간된 2003년 이후 Applied Theatre에 관한 여러 논문과 책들이 해외에서 출간되었습니다. 그 중 대표적으로는 James Thompson의 Applied Theatre: Bewilderment and Beyond(2003), Helen Nicholson의 Applied Drama(2005), Tim Prentki & Sheila Preston이 펴낸 Applied Theatre Reader(2009), 그리고 Monica Prendergast &Juliana Saxton이 엮은 Applied Theatre: International case studies and challenges for practice(2009) 등이 있습니다. 모두 각각 고유한 장점을 지닌 훌륭한 책들이며 관심 있는 분들에게 추천하고 싶은 서적들입니다. 그럼에도 굳이 필립 테일러의 이 책을 번역 출간하게 된 이유는 아직 이 시민연극에 대한 배경지식이나 이해가 부족한 우리 독자들에게 보다 쉽게 접근할 수 있는 유용

한 입문서라고 판단하였기 때문입니다. 이 책은 난해한 학술서적이 아니며, 그렇다고 단순히 기법과 사례만을 나열한 사례집도 아닙니다. 생생한 실제 사례의 소개와 분석을 통해 이론적 요소도 일목요연하게 이해하도록 배려한 이 책은 학자들은 물론, 현장의 예술 활동가들을 위한 입문서의 특성을 지니고 있기에 시민연극을 다룬 여러 서적들 가운데 가장 널리 읽혀지는 책의 하나이기도 합니다. 이 작은 책이 연극과 예술을 통해 나와 우리, 그리고 이 세상을 보다 살만한 곳으로 바꾸고자 꿈꾸는 이들에게 작은 도움이 되기를 간절히 기원합니다.

하나의 책을 낸다는 것은 오랜 고민과 지난한 노력, 그리고 매우 복잡한 제반 과정을 요하는 일입니다. 그것이 대중들이 널리 관심을 보이지 않는 학술서 혹은 전문서적일 경우에 그 어려움은 당연히 배가 될 수밖에 없습니다. 이 책이 세상에 나오기까지 가장 큰 힘이 되어주신 경기문화재단, 또 흔쾌히 출판을 수락해주신 청동거울 출판사, 그리고 저자이신 필립 테일러 박사님께 깊은 감사를 드리고자 합니다. 너무나 부족함이 많은 저와의 만남을 믿어준 학생들과 선생님들, 그리고 그런 저에게 언제나 힘과 의지가 되어준 우리 PRAXIS 멤버들에게 마음에서 우러나오는 감사를 전합니다. 그리고 세상 무엇보다 가장 소중한 저의 가족들에게 이 책을 바칩니다.

2009년 봄날에
김병주 드림

참고자료

Ackroyd, J., "Applied Theatre: Problems and Possibilities", Appliead Theatre Researcher, 1, 2000, pp.1~12.

Ahmed, S.J., "Wishing for a Wold Without 'theatre for Development' : Demystifying the Case for Bangladesh", Research in Drama education, 7(2), 2002, pp.207~219.

Albert, J.. "Body of Evidence", The Weekend Austrailian (newspaper), 2001. March 10—11, pp.R18~R19.

Argyris, C. & D. Schön, Theory in Practice: Increasing Professional Effectiveness, San Francisco: Jossey-Bass .1974.

Boal, A., theatre of the Oppressed, New York: theatre Communications Group, 1985.

Boal, A., The Rainbow of Desire: The Boal Method of theatre and Therapy, London: Routledge. 1995. 『아우구스또 보알의 연극메소드』(이효원 역, 현대미학사)

Bolton, G., Towards a Theory of Drama education, Essex: Longman, 1979.

Bolton, G., Dorothy Heathcote's Story: The biography of a Remarkable Drama Teacher, Stoke-on-Trent:Trentham Books, 2003.

Burgess, R., Field Methods in the Study of Education, London: Falmer, 1985, p.2.

Day, B., This Wooden ˝O˝: Shakespeare's Globe Reborn, London: Oberon Books, 1996.

Dobson, W., T. Goode & A. Boyd, ˝Knowing Who We Are(and That We Are Not Alone)˝, In Drama Life, edited by J. O'Toole & M. Lepp., pp.189~198. Brisbane: Playlab Press. 2000.

Doyle, C., Raising Curtains on Education: Drama as a Site for Critical Pedagogy, Westport, CT: Bergin and Garvey, 1993.

Eisner,E., The Art of Educational Evaluation, Philadelphia: Falmer, 1985, p.143.

Eisner, E., The Enlightened Eye: Qualitative Inquiry and the Enchantment of Educational Practice, New York: Macmillan, 1991.

Ely, M., M. Anzul, T. Friedman, D. Garner & A. M. Steinmetz, Doing Qualitative Research: Circles Within Circles, London: Falmer, 1991.

Ensler, E., The Vagina Monologues, New York: Villard, 1999, p.xvi.

Freire, P., Pedagogy of the Oppressed, New York: Continuum, 1970. 『페다고지』(남경태 역, 그린비)

Garcia, L., ˝'Finding One's Own Way' Through a Radical Critical Pedagogy˝, Applied Theatre Researcher (2), 2001, 1-10.

Gardner, H., Creating Minds: An Anatomy of Creativity Seen Though the Lives of Freud, Einstein, Picasso, Stravinsky, Eliot, Graham and Gandhi, New York: Basic Books, 1993, p.274.『열정과 기질』(임재서 역, 북스넛)

Goldstein, T., Teaching and Learning in a Multilingual School Community: Choices, Risks and Dilemmas, Mahwah, NJ: Lawrence Erlbaum Associates, 2003.

Grady. S., Drama and Diversity: A Pluralistic Perspective for Educational Drama, Portsmouth, NH: Heinemann, 2000.

Greene, M., Landscape of Learning, New York: Teachers College Press, 1978.

Greene, M., "Art Worlds in Schools", In The Symbolic Order, edited by P.Abbs, London: Falmer, 1989, pp.213~224.

Greene, M., "Releasing the Imagination", NJ(National Journal of Drama, Australia), 23, 1999, pp.9~18

Greenwood, J., "Within a Third Space", Research in Drama education, 6(1), 2001, p.193.

Harris, T., "Young Often See Mothers Bashed", The Australian, 2001. April 9, p.3.

Hitchcock, G. & D. Hughes., Research and the Teacher, second edition. London: Routledge, 1995, p.28.

Jackson, A., Learning Through theatre: New Perspectives on theatre in education, London: Routledge, 1993.

Kaufmann, M., The Laramie Project, New York: Dramatists Play Service Inc, 2001, pp.11~12.

Landy, R., Drama Therapy: Concepts and Practices, Springfield: Charles C. Thomas. 1986.

Landy, R., Persona and Peformance: The Meaning of Role in Drama, Therapy and Everyday Life, Bristol, PA: Jessica Kingsley, 1993. 『억압받는 사람들을 위한 연극치료』(이효원 역, 울력)

Lincoln, Y.S. & E.G. Guba, Naturalistic Inquiry, Newbury Park, CA: Sage, 1985.

Lofland, J. & L. Lofland., Analyzing Social Settings: A Guide to Qualitative Observation and Analysis, Belmont, CA: Wadsworth, 1984.

McKenna, T., "A Scenario", Applied Theatre Researcher, 2, 1-6(an electron journal of the Centre for Applied Theatre Research, Brisbane), 2001.

Merkin, D., October 4, "Scoundrel Time", The New Yorker, 1999, pp.110~111.

Minichiello, V., R. Aroni, E. Timewell, & L. Alexander., In-depth Interviewing, Melbourne: Longman, 1991.

Moore, B.H. & H. Caldwell., "The Art of Planning", Youth Theatre Journal, 4 (3), 1990, p.18.

Neelands, J. & T. Goode, Structuring Drama Work: A Handbook of Available Forms in Theatre and Drama, Cambridge: Cambridge University Press, 2000.

Nolte, J., "Re-experiencing Life", In Drama for Life, edited by J. O' Toole & M. Lepp, pp.209~221, Brisbane: Playlab Press, 2000.

O'Connor, P., "The Inaugural Research Institute of the Centre for Applied Theatre Research: A Personal Perspective", Applied Theatre Researcher, 2, 1-3, 2001.

Ogolla Nyangore, V., "Listen to Your Mother: Theatre and Health in Village Settings", In Drama for Life, edited by J, O' Toole & M. Lepp, pp.77~84, Brisbane: Playlab Press, 2000, p.79.

Orton, J., "Action Research and Reflective Practice: An Approach to Research for Drama Educators", International Research Issue, NADIE Journal 18 (2), 1994, pp.85~96.(a publication of the National Association for Drama in Education, Australia)

O'Sullivan, C., "Searching for the Marxist in Boal", RIDE 6(1), 2001, pp.85~97.

Pompeo-Nogueira, M., "theatre for Development: An Overview", RIDE 7(1), 2002, pp.103~108, p.202.

Richardson, L., "Writing: A Method of Iniquiry", In Handbook of Qualitative Research, second edition, Edited by N. Denzin & Y. Lincoln, pp.923~948. Thousand Oaks, CA: Sage. 2000, p.934.

Rodd, M., Theatre for Community, Conflict & Dialogue, Portsmouth, NH:

338

Heinemann, 1998.

Schön, D., The Reflective Practitioner: How Professionials Think in Action, New York : Basic Books, 1983.

Schonmann, S., "Jewish-Arab Encounters in the Drma/Theatre Class Battlefield", RIDE 1 (2), 1996, pp.175~188.

Sher, A., Year of the King, London: Methuen, 1985.

Shewey, D., "A Play Has a Second Life as a Stage for Discussion", The New York Times, 2002. December 1, section 2.

Smigiel, H., "Coming to Know: Naturalistic Inquiry in the Workplace", RIDE, 1(1), 1996, pp.95~103.

Sondheim, S. & J. Lapine., Sunday in the Park with George, New York: Applause, [1984] 1991, pp.17~18.

Stanislavski, C., Bulding a Character, New York: Methuen, 1949.

Stenhouse, L., Introduction to Curriculum Research and Development, London: Heinemann, 1975.

Taylor, P., Redcoats and Patriots: Reflective Practice in Drama and Social Studies, Portsmouth, NH: Heinemann, 1998.

Taylor, P., The Drama Classroom: Action, Reflection, Transformation, London: Routledge Falmer, 2000.

Taylor, P., "Afterthought: Evaluating Applied Theatre", Applied Theatre Researcher 3, 2002, pp.12~15.(an electronic journal of the Centre for Applied Theatre Research, Brisbane)

Taylor, P., "The Applied theatre: Building Stronger Communities", Youth Theatre Journal 16, 2002, pp.88~95.

Taylor, P., "Musings on Applied Theatre: Toward a New Theatron", Drama Magazinie 10 (2) May, 2003, pp.37~42.

Thompson, J., "Making a Break for It: Discourse and Theatre in Prisons", Applied Theatre Researcher 1, 1-5(an electronic journal of the Centre for

Applied Theatre Research, Brisbane), 2000, p.4.

Thompson, J., "Ugly, Unglamorous and Dirty: theatre of Relief/ Reconciliation/Liberation in Places of War", RIDE 7(1), 2002, pp.108~114

Vogel, P., The Mammary Plays, New York: Theatre Communications Group, 1998.

Winston, J., "Drug Education Through Creating Theatre in Education", RIDE 6 (1), 2001, pp.39~54.

Willet, J., The theatre of Bertolt Brecht: A Study from Eight Aspects, London: Methuen, 1977.